《古尊宿語録》
語言研究

秦 越 著

四川大學出版社

項目策劃：徐　凱
責任編輯：徐　凱
責任校對：毛張琳
封面設計：墨創文化
責任印製：王　煒

圖書在版編目（CIP）數據

《古尊宿語録》語言研究 / 秦越著. — 成都：四
川大學出版社，2020.6
（中國俗文化研究大系．俗語言研究叢書）
ISBN 978-7-5690-3759-3

Ⅰ．①古… Ⅱ．①秦… Ⅲ．①禪宗－宗教經典－中國
－宋代②《古尊宿語録》－研究 Ⅳ．① B946.5

中國版本圖書館 CIP 數據核字（2020）第 108483 號

書名　　《古尊宿語録》語言研究
　　　　《GUZUNSU YULU》YUYAN YANJIU
著　　者　秦　越
出　　版　四川大學出版社
地　　址　成都市一環路南一段 24 號（610065）
發　　行　四川大學出版社
書　　號　ISBN 978-7-5690-3759-3
印前製作　四川勝翔數碼印務設計有限公司
印　　刷　成都金龍印務有限責任公司
成品尺寸　170mm×240mm
插　　頁　2
印　　張　14.25
字　　數　233 千字
版　　次　2020 年 6 月第 1 版
印　　次　2020 年 6 月第 1 次印刷
定　　價　58.00 圓

◆ 讀者郵購本書，請與本社發行科聯繫。
　　電話：(028) 85408408 / (028) 85401670 /
　　(028) 86408023　郵政編碼：610065
◆ 本社圖書如有印裝質量問題，請寄回出版社調換。
◆ 網址：http://press.scu.edu.cn

掃碼加入讀者圈

四川大學出版社
微信公眾號

總　序
項　楚

　　四川大學中國俗文化研究所，作爲教育部人文社會科學重點研究基地，已經走過了二十年的歷程。不忘初心，重新出發，是我們編輯這套叢書的目的。

　　俗文化是中國傳統文化的重要部分，與雅文化共同形成中國文化的兩翼。俗文化集中反映出中華民族獨特的思維模式、風俗習慣、宗教信仰、語言風格、審美趣味等，在構建民族精神、塑造國民心理方面，曾經起過並正在起著重要的作用。因此，俗文化研究不僅在認知傳統的中華民族文化方面具有重大的學術價值，而且在促進社會主義精神文明建設方面具有傳統雅文化研究不可替代的意義。不過，俗文化和雅文化一樣，都是極其廣泛的概念，猶如大海一樣，汪洋恣肆，浩渺無際，包羅萬象，我們的研究祇不過是在海邊飲一瓢水，略知其味而已。在本所成立之初，我們確立了三個研究方向：俗語言研究、俗文學研究、俗信仰研究，後來又增加了民族和民俗的研究。同時，我們也開展了相關領域的研究，如敦煌文化研究、佛教文化研究等。在歷史上，雅文化主要是士大夫階級的意識形態，俗文化則更多地代表了下層民眾的意識形態。它們是兩個對立的範疇，有各自的研究領域和研究路數，不過在實踐中，它們之間又是互相影響、互相滲透、互相轉化的。當我們的研究越來越深入的時候，我們就會發現它們在對立中的同一性。雖然它們看起來是那樣的不同，然而它們都是我們民族心理素質的深刻表現，都是我們民族性格的外化，都是我們民族的魂。

　　二十年來，本所的研究成果陸續問世，已經在學界產生了廣泛的影響。本套叢書收入的祇是本所最近五年來的部分研究成果，正如前面所說，是在俗文化研究大海中的一瓢水的奉獻。

目　録

緒　論 ………………………………………………………………… 1

第一章　《古尊宿語録》用字研究 ………………………… 7
　第一節　《古尊宿語録》异體字研究 ………………………… 7
　第二節　《古尊宿語録》通假字研究 ………………………… 34
　第三節　《古尊宿語録》訛誤字研究 ………………………… 42
　第四節　《古尊宿語録》類化字研究 ………………………… 46

第二章　《古尊宿語録》詞彙研究 ………………………… 48
　第一節　《古尊宿語録》詞彙研究的意義與方法 ………… 48
　第二節　《古尊宿語録》方俗詞研究 ………………………… 77
　第三節　《古尊宿語録》禪林行業詞研究 ………………… 118
　第四節　《古尊宿語録》漢譯佛經詞及歷史漢語文獻詞研究 ……… 146
　第五節　《古尊宿語録》新詞新義 ………………………… 164

第三章　《古尊宿語録》禪林語詞語用研究 …………… 178
　第一節　《古尊宿語録》話語交際語用分析 …………… 178
　第二節　《古尊宿語録》禪義語詞言外之意分析 ……… 181

結　語 ……………………………………………………………… 202
參考文獻 ………………………………………………………… 204

緒　論

一、《古尊宿語録》的語言特點及語料價值

（一）《古尊宿語録》簡介

宋代賾藏主編纂的《古尊宿語録》，初名《古尊宿語要》，又名《古尊宿語》《古尊宿録》。南宋紹興年間，《古尊宿語要》初刻，原爲四卷。後增補爲四十八卷，定名《古尊宿語録》。其書在國内久已失傳。自我國對外開放，日本出版的影印本才逐漸引進，所以知之者不多。與同時代的禪籍《景德傳燈録》《五燈會元》等燈録系統相比，《古尊宿語録》收録内容更豐富，文獻資料更具典型意義。田春來説："跟《祖堂集》《景德傳燈録》《五燈會元》相比較，《古尊宿語録》所收録的同一家禪師語録在篇幅上比上面三部書大得多，因此具有很高的語言研究價值。"①

作爲我國禪宗史上一部重要的禪宗語録匯編，《古尊宿語録》所記爲禪師接引學人的對話體語録。其中豐富的方俗詞、口語詞，代表了唐宋時期的詞彙特點。偈頌異部相押的用韻現象，廣泛反映了該時期的口語語音。禪宗"不立文字"的語言觀是對"言在此而意在彼"的中國傳統言意理論的繼承。從語用角度來看，禪宗語言的能指和所指之間缺乏意義聯繫，語用意義的理解需要各種語境。從語言哲學的角度來分析，禪宗語言與西方語言在哲學意義上具有緊密的聯繫。因此，《古尊宿語録》是研究唐宋時期俗語言、文學語言以及語言哲學的重要語料。

---

① 田春來：《〈祖堂集〉介詞研究》，北京：中華書局，2011 年版，第 3 頁。

（二）研究價值

1. 語言學價值

《古尊宿語録》用字現象以及偈頌中的用韵規律爲音韵學提供了真實資料。同一家禪師語録在不同典籍的記載中産生了差异，傳抄和記音過程中産生諸多同音或近音的别字。同時，文獻中的偈頌在押韵和平仄上的特點是考察漢語語音的寶貴材料。用字方面，《古尊宿語録》是進行漢字研究的重要語料。由於書成衆手，禪僧有南方人，也有北方人，所操語音不同，語録不免交雜有南北方言。加之寫録者審音不準或用字習慣的差异，出現俗字、訛錯字雜陳的現象。如果對《古尊宿語録》各個版本進行比勘，就會發現俗、訛的根源，這對於漢字的使用史、發展史有重要的參考價值。對《古尊宿語録》中的俗字作校録匡補，不僅有助於古籍文獻的整理，也有助於當代大型字典的補漏拾遺。詞彙方面，由於《古尊宿語録》使用了口語、俗語，保存了鮮活豐富的方言、俗語成分，爲方俗詞的研究提供了可靠的資料。禪師在弘揚佛法時，爲了方便接引學人，用語往往通俗，夾雜著俚俗諺語，呈現出明顯的口語化特徵。其語言質樸俚俗，反映了當時社會的語言使用現狀，是研究當時白話語言的活材料。作爲禪籍文獻，《古尊宿語録》有大量的禪林行業詞。這些詞語往往具有語用意義和語境意義，可以爲語言學的語用研究提供範例。

2. 文學價值

《古尊宿語録》有重要的文學價值。禪宗倡導“不立文字”的語言觀，傳承了莊子玄學“言不盡意”“得意忘言”的言意理論。《古尊宿語録》中禪師運用具有形象性、暗示性、隱喻性的文學語言，達到了其不可言説的目的。一方面，師徒在禪機對接的過程中，善於運用諧音、比喻等修辭手法表達佛法禪意，具有較强的文學性。另一方面，禪師善於借用寫景、抒情的文學話語或詩文詞賦名句，來暗喻“隨遇皆道，任運隨緣”的禪理。其内藴的文學性，爲探索宋代及後世文學提供了依據。

3. 文獻學價值

禪宗在中國的發展歷程本身就是一部思想史。《古尊宿語録》詳盡記載了三十七家禪師的言行。這些禪師上自南岳懷讓，下至南岳下十六世佛照德光，系禪宗南岳派系。三十七家禪師在不同居住地、不同場合的言行，爲中國宗教學界研究每位禪師的行迹提供了一手資料。此外，書中大量的機語、偈頌、奏文，多爲《景德傳燈錄》和《五燈會元》不曾記載的，彌補了燈錄系統的不足，具有重要的史料價值。《古尊宿語錄》收錄的禪師人數雖不及《五燈會元》，但對禪師的言行記述更爲詳盡。另外，祖本《古尊宿語要》成書於南宋初期，上承北宋初期的《景德傳燈錄》，下啓《五燈會元》，輯錄了《景德傳燈錄》《天聖廣燈錄》《聯燈會要》《建中靖國續燈錄》《嘉泰普燈錄》的大部分内容，可爲禪宗文獻的輯佚和文本校勘提供有益的佐證。再者，四十八卷本《古尊宿語錄》成書於明永樂年間並被數次錄入《大藏經》，加上歷代增補刊刻，代表了唐、宋一直到明代的禪宗思想發展方向。由此看來，《古尊宿語錄》在禪宗史上具有不容忽視的重要地位，是研究禪宗思想史的重要文獻資料。

二、相關研究的學術梳理

禪宗作爲中國化的佛教，長期以來備受國内外學者的關注。二十世紀，日本人矢義高開創了禪宗研究的語言學派。國内學者借鑒語言學方法，利用本土化優勢，在禪宗語言學研究方面取得了豐碩的成果。就目前所見，前輩學者的研究主要集中在傳統闡釋學、語言哲學及現代語言學等方向。

（一）語義研究

袁賓的《禪宗詞典》《禪宗著作詞語匯釋》以及與康健合編的《禪宗大詞典》是禪宗語義研究的代表性成果，開創了禪宗詞語釋義的先河，爲禪宗語言研究提供了方法上的指導和材料上的依據。此外，雷漢卿的專著《禪籍方俗詞研究》以及《禪籍俗語詞札記》《禪籍詞語考釋》《禪籍詞語選釋》等一系列文章，從异文比勘和現代方言角度進行了詞義考釋。于穀的《禪宗語言與文獻》從語言和文獻兩方面闡釋了禪宗"不立文字"的語言觀，對辭彙和語法方面皆有涉及，突出了禪宗語言的口語化特徵。

（二）語用研究

霍韜晦的《禪與語言——兼與維特根斯坦的語言哲學比較》對禪的語用法則進行了研究。① 陳海葉的《禪宗與維特根斯坦語言哲學的語用詮

---

① 霍韜晦：《禪與語言——兼與維特根斯坦的語言哲學比較》，見賴永海：《禪學研究》（第6輯），南京：江蘇人民出版社，2006年版。

釋》《語境、意義、語言遊戲——禪宗與維特根斯坦語言哲學之語用再談》皆從語用學的意義和語境視角對禪宗與維特根斯坦的語言哲學進行了比較，探討了禪宗與維特根斯坦語言哲學的相通之處。① 孔慶友在《禪宗語境探析》中從合作原則、關聯理論和言語行爲的角度探析了禪宗語境對語用意義的推導。② 林麗在《禪宗語言中的比喻研究》中對禪語比喻進行了較爲深入的探討與剖析。③ 何君在《禪宗語言的修辭研究》中以廣義修辭學爲指導思想，從"修辭功能三層面"角度對禪宗語言進行了研究。④ 聶清在《禅宗研究的语用学维度》中對當前以維特根斯坦爲中心的前語用學分析、以奧斯汀爲中心的言語行爲分析、以關聯理論和順應理論爲主的禪宗會話涵義分析進行了評析。⑤

（三）語法研究

盧烈紅在《談談禪宗語録中語法研究的幾個問題》中進行了禪宗語録語法研究方法的探討。張美蘭的《〈祖堂集〉語法研究》爲禪宗專書語法研究提供了典範。曹廣順等的《〈祖堂集〉語法研究》對禪籍語法研究作了有力的補充。⑥

（四）語言哲學研究

周裕鍇在《禪宗語言》一書中從語言哲學的角度，把禪宗研究與宗教研究相結合，對佛教義理進行了經典分析。⑦ 霍永壽在《"行事學術"與禪宗語言哲學的意義觀》一文中運用語言哲學理論，對四個禪宗活句案例進行分析和解釋。⑧

（五）禪宗語言觀研究

徐默凡在《禪宗語言觀的現代語言學解釋》一文中提出了象徵和違反

① 陳海葉：《禪宗與維特根斯坦語言哲學的語用詮釋》，載於《四川大學學報》，2007 年第 1 期。
② 孫慶友：《禪宗語言的語義三角理論闡釋》，載於《語言應用研究》，2009 年第 12 期。
③ 林麗：《禪宗語言中的比喻研究》，四川大學碩士學位論文，2013 年。
④ 何君：《禪宗語言的修辭研究》，福建師範大學碩士學位論文，2008 年。
⑤ 聶清：《禪宗研究的語用學維度》，載於《世界宗教文化》，2019 年第 4 期。
⑥ 曹廣順：《〈祖堂集〉語法研究》，鄭州：河南大學出版社，2011 年版。
⑦ 周裕鍇：《禪宗語言》，杭州：浙江人民出版社，1999 年版。
⑧ 霍永壽：《"行事學術"與禪宗語言哲學的意義觀》，載於《外語學刊》，2016 年第 2 期。

交際原則是禪宗進行語言實踐的語言策略。① 陸永峰在《禪宗語言觀及其實踐》一文中對禪宗"不立文字"語言觀的來源進行了歷史考察。② 王文進在《海德格爾與禪宗語言觀對讀》一文中提出了海德格爾哲學在語言問題上包含著與禪宗對話可能的論斷。③ 孔慶友在《禪宗語言的語義三角理論闡釋》一文中從語義角度對禪宗語言觀進行了闡釋。④

(六) 禪宗語言語用學研究

孔慶友在《禪宗語境探尋》中運用西方語用學理論和當代語境學的理論成果,探討了禪宗語境的概念、構成要素及作用。⑤ 陳海葉在《禪宗與維特根斯坦語言哲學的語用詮釋》一文中從語用學的意義和語境視角對禪宗"不立文字""平常心是道"與維特根斯坦"不可説""語言遊戲、生活形式"的語言思想進行了比較。⑥ 李建春的《不可言説的言説——符號學視野中的禪宗美學》⑦和孫金燕的《從符號修辭學論禪詩之現代如何可能》從"反諷"修辭格入手,揭示了禪詩的符號學内涵。⑧ 趙寶明在《禪宗詩學的本真修辭與海德格爾的解蔽説》一文中從符號理據性入手,以文化符號學的相關方法對禪宗詩學超越語言之真的修辭與海德格爾的語言觀、藝術觀進行了比較。⑨

三、創新性及相關問題説明

本書在用字方面,整理分析了《古尊宿語録》中的通假字、異體字、形近訛誤字、類化字,爲學者研究其他禪籍文獻提供了資料借鑒。在語義方面,運用現代活方言,結合歷史文化背景和宗教學理論,對"胲腮"

---

① 徐默凡:《禪宗語言觀的現代語言學解釋》,載於《華夏文化》,1999 年第 6 期。
② 陸永峰:《禪宗語言觀及其實踐》,載於《揚州大學學報》,2001 年第 12 期。
③ 王文進:《海德格爾與禪宗語言觀對讀》,載於《湖南文理學院學報》,2009 年第 9 期。
④ 孔慶友:《禪宗語言的語義三角理論闡釋》,載於《語言應用研究》,2009 年第 12 期。
⑤ 孔慶友:《禪宗語境研究》,曲阜師範大學碩士學位論文,2011 年。
⑥ 陳海葉:《禪宗與維特根斯坦語言哲學的語用詮釋》,載於《四川大學學報》,2007 年第 1 期。
⑦ 李建春:《不可言説的言説——符號學視野中的禪宗美學》,載於《名作欣賞》,2004 年第 4 期。
⑧ 孫金燕:《從符號修辭學論禪詩之現代如何可能》,載於《華文文學》,2012 年第 10 期。
⑨ 趙寶明:《禪宗詩學的本真修辭與海德格爾的解蔽説》,載於《文化研究》,2015 年第 12 期。

"斫牌""蟇點""散本""掠生""兩稅""稅駕""兩社""掌視""料掉"
"京三汴四""罪不重科""竇八布衫""狗脊坡頭""折半列三""鑽龜打
瓦""半幅半對""騎墻察辨""目機鉄兩"等若干條疑難詞語進行了考釋。
書中所釋詞語大部分是《漢語大詞典》和《禪宗大詞典》未收録的,或者
已被收録却書證較晚,或者釋義有待補正。這些詞語的考察可以爲大型辭
書的進一步編纂提供材料上的補充。在語用方面,根據禪宗"不立文字"
的語言觀和"頓悟成佛"的宗教實踐,對會話交際的合作原則進行分析,
探索禪義語詞的字面意義及語境意義,爲禪宗語言語用研究找到新的突破
口,爲進一步研究禪宗語言提供了方法上的啓示。

　　本書用字研究的分類標準是根據張涌泉、黃征和雷漢卿的觀點,所討
论的異體字包括俗字、古今字、或體字。與有些學者把古今字與異體字作
分類研究有所不同,在此稍作説明。

　　根據《漢語大詞典》對詞彙的定義:"詞彙是一種語言里所有的詞和
固定詞組的總匯,是構成語言的建築材料。"《漢語大詞典》所收録的詞包
括單音節詞、雙音節詞和成語。徐時儀的《〈朱子語類〉詞彙研究》、雷漢
卿的《禪籍方俗詞研究》皆包括四字格成語。本書所討論的詞彙既包括單
音節詞、雙音節詞、三音節詞,也包括四字格成語。

　　本書所用語料以 1991 年上海古籍出版社影印的《古尊宿語録》爲主,
參照 1989 年我国臺灣地區出版的藍吉富《禪宗全書》第四十二册(《語録
部七》)所收録的《古尊宿語要》和 1994 年中華書局出版的點校本。禪籍
文獻的檢索使用中華電子佛典 CBETA 數據庫,古典漢語文獻的檢索使用
愛如生中國基本古籍庫。

　　在現有條件下,本書未能保證對《古尊宿語録》中的文字、詞彙及語
言現象進行窮盡性考察,所得數據只限於本書。

第一章 《古尊宿語録》用字研究

漢字是形、音、義的結合體,形式與意義之間關係十分密切。漢字通過兩條途徑指稱意義:一是通過語音形式間接表示意義,二是通過形體直接表示意義。因此,對漢語使用者來説,能"望文知義"的文字形式才是最具理據的形式,其所記録的詞語形式關係才最爲密切。《古尊宿語録》語詞晦澀難懂,一大原因就是存在大量不能望文知義的文字形式。這些文字形式不能直接反映其所記録的詞語或語素意義,即形式與意義疏離,從而造成詞語的理據模糊,意義難明。正確辨別《古尊宿語録》中的異體字、通假字、訛誤字,不僅有助於了解唐宋時期的用字情況,還有利於探尋近代漢語詞彙的構詞理據。

第一節 《古尊宿語録》異體字研究

時有古今,地有南北,漢字在發展的過程中受到歷史和地域的影響,產生了許多音同、義同而寫法不同的異體字。對於異體字的定義,目前學術界存在三種觀點:一是從文字規範的角度界定異體字,以《現代漢語詞典》爲代表,認爲:"异體字就是跟規定的正體字同音同義而寫法不同的字。"這種單純從文字規範的角度界定異體字的觀點不能準確認識異體字的本質。二是從文字學的角度界定異體字,以王力的《古代漢語》和裘錫圭的《文字學概要》爲代表。王力認爲:"兩個(或兩個以上的)字的意

義完全相同，在任何情况下都可以互相代替。"① 裘錫圭對异體字的定義
是："异體字是彼此音義相同而外形不同的字。""嚴格地説，只有用法完
全相同的字，也就是一字的异體，才能稱爲异體字。但是一般所説的异體
字往往包含只有部分用法相同的字。所以，嚴格意義上的异體字可以稱爲
狹義异體字，部分用法相同的字可以稱爲部分异體字，二者合在一起就是
廣義的异體字。"② 三是從構形和字用兩方面結合的角度界定异體字，以
蔣紹愚的《古漢語詞彙綱要》和王寧的《漢字學概要》爲代表。蔣紹愚認
爲："异體字是人們爲語言中同一個詞造的幾個形體不同的字，這些字意
義完全相同，可以互相替换。"③ 這就在功能條件的基礎上增加了構形的
條件。20 世紀 90 年代以來，王寧創建了漢字構形學理論，提出"只有字
形是漢字的本體""構形和字用兩方面加起來，才是對漢字記録漢語功能
的全面研究"。綜合以上各家之言，我們發現目前對异體字的定義主要針
對字的音、義或者是所記録的詞，也就是字的功能，但都存在著這樣那樣
的問題。比如王力認爲异體字應該"完全相同"，而裘錫圭認爲异體字可
以是完全相同，也可以是部分相同，他們對异體字的界定標準存在著寬和
嚴的區別。雖然王力試圖通過對异體字的嚴格界定而將其與別的用字現象
區別開來，但是對怎樣才能看作意義完全相同，怎樣確定可以互相替代並
没有進一步説明。這就容易造成實際操作中對异體字的判定不清問題。如
果過於强調具體音義，就可能忽略一些本屬异體關係的字或把非异體字當
作异體字處理。針對這一觀點，我們認爲，只有從字用的角度入手，搜集
並比較每一個文獻用例，才能考察出意義是否完全相同，是否在任何情况
下可以替换。同樣，王寧所强調的"記録語言中的同一個詞"，只適用於
表示一個詞的現象。實際上，現存的楷書字形中經常存在一個字記録多個
詞的現象。如果一組字它們各自所記録的若干詞中只有某一個是相同的，
它們是否還是异體字？這個問題很難解决。因此，我們同意章瓊《現代漢
語通用字對應异體字整理》的觀點："漢字异體現象的本質是一組不同的
字記録了語言中相同的語詞，而且除共同記録的語詞外，它們原則上不再
記録其他詞，因而從文字應用的角度來看基本上是一種贅餘——這也是它

① 王力：《古代漢語》，北京：中華書局，1962 年版，第 173 頁。
② 裘錫圭：《文字學概要》，北京：商務印書館，1988 年版，第 205 頁。
③ 蔣紹愚：《古漢語詞彙綱要》，北京：商務印書館，2007 年版，第 185 頁。

與其他文字現象的根本區別所在。"① 根據這一本質特征，异體字的定義應該是"記録語言中相同的語詞、在使用中功能没有差別的一組字"②。由此，我们认为，要判斷兩個或兩個以上的字是不是异體關係，主要考察它們是不是記録了語言中的相同語詞以及在文獻中的用法是否一樣。具體來説，就是根據字書、訓詁材料和文獻用字的實際情況，以字形爲綫索來考察一組字的音、義是否相同。

張涌泉在定義"俗字"時指出："凡是區別於正字的异體字，都可以認爲是俗字。俗字可以是簡化字，也可以是繁化字；可以是後起字，也可以是古體字。正俗的界限是隨著時代的變化而不斷變化的。"③ 黃征認爲一切俗字都是异體字，俗字是异體字的主體，並指出："俗字的辨別，由於它的參照系難以確定而必然有其難度，我们現在説的俗字有比較大的模糊性，並非都有字典辭書或古代聖哲的注解作爲依據。學者們判別俗字的正字參照系，實際上是現在的通行繁體字。"④ 雷漢卿亦認爲异體字包括俗體、古體、或體。⑤ 因此，本書判斷异體字參照張涌泉、黃征的標準，讚同雷漢卿的觀點。

一組异體字在《古尊宿語録》裏往往同時出現。爲了更好地研究异體字，根據异體字之間在結構或形體上的差別，我们把《古尊宿語録》中使用的异體字分爲以下幾種類型：

一、改换意符

形聲字的意符常常只起到提示意義範疇的作用，並不能表示具體的意義。因此，在爲某一個語詞造字時，對意符的選擇常常會有較大的餘地。而且，一組异體字的意符在意義上往往是相關或相近的。

【"飜"同"翻"】

　　（1）如言前念是凡後念是聖，如手飜覆一般，此是三乘教之極也。（卷三）

① 章瓊：《現代漢語通用字對應异體字整理》，成都：巴蜀書社，2004 年版，第 40 頁。
② 章瓊：《現代漢語通用字對應异體字整理》，成都：巴蜀書社，2004 年版，第 40 頁。
③ 張涌泉：《漢語俗字研究》，湖南：岳麓書社，1995 年版，第 5 頁。
④ 黃征：《敦煌俗字典》，上海：上海教育出版社，2005 年版，第 5 頁
⑤ 雷漢卿：《禪籍方俗詞研究》，成都：巴蜀書社，2010 年版，第 43 頁。

（2）清净却翻爲煩惱，有爲功德被塵幔。（卷十四）

《玉篇·飛部》："飜亦作翻。"《博雅》："翻，翻飛也，或从飛。"

【"齩"同"咬"】

（3）汾陽門下有西河師子，當門據坐，但有來者即便咬煞。（卷四十六）

（4）師云："但終日吃飯未曾齩著一粒米，終日行未曾踏著一片地。"（卷三）

《集韻·巧韻》："齩，《説文》：'齒骨也。'亦作咬。"

【"躭"同"耽"】

（5）若於諸法都無貪染，神理獨存。住甚深禪定，更不升進，是三昧魔。久躭玩故。（卷一）

（6）穴云："吾雖望子之久，猶恐耽著此經，不能放下。"（卷八）

《集韻·覃韻》："耽，都含切。《説文》：'耳大垂也。'引《詩》'士之耽兮'。俗作躭。"《廣韻·覃韻》："耽，耽樂也。《詩》曰：'無與士耽。'或作躭。"

【"橈"同"撓"】

（7）師云："貪觀白浪，失却手撓。"（卷三十八）

（8）古人與麽道，大似貪觀白浪失却手橈。（卷四十）

《干禄字書·去聲》："橈、撓，上奴效反，又音饒。下撓擾字，火高反。"[1]《五經文字·木部》："橈，女絞反，俗從手者，撓擾之撓，火刀反。"[2]《正字通·手部》："撓，從手從木音義古通。與金部鐃同音异義。"[3]

【"簷"同"擔"】

（9）你等諸人，橫簷拄杖，向什麽處行脚？（卷四十）

---

① [唐] 顏元孫：《干禄字書》，《叢書集成初編》本，北京：商務印書館，1936 年版。下文不再出注。

② [唐] 張參：《五經文字》，中華再造善本，北京：國家圖書館出版社，2009 年版。下文不再出注。

③ [明] 張自烈，[清] 廖文英：《正字通》，北京：中國工人出版社，1996 年影印本。下文不再出注。

(10) 横擔拄杖，東西南北，一任打野榸。(卷十六)

《楚辭·嚴忌〈哀時命〉》：“負簷荷以丈尺兮，欲伸要（腰）而不可得。”王逸注：“背曰負，荷曰簷。簷，一作擔。”唐慧琳《一切經音義》卷一“重擔”條：“上柱勇反，上聲字，下躭濫反。《廣雅》：‘擔負也，以木荷物也。’《説文》：‘舉也，從手詹聲。’經有從木作簷，誤也。”《説文》：“簷，櫋也。”段玉裁注：“簷之言隒也，在屋邊也。俗作簷。”《正字通·木部》：“徐鉉曰：‘檐，俗作簷。’非。今俗又以檐爲擔荷之擔。《正韻》二十一覃：‘檐同擔。’”

【“詶”同“酬”】

(11) 擬欲詶他，又喪身失命。不對他，又違他所問。(卷二十五)

(12) 同光帝問興化，朕收得中原之寶，只是無人酬價。(卷二十五)

《説文·言部》：“詶，譸也。”段玉裁注：“俗用詶爲應酬字。”王筠《句讀》：“意爲酬對字。”朱駿聲《説文通訓定聲》：“《倉頡解詁》詶亦酬字。”①

【“敍”同“敘”】

(13) 尊卑敍禮儀，歡戚同居止。(卷四十)

(14) 師云：“時教阿誰敘？”(卷三十四)

《説文·攴部》：“敘，次第也。從攴，餘聲。”《正字通·又部》：“叙，俗敘字。”又《攴部》：“敘，俗敍字。魏校：‘叙从余从又，會意，余一音斜，以手整治其余也。凡从又者，通訓爲手，或从攴从文，並非。’按：此説迂泥，从文義通。舊注謂俗从又誤，不知从攴作敍亦誤。”

【“秘”同“祕”】

(15) 祇如祖師門下，達磨九年面壁，秘魔擎杈，禾山打鼓，石鞏彎弓，雪峰輥球，國師水椀，歸宗拽石，德山入門便棒，臨濟入門便喝，無業才有人問，便道莫妄想。(卷二十一)

(16) 禾山唯解打鼓，祕魔一向擎叉。(卷二十一)

《説文·示部》：“祕，神也。從示，必聲。”《廣韻·至韻》：“祕，

① 朱駿聲：《説文通訓定聲》，北京：國際文化出版公司，1983年版，第249頁。

密也；神也；視也；勞也。又姓。《西秦録》：'有僕射祕宣。'俗作秘，非。"《干禄字書·去聲》："秘、祕，上俗下正。"《正字通·禾部》："秘，舊注俗祕字。"

【"戝"同"栽"】

(17) 雲門不識好惡，恁麼説話，大似爲蛇畫足，與黄門戝須。（卷四十一）

(18) 師栽松次，黄檗問："深山裏栽許多作什麼？"師云："一與山門作境致，二與後人作標榜。"（卷五）

《俗書刊誤》卷一《皆韻》："栽，俗作戝。"

【"皷"同"鼓"】

(19) 因普請鋤地次，有僧聞皷聲舉起鋤頭。（卷一）

(20) 問："布鼓當軒掛，誰是知音者？"（卷十）

唐慧琳《一切經音義》卷十二"法鼓"條："公五反，經文鼓字由來多誤，或從皮作皷，俗字也。"《正字通·皮部》："皷，俗鼓字。"

【"缾"同"瓶"】

(21) 指净缾云："净缾是境，你不得動著境。"（卷四十七）

(22) 自携瓶錫來駐靈山。（卷三十五）

《五經文字·缶部》："缾，與瓶同。"《正字通·瓦部》："瓶，俗缾字。"

【"劎"同"劍"】

(23) 若是按劎手，汾陽不奈何，還識得劎麼？（卷十）

(24) 德山引頸，龍牙劍鬢。（卷二十六）

《集韻·驗韻》："劍，居欠切。《説文》：'人所帶兵也，或從刀。'俗作刉，非是。"《正字通·刀部》："《説文》：'劍，載刃部，從刀僉聲，人所帶兵也，籀文作劎。'按：刃與劍皆刀屬，別刃部，泥。俗作劎，劍非。"《俗書刊誤》卷三《豔韻》："劍，作劎，非。"

【"鷰"同"燕"】

(25) 師云："鷰子不入楚。"（卷三十八）

（26）秋燕不聞梁上語，却看鴻鴈過長天。（卷四十六）

《廣韻·霰韻》："燕，《説文》云：'玄鳥也，作巢避戊己。'鷰，俗。今通用。"《正字通·鳥部》："鷰，俗燕字。"

【"脣"同"唇"】

（27）一印印水，徒張脣嘴。未涉流沙，洪濤競起。（卷四十一）

（28）法爾不爾，俱爲脣齒。（卷四十六）

《正字通·口部》："唇，同脣。《六書故》：'唇即脣。'《説文》：'顄或作脣，口耑也，唇驚也。孫愐側鄰切分唇、脣爲二。'"

【"愽"同"博"】

（29）棒下真鍮不愽金。（卷四十七）

（30）你道金不博金一句作麼生道？（卷十九）

《干禄字書·入聲》："愽、博，上通下正。"《俗書刊誤》卷四《藥韻》："博，從十，俗作愽，非。協作愶，並非。"

【"堦"同"階"】

（31）盡道朝陽生户外，不知夜月落堦前。（卷四十七）

（32）師側目視之，云："猶是隔階趨附在。"（卷十四）

《干禄字書·平聲》："堦、階，階砌字。上俗下正，合作階級之階。"《正字通·土部》："堦同階。"《俗書刊誤》卷一《皆韻》："階，別作堦，非。"

【"遶"同"繞"】

（33）旋遶世尊三匝乃入定。（卷二十五）

（34）數片白雲籠古寺，一條渌水繞青山。（卷四十六）

《干禄字書·上聲》："遶、繞，上通下正。"《俗書刊誤》卷二《篠韻》："繞，俗作遶，非。"

【"躶"同"裸"】

（35）躶形國内誇服飾，想君太殺不知時。（卷四十六）

（36）汾陽云："裸形見阿難。"（卷四十六）

《玉篇·身部》："躶，力果切，赤體也。亦作裸。"《類篇·身部》：

"躶,祖也。"唐慧琳《一切經音義》卷一百"裸形國"條:"裸,魯果反。赤體無衣曰裸,或從人作倮,亦從身作躶。"又卷五十四"倮形"條:"華卦反。顧野王云:'脱衣露祖也。'古今正字或爲裸或作躶。從人果聲。"《正字通·衣部》:"裸,本字。《説文》:'祖也。'通作倮,俗作躶。"

【"齅"同"嗅"】

(37) 在耳曰聞,在鼻齅香。(卷四)

(38) 拈來嗅罷歸何處,透骨馨香付老盧。(卷二十一)

《集韻·宥韻》:"齅,許救切。《説文》:'以鼻就臭也。'"《五經文字·鼻部》:"齅、嗅,上《説文》下經典相承,隷省。《論語》借臭字爲之。"

【"狗"同"徇"】

(39) 你若自信不及,即便茫茫地狗一切境轉,被佗萬境回換,不得自由。(卷四)

(40) 徇物高低雖有二,歸源本末且無雙。(卷四十五)

《篇海類編·鳥獸類·犬部》:"狗,俗徇字。"《俗書刊誤》卷一《真韻》:"徇,俗作狗,非。"

【"嬾"同"懶"】

(41) 年來是事一時休,信任身心嬾拘束。(卷四十二)

(42) 不入蓮池浴,懶向雪山遊。(卷十)

《玉篇·心部》:"懶,力旱切,俗嬾字。"《廣韻·旱韻》:"嬾,惰也,落旱切。懶,俗。"唐慧琳《一切經音義》卷三"嬾墮"條:"上勒侃反。《攷聲》:'不勤也。'《説文》:'懈,怠也,從女賴聲也。'賴字從負,刺聲也。經從心作懶,雖訛亦通。"《正字通·心部》:"懶,俗嬾字。"

二、改換聲符

【"妄"同"妄"】

(43) 如今現有種種妄念。何以言無?(卷三)

(44) 道若未達,但無妄念爾。若人知是妄念作意止之者,見有妄念故也,知有妄念作意。(卷三十四)

《正字通》卷二："妄，巫放切。音望。行不正也，誣也，誕也，罔也。《禮》：'儒行今人之命，儒也。'妄，《莊子》猖狂妄行，又凡溢之類也。妄則信之也……張晏曰：'妄，猶凡也，言諸凡校尉也。'按：凡之借妄無義。"

【"垂"同"垂"】

(45) 師云："垂手過膝兩耳垂肩。"（卷四十）

(46) 至垂拱三年，方十五岁。（卷一）

《正字通・土部》："垂，俗垂字。"

【"叫"同"叫"】

(47) 師云："古墓裏點燈猶作怪。樹上叫喚闍梨意如何。"（卷二十三）

(48) 山云："作麽生不吃粥?"師云："亂叫喚作麽。"（卷十八）

《龍龕手鑑・口部》："叫，叫的俗字。"

【"眵"同"眵"】

(49) 師却喝云："不識雲門關捩子，等閑動著眼眵眵。"（卷四十三）

《玉篇・目部》："眵，眵。目汁凝。"《龍龕手鑑・目部》："眵、眵二俗，眵，正。吒支友，目汁凝也。"①

【"搚"同"扯"】

(50) 桃符已入土，遍地搚金錢。（卷九）

《正字通・手部》："扯，俗搚字。"

【"泒"同"派"】

(51) 分枝列泒，縱橫自在。低處澆田，高處潑菜。（卷二十二）

(52) 分枝列派，共闡宗猷。祖令全提，各隨機變。（卷四十二）

唐慧琳《一切經音義》卷二十九："辰別"條："上拍賣反，《説文》云：'水之邪流別也。'從反永字也。序作泒，非也。亦作派，亦通。"《干禄字書・去聲》："泒、派，上俗下正。"《正字通・水部》："泒，攻呼切，

---

① [遼] 釋行均：《龍龕手鑒》，北京：中華書局，1991 年版。下文不再出注。

音孤。《説文》:'水,起雁門葰人戍夫山,東北入海。'俗以爲流派、宗派字,非。"又《厂部》:"辰,派本字。《説文》:'水之衺流別也,從反永。'《説文》又從水從辰,作派,別水也,義通。《正譌》:'辰,不當別作派。'泥。派與泒音義別。泒,音孤,俗譌從瓜作泒。"

【"埁"同"垛"】

(53) 上堂云:"擬著即埁生招箭,不擬著即三千里外。"(卷二十六)

(54) 師云:"第一不得埁根。"(卷二十七)

《正字通・土部》:"埁,俗垛字。"

【"鬪"同"鬥"】

(55) 昨夜三更半,石人鬪禮拜。(卷二十二)

(56) 若道不得,拄杖子與彌勒釋迦鬪打去也。(卷四十六)

《切韻・侯韻》:"鬪,通鬥,俗作鬪。"《干禄字書・去聲》:"鬥、鬪,上通下正。"《正字通・斗部》:"鬪,俗鬥字。"

【"栢"同"柏"】

(57) 栢樹子話長老作么生會?(卷二十一)

(58) 師云:"還見庭前柏樹子麽?"(卷十三)

《説文》:"柏,鞠也。從木,白聲。"《類篇・木部》:"栢,同柏。"《正字通・木部》:"栢,俗柏字。"

【"糉"同"粽"】

(59) 上堂:"今朝五月復端午,隨眾生心解分布糉子。"(卷四十三)

(60) 世間人吃却米粽,教老僧脹破肚皮。(卷二十七)

《説文新附考・米部》:"糉,蘆葉裹米也。從米,㚇聲。"[1]《集韻・送韻》:"糉,作弄切,角黍也。或作粽。"唐慧琳《一切經音義》卷一百"糉粽"條:"上,閣接反,苬葉也;下,音總,蜀人作去聲呼粽子,亦俗字也。正體從米從㚇,作糉。"《正字通・米部》:"粽,同糉,俗省。《正韻》糉亦作粽,非是。"

【"麺"同"麪"】

---

① [清]鄭珍:《説文新附考》,北京:中華書局,1985 年版,第 116 頁。

（61）上堂："好雪！大眾，米麵柴炭之屬，一切成現。"（卷四十三）

（62）何以如此。也是湖南人賣麵。（卷四十六）

《集韻·霰韻》："麵，暝見切。《説文》：'麥末也，或從面。'"《俗書刊誤》卷三《霰韻》："麵，俗作麵，非。"

【"舡""船""舩"同】

（63）瑯云："舡來陸來？"舉云："船來。"（卷四十七）

（64）登山須拄杖，渡水要行舩。（卷二十三）

《集韻·仙韻》："船，食川切。《説文》：'舟也。'《方言》：'自關而西謂之船……俗作舡，非是。'"宋希麟《續一切經音義》卷一："船，《説文》從舟從沿省聲也，今作船，俗字有作舡，非也。"又卷八："船，律問從公作舩作舡，皆俗字。"①《俗書刊誤》卷一《先韻》："船，俗作舡，非。"

【"疎""疎""疏"同】

（65）師曰："景謝祁寒，骨肉疎冷。"（卷七）

（66）幾多匠者頻拈掇，奈緣緇侶有疎親。（卷十九）

（67）量數管不著，不佛不眾生，不親不疏，不高不下，不平不等，不去不來。（卷一）

《廣韻·魚韻》："疏，通也；除也；分也；遠也；窗也……俗作疎。"《字彙》："疏，俗疎、疎。"《俗書刊誤》卷二《模韻》："疎，俗作疎，非。"《正字通·疋部》："疏，俗省作疎。疎、疏音義同。"

【"嗍""啣""銜"同】

（68）百丈野狐，塞雁蘆嗍。（卷四十七）

（69）正狗不偷油，難啣燈盞走。（卷十）

（70）牛頭未見四祖時，爲甚麼百鳥銜花獻？見後爲甚麼不銜花獻？（卷十二）

《字彙·口部》："銜，同嗍。"《俗書刊誤》卷一《覃韻》："銜，俗加口啣，非。"《正字通·口部》："嗍，俗銜字。"

【"琛"同"珍"】

---

① 此條引自譚偉：《〈祖堂集〉文獻語言研究》，成都：巴蜀書社，2005年版，第117頁。

(71) 莫言不道，珎重。（卷四十一）

(72) 大眾，伏惟，珎重。（卷四十）

《玉篇·玉部》："珎，同珍。"《干禄字書·平聲》："珎、珍，上通下正。"

【"趂"同"趁"】

(73) 上堂，眾才集，師以拄杖趂下。（卷一）

《玉篇·走部》："趂，趁的俗字。"《集韻·稕韻》："趁，《説文》：'趨也。'或從'尔'。"

三、增加意符

【"羗"同"羌"】

(74) 數聲羗笛牧童戲。（卷二十）

《篇海類篇·獸類·羊部》："羌，俗作羗。"唐慧琳《一切經音義》卷八十"氐羌"條："上，邸泥反。鄭箋《詩》云：'氐，夷狄名、國名也。'《説文》：'從氐著一地也，或作抵録文作互也。'下，却香反，《廣雅》云：'羌，强也。《説文》云：'羌，西戎羊人也。從羊人聲，録文作羗，俗字也。'"《俗書刊誤》卷一《陽韻》："羌，從羊從人，俗作羗，非。"

【"掛"同"挂"】

(75) 上堂云："與麽來者，上間安排。不與麽來者，下間掛搭。"（卷四十六）

(76) 祖挂拂子於舊處。（卷一）

《干禄字書·去聲》："掛、挂，上俗下正。"《龍龕手鑒·手部》："掛，俗。通挂，正。古賣反，懸也，止也。"

【"菓"同"果"】

(77) 其時寶行軍願舍菓園一所，直一萬五千貫，號爲真際禪院，亦云寶家園也。（卷十三）

(78) 有鞠常侍問："靈樹果子熟也未？"（卷十五）

《干禄字書·上聲》："菓、果，果木字，上俗下正。"《俗書刊誤》卷二《哿韻》："果，從木俗又加艸，作菓，非。"

【"帚"同"箒"】

(79) 岩竪起掃帚云："這個是第幾月?"（卷十六）

(80) 拈箕奉箒，跨馬騎驢。（卷三十）

《玉篇·竹部》："箒，之有切，俗帚字。"《俗書刊誤》卷二《有韻》："帚，俗作箒。"

【"斗"同"斝"】

(81) 代云："鰕跳不出斗。"（卷十七）

(82) 師云："蝦跳不出斝。"（卷三十八）

《玉篇·斗部》："丁口切，十升曰斗。斝，俗。"《正字通·斗部》："斝，俗斗字。"

【"剋""尅""克"同】

(83) 寰中無當剋，海內獨橫行。（卷十）

(84) 既蘊成人之美，更敦尅志之心。（卷四十）

(85) 伽跋西來，克興大乘之教。（卷十八）

《説文·克部》："克，肩也。"段玉裁注："克，俗作剋。"《干禄字書·入聲》："克、剋，上克能，下剋勝。"《俗書刊誤》卷四《陌韻》："剋，俗作尅。"

四、其他字偏旁改換

【"勅""勑""敕"同】

(86) 勅謚廣濟大師，塔曰通寂。（卷五）

(87) 勑謚慧照禪師，塔號澄靈。（卷五）

(88) 進云："過在什麼處?"師云："敕貶朝官。"（卷六）

《集韻·職韻》："敕，蓄力切。《説文》：'誡也。兩地曰敕，从攴束聲。'古从力或作勅，本音賚，世以爲敕字行之久矣。"《易·噬嗑》："先生以明罰勑法。"唐陸德明《經典釋文》："勑，恥力切。此俗字也。《字林》作敕。"《五經文字·攴部》："敕，醜力反，古勑字。今相承皆作勅，唯整字從此敕。"《龍龕手鑒·束部》:"勅,俗;敕,通;勅,正。"

【"牀"同"床"】

(89) 長連牀上學得來餬餅,是甚人做?(卷十八)

(90) 床是柴棚席是茅,枕頭葛𢝇半中凹。(卷二十二)

《玉篇·廣部》:"床,仕莊切,俗牀字。"《干禄字書·平聲》:"床、牀、牀。上俗、中通、下正。"《俗書刊誤》卷一《陽韻》:"牀,俗床,非。"

【"枡"同"析"】

(91) 枡肉還母,枡骨還父。(卷二十八)

(92) 那吒析骨還父,析肉還母。(卷三十六)

《廣韻·錫韻》:"析,分也。字從木、斤,破木也。又《爾雅》曰:'析木謂之津。'注云:'即漢津也。'亦姓。《風俗通》云:'齊大夫析歸父。'枡,俗。"《干禄字書·入聲》:"枡、析,上俗下正。"《正字通·木部》:"析、斯,義通音別,俗作枡。"

【"覔"同"覓"】

(93) 十年海上覔怨讎,不得怨讎未肯休。(卷四十七)

(94) 只爲覓故,汝自异他。汝若不覓,何處有异!(卷二)

《玉篇·見部》:"覓,莫狄切,索也。覔,同上,俗。"《干禄字書·入聲》:"覔、覓,上俗下正。"

【"虵"同"蛇"】

(95) 師云:"龍虵易辨,衲子難瞞。"(卷十九)

(96) 龍頭蛇尾。(卷十六)

《九經字樣·蟲部》:"蛇,今俗作虵。"《正字通·蟲部》:"虵,俗蛇字。"《古尊宿語録》中另有"他"和"佗"字亦屬此類。

【"臰"同"臭"】

(97) 臰肉來蠅。(卷二十三)

(98) 若不知來由,便道者一塊子那裏得來。得恁麼香,得恁麼臭,得恁麼生,得恁麼熟。(卷二十七)

《玉篇·自部》："臭，赤又切，惡氣息。臰，同上，俗。"《干禄字書·去聲》："臰、臭，上俗下正。"

【"荅"同"答"】

（99）州云："謝師荅話。"（卷四十七）

（100）當知得無所得，失無所失。未及造謁聊伸此意，伏望答之。（卷二十九）

《俗書刊誤》卷四《合韻》："答，俗作荅，非。"《正字通·艸部》："荅，同答。荅，小豆。又酧荅；又渠荅。"張涌泉《漢語俗字研究》："竹、艸不分，木才通假，正是俗寫文字的通例。"①

【"嘿"同"默"】

（101）師云："本分衲僧。"其僧便喝，師嘿坐。（卷四十六）

（102）好好催人老，默默從此得。（卷二十一）

《集韻·德韻》："嘿，静也。或从欠，通作默。"《墨子·貴義》："嘿則思，言則誨，動則事。"畢沅校注："默字俗寫從口。"《干禄字書·入聲》："嘿、默，上俗下正。"

【"嘆"同"歎"】

（103）善現嘆云："善哉善哉。"（卷四十六）

（104）歎曰："將謂無人。"（卷四十七）

《説文·口部》："歎，吞歎也。從口，歎省聲。一曰太息也。"段玉裁注："嘆、歎二字，今人通用。"《干禄字書·去聲》："嘆、歎，上俗下正。"五代徐鍇《説文解字繫傳》通釋卷三："古詩曰一彈再三歎，從口作嘆，嘆息也。"《正字通·口部》："嘆同歎。"

【"妒"同"妬"】

（105）有寒暑兮促人壽，有鬼神兮妬人福。（卷二十三）

《干禄字書·去聲》："妒、妬，上通下正。"《俗書刊誤》卷三《暮韻》："妒，俗作妬，非。"

【"況"同"况"】

---

① 張涌泉：《漢語俗字研究》，長沙：岳麓書社，1995年版，第28頁。

(106) 開單心印發光，何況上來下去。（卷四十四）

(107) 況神通變化，眾生本自具足，不假外求。（卷四十三）

《干禄字書·去聲》："況、况，上俗下正。"唐慧琳《一切經音義》卷二十一"何況"條："况，許証反，況字正體，兩點邊作經本，有從三點者。《説文》謂之寒水殊乖，譬况之義也。"《五經文字·水部》卷下："況，形之類也。從彳訛。"《正字通·彳部》："况同況。"

【"膃"同"朏"】

(108) 又云："中間誠汝屋裏老爺得麼？向老漢膃臀後覓得些子唏唾將爲自已，便道我解禪解道，饒你念得一大藏教，擬作麼生去？"（卷十五）

《集韻·没韻》："朏，髖也。一曰胅出，或從屈。"《五音集韻·没韻》："朏，朏臀也。俗又作膃。"《廣韻·微韻》："朏，朏臀，俗作膃。"《正字通·肉部》："膃，俗字。舊注同朏，非。"

【"踏"同"蹋"】

(109) 師云："踏彼多少草鞋。"（卷十九）

(110) 師云："蹋破多少草鞋。"（卷十八）

《説文·足部》："蹋，踐也。"段玉裁注："蹋，俗作踏。"《正字通·足部》："蹋與踏同。"

【"盃"同"杯"】

(111) 師云："醉後添盃不如無。"（卷四十）

(112) 掛錫十年栖蜀水，浮杯今日渡漳濱。（卷二）

《干禄字書·平聲》："盃、杯，上通下正。"《俗書刊誤》卷一《灰韻》："杯，一作桮，俗作盃，非。"

【"牎""牕""窗"同】

(113) 所以鼓山尋常道："經有經師，律有律師，論有論師，有函有號，有部有帙，白日明牎，夜附燈燭，自有人傳持在。"（卷三十七）

(114) 所以道："經有經師，論有論師，律有律師，有函有號，有部有帙，白日明牕，夜附燈燭，自有人傳持在。"（卷三十七）

（115）師云："昨夜三更月到窗。"（卷十二）

《正字通·穴部》："窓，俗窗字，別作牕。窻，俗窗字。舊注同牕，韻補窻或作牕，非。"《俗書刊誤》卷一《東韻》："窗，一作窻，俗作牕、窻，並非。"

五、俗字筆畫簡省

【"斾"同"旆"】

（116）僧問："世尊拈花迦葉微笑，臺斾光臨於法席，願師方便爲宣揚。"（卷二十二）

（117）曾迎彩斾長松下，得丰冰顏累日同。（卷四十五）

《五經文字·㫃部》："旆，從市。市，普末反或從巾者，訛。"《正字通·方部》："斾，俗旆字。"

【"憇"同"憩"】

（118）三賢十聖爲憇息之方。（卷二十七）

（119）久立先參，歸堂憇歇。（卷九）

唐慧琳《一切經音義》卷三十八："憩息，上鄉乂反，《詩傳》云：'憩亦息也。'古今正字從息從舌，會意字也。"《正字通·心部》："憩，俗作憇。"

【"飡"同"餐"】

（120）師云："握髮吐飡人不顧。"（卷七）

（121）睡來合眼飯來餐，起坐終須勿兩般。（卷十八）

《説文》："餐，或從水作湌，後人譌省作飡，又餐，與飱別。飱，從夕，俗譌爲飧。"《廣韻·寒韻》："餐，《説文》：'吞也。七安切。'湌，上同。俗作飡。"《干禄字書·平聲》："餐、飱，上千安反，字亦作湌。下息魂反。"《俗書刊誤》卷一《刪韻》："餐，俗作飡。"《正字通·食部》："飡，俗餐字。"

【"蘂"同"蕊"】

（122）一口吸盡西江水，洛陽牡丹新吐蘂。（卷二十一）

(123) 金藎銀絲承玉露，高僧不坐鳳凰臺。（卷十）

《正字通·艸部》："蕊，本作蘂，俗作蕊、蘂、藥，並非。"又："藥，俗蕊字，从草不必復加木。藥、櫫皆俗書增筆也。《正韻·七賄》蕊同櫫、藥，非是，从蕊爲正。"又："藥，藥字之譌，宜删。"《俗書刊誤》卷二《賄韻》："藥，俗作蕊，非。"

【"澁"同"澀"】

(124) 水急魚行澁，峰高鳥不栖。（卷十）

(125) 師云："眼中有澀釘。"（卷二十三）

《玉篇·水部》："澀，所立切，不滑也。澁，同上，俗。"《干禄字書·入聲》："澁、澀，上俗下正。"《正字通·水部》："《正韻牋》：'澁，同澀，非。'澁，俗澀字。"《俗書刊誤》卷四《輯韻》："澀，俗作澁。"

【"趍"同"趨"】

(126) 問道趍師印自心，入門端的訪知音。（卷三十）

(127) 師側目視之，云："猶是隔階趍附在。"（卷十四）

《廣韻·虞韻》："趨，走也。趍，俗。"《集韻·遇韻》："趨，逡須切。《説文》：'走也。'鄭康成曰：'行而張足曰趨。'或从足，俗作趍，非是。"唐慧琳《一切經音義》卷十："趨，取瑜門外反包咸注。《論語》云：'趨，疾行也。'《爾雅》謂之趨。《説文》：'趨，走也。'正體從走從芻，初虞反聲也。經文從多作趍，俗用字也。"《俗書刊誤》卷一《魚韻》："趨，俗作趍，非。趍，音馳。"

【"臈"同"臘"】

(128) 師云："僧排夏臈，俗列耆年。"（卷二十三）

(129) 師云："僧排夏臘，俗列耆年。"（卷二十三）

《干禄字書·去聲》："臘、蠟，上臘祭，下蜜。俗字從葛，非也。"《正字通·肉部》："臈，俗臘字。"《俗書刊誤》卷四《合韻》："臘，俗作臈。"

【"灸""禽""炙"同】

(130) 天下覓醫人，灸豬左膊上。（卷四十四）

(131) 禍福威嚴不自，殘杯冷禽享何人。（卷三十四）

（132）天下覓醫人，炙豬左膊上。（卷二十七）

《龍龕手鑒·火部》：“炙，之石反，燎炙也，《説文》從肉在火上。”《字彙·肉部》：“炙，同炙。”《正字通·月部》：“炙，舊注同炙，按：‘炙，上從肉，下從火，下加肉誤。’”《俗書刊誤》卷四《陌韻》：“炙，俗作炙，非。”

六、俗字筆畫增繁

【“蠍”同“蝎”】

（133）蛇頭蠍尾一試之，猛虎口裏活雀兒。（卷二十九）

《篇海類編·鱗介類·蟲部》：“蠍，或作蝎。”《正字通·蟲部》：“蝎，俗作蠍。音義並。”

【“睠”同“眷”】

（134）睠茲和煦力，孰不謂通津。（卷四十一）

（135）師云：“荷陛下聖眷極穩便。”（卷四十八）

《詩經·小雅·大東》：“睠言顧之，潸焉出涕。”毛傳：“睠，反顧也。”唐慧琳《一切經音義》卷八十七“迺眷”條：“上音乃……下居媛反，孔注《尚書》云：‘春視也。’毛詩傳、顧野、《説文》義同，從目卷，省聲，論作睠，俗字。”陸德明《經典釋文》：“睠，本又作眷。”《正字通·目部》：“眷，別作睠。”

【“逈”同“迥”】

（136）霧卷雲收，江山逈秀。（卷二十五）

（137）一句子該天括地，逈超格外。（卷二十四）

《干禄字書·上聲》：“逈、迥，上俗下正。”唐慧琳《一切經音義》卷一：“迥，古文作冋，象國邑，從門……今俗從向者。”《俗書刊誤》卷二《梗韻》：“迥，俗作逈，非。”

【“鏁”同“鏁”】

（138）雪埋庭栢，冰鏁偃溪。（卷二十七）

（139）師云：“樵人迷古路，漁父鏁孤舟。”（卷二十六）

唐慧琳《一切經音義》卷十一"鉤鎖"條:"苟侯反,考聲,求也,取也。《説文》:'曲也。'《廣雅》:'引也。'下桑果反,考聲,連環也。經作鏁,俗字也。"《龍龕手鑒·金部》:"鏁,俗鎖。"《正字通·金部》:"鏁,俗鎖字。"

【"寃"同"冤"】

(140) 大愚肋下報寃讎。(卷四十八)

(141) 問依經解義三世佛冤,離經一字如同魔説時如何?(卷一)

《字彙·穴部》:"寃,與冤同……從兔在冖下,此正字也,後人作宀。"《正字通·宀部》:"寃,俗冤字。"

【"宂"同"冗"】

(142) 靖安令程節推一日遊山,以諸堂寮舊名猥宂。(卷四十五)

(143) 世事冗如麻,空門路轉賒。(卷二十)

《字彙·宀部》:"冗,俗宂字。"《篇海類編·宫室類·宀部》:"冗,俗作宂。"

七、异形借用

【"咲"同"笑"】

(144) 因普請鋤地次,有僧聞鼓聲舉起鋤頭,大咲歸去。(卷一)

(145) 但是一切舉動施爲語默啼笑,盡是佛慧。(卷二)

《集韻·笑韻》:"笑,古作咲。"《漢書·外戚傳·許皇后》:"《易》曰:'鳥焚其巢,旅人先咲後號咷。'"顔師古注:"咲。古笑字。"

【"瞞"同"謾"】

(146) 文殊普賢總在者裏。眾中有不受人瞞底,便道雲蓋和麼耀面。(卷十九)

(147) 説佛被佛謾,説法被法障。(卷二十三)

"瞞",《古尊宿語要》作"謾"。《五燈會元》卷十九《袁州楊歧方會禪師》此語句亦寫作"謾"。如:"殊普賢總在者裏。眾中有不受人謾底,便道雲蓋和麼耀面。"《集韻·僊韻》卷二:"謾,欺也。"唐杜佑《通典·

邊防》十："'欲搖動天下,妄言以十萬衆橫行,是面謾也。'謾,欺誑
也。"北宋睦庵善卿《祖庭事苑》卷二"瞞"條:"當作謾,欺也。餘仿
此。"《廣韻·桓韻》:"瞞,目不明也。"《説文·目部》:"瞞,平目也。"
段玉裁注:"瞞,今俗借爲欺謾字。"《昭通方言疏證》第1151條:"謾,
《説文》:'欺也'。今昭人謂匿情不實曰'謾',俗以瞞爲之。"①

【"悋"同"吝"】

(148)黄蘗一日問百丈曰:"和尚在大師處,有甚奇特言句,乞
師不悋。"(卷三十四)

(149)望上座不吝慈悲。(卷四十八)

《廣韻·真韻》:"吝,悔。吝,又惜也;恨也,俗作從厷。"唐慧琳
《一切經音義》卷一"所悋"條:"隣鎮反,《廣雅》:悋,鄙也。"又卷七:
"《説文》正體作吝。吝,恨也,從口文聲也。或作悋,俗字也。"《正字
通·心部》:"悋,本作吝。"

【"甦"同"蘇"】

(150)師復云:"諸上座,不見興化老人道:'直饒汝喝得,興化
向虛空裏撲下來,一點氣也無。忽然甦息,却向汝道未在。'"(卷八)

(151)諸子,汝莫盲喝亂喝,直饒喝得,興化上三十三天,却撲
下來,一點氣也無。待興化蘇息起來,向汝道未在。(卷四十八)

《集韻·模韻》:"穌,《説文》:'把取禾若也。'一曰死而更生曰穌。
通作蘇,俗作甦,非是。"《龍龕手鏡·更部》:"甦,音蘇。蘇,俗寫作
甦。"《正字通·歹部》:"殂,舊注音生,死而更生。一説古借穌。《禮記》
借用蘇,俗作甦。更生即穌義,改作殂,音生,非。"又《疒部》:"《扁鵲
傳》有間太子蘇,或作穌,俗作甦。"

【"麄""麤""粗"同】

(152)問:"如何是出家人?"師云:"緊裹頭。"進云:"與麽即
在家出家。"師云:"麄麻鞋。"(卷二十三)

(153)你道憑個什麽捉得將來?脚跟下推尋,毫末參差。捶折你
脚,莫麤心好。(卷三十八)

① 姜亮夫著,蔣昆武校:《昭通方言疏證》,上海:上海古籍出版社,1988年版,第87頁。

（154）師云：“得即得，太粗生。”（卷四）

《干禄字書·平聲》：“麤、麆、麤，上中通下正。此與精粗義同，今以粗，音，才古反，相承已久。”《正字通·鹿部》：“麤，俗麤字，又作麆，亦非。”《俗書刊誤》卷一《模韻》：“麤，俗作麆。”

八、变换各成分的位置

【“膋”同“腰”】

（155）愁見起來還漏逗，裙子褊衫個也無。袈裟形相些些有。裩無膋，袴無口，頭上青灰三五斗。（卷十四）

（156）入番急磨腰下劍，出塞須用自家才。（卷二十六）

《正字通》：“膋同腰。”

【“稁”同“槁”】

（157）床添新稁薦，一任雪成堆。（卷四十三）

（158）師云：“雨從何來，不須尋討。遍滿虛空，拔濟枯槁。”（卷二十九）

《廣韻·皓韻》：“稁，禾稈；又稁本，草荆之本。槁，俗。”《正字通·木部》：“稁，槁本字。”

【“羣”同“群”】

（159）想到經行處，昭然趣不羣。（卷四十五）

（160）僧問：“昔日梵王請佛，蓋爲群迷。”（卷四十四）

《五經文字·羊部》：“羣，俗作群。”《正字通·羊部》：“群，俗羣字。”《俗書刊誤》卷一《真韻》：“羣，俗作群，非。”

【“峯”同“峰”】

（161）師云：“突兀峯頭點巨火，長安城裏不通風。”（卷九）

（162）師云：“雞足三峰頭倒卓。”（卷三十九）

《集韻·鐘韻》：“峯，《説文》：‘山耑也。’或作峯，或書作峰。”《正字通·山部》：“峰，俗峯字。”

【“畧”同“略”】

(163) 石上林間鳥道平，齋餘無事畧經行。（卷三十）

(164) 乃爲略説法要，遂得道果。（卷三十一）

《俗書刊誤》卷四《樂韻》："略，俗作畧。"《正字通·田部》："略、畧同。"

【"颰"同"颯"】

(165) 風蕭蕭雨颰颰。（卷二十四）

(166) 秋風颯颯，玉露垂珠。（卷二十）

《篇海類編·天文類·風部》："颰，與颯同。"《龍龕手鏡·風部》："颰，俗；颯，正。蘇合反，颰颰，風聲也。"

【"隣"同"鄰"】

(167) 眉毛眼睫最相親，鼻孔唇皮作近隣。（卷二十九）

(168) 鄰人見之莫驚愕，親裏歡迎斷思慮。（卷三十）

《廣韻·真韻》："鄰，近也；視也。《説文》曰：'五家爲鄰。'俗作隣。"《四聲篇海·阜部》："鄰，《字彙·阜部》皆以隣同鄰。"《干禄字書·平聲》："鄰、隣，上通下正。"《正字通·阜部》："隣，俗鄰字。"

【"鵞"同"鵝"】

(169) 只如今有一個佛魔，同體不分，如水乳合。鵞王吃乳，如明眼道流。（卷四）

(170) 師云："鍾馗解舞十里放木鵝。"（卷三十八）

《玉篇·鳥部》："鵞亦作鵝。"《正字通·鳥部》："鵞同鵝。"

九、俗寫變异

【"皁"同"皂"】

(171) 既能分皁白，須解別疏親。（卷四十五）

《廣韻·皓韻》："皁，皁隸。又槽屬，亦黑繒，俗作皂。"《玉篇·白部》："皁，才老切，色黑也。皂，同上。"《説文·艸部》："草，草斗，櫟實也。"徐鉉注："今俗以此爲艸木之艸，別作皁字爲黑色之皁。案，櫟實可以染帛爲黑色……今俗書皁。或從白從十，或從白從七。"《俗書刊誤》

卷三《效韻》："皂，俗作皂。"

【"粧"同"妝"】

(172)紫鰡牽出薄寒馬，金鐙粧成銀鏤花。(卷二十)

《古今韻會舉要·陽韻》："妝，《説文》：'飾也。'徐曰：'今俗作粧。'"《正字通·女部》："妝，側霜切，音莊。《説文》：'飾也。'相如《上林賦》：'靚妝刻飾。'……俗作粧。"《俗書刊誤》卷一《陽韻》："妝，俗作粧。"

【"斝"同"斝"】

(173)羸侶弄荷花，賓朋傾玉斝。(卷二十一)

《干禄字書·上聲》："斝、斝，上俗下正。"《正字通·斗部》："斝，俗斝字。"《俗書刊誤》卷二《馬韻》："斝，俗作斝，非。"

【"讚"同"贊"】

(174)見伊不識，遂更著垢弊衣與伊相見，百人千人一時讚嘆歡喜，信知我所得智慧微妙最第一。(卷四十二)

《字彙·言部》："讚，俗贊字。"《正字通·言部》："讚，俗贊字。"

【"疋"同"匹"】

(175)問："疋馬單鏘來時如何？"(卷七)

(176)問："匹馬單槍離群獨戰時如何？"(卷十)

《廣韻·質韻》："匹，譬吉切。偶也；配也；合也；二也。《説文》：'四丈也。'俗作疋。"《字彙補·疋部》："匹、疋二字自漢已通用矣。"

【"參"同"參"】

(177)參須實參悟須實悟。(卷二十四)

(178)小參，舉僧問趙州："黑豆未生芽時如何？"(卷二十四)

《廣韻·覃部》："參，參鼓，俗作參。"《正字通·厶部》："參，俗參字。"《龍龕手鑒·厶部》："參、參，初今反，參差不齊貌也。又倉含反，近也。又所今反，參辰也。"《四聲篇海·厶部》："參，音參，同。"

【"昬"同"昏"】

(179)師云："山河炭峇，日月斗昬。"(卷二十六)

（180）上堂云："人人自有光明在，看時不見暗昏昏。"（卷十五）

《正字通·日部》："小篆省從氐，作昏，俗作昬。"《俗書刊誤》卷一《真韻》："昏，俗作昬，非。"《說文·日部》："日冥也。從日氐省，氐者下也一曰民聲，呼昆切。"段玉裁注："字從氐省爲會意，非從民聲爲形聲，蓋隸屬淆亂，乃有從民作昬者。"

【"恠"同"怪"】

（181）只向空拳指上生實解，根境法中虛捏恠。（卷四）

（182）云："與麼則鐵卵生兒樹上飛。"師云："一任捏怪。"（卷九）

《玉篇·心部》："怪，古壞切，异也，非常也。恠，同上，俗。"《正字通·心部》："恠，俗怪字。"

【"欵"同"款"】

（183）知客臨時接引，長老據欵結案。（卷四十二）

（184）又云："你適來披袈裟來麼？據款結案。"又云："依樣畫葫蘆。"（卷三十四）

《玉篇·欠部》："款，口緩切。試也；扣也。俗作欵。"《說文·欠部》："欵，誉也。"《字彙·欠部》："欵，俗款字。"《敦煌俗字譜·欠部》："欵，俗款字。"《廣韻·桓韻》卷三："款，誠也；叩也；至也；重也；愛。苦管切。欵，上同。欵，俗。"《干祿字書·上聲》："欵、款，上俗下正。"《俗書刊誤》卷二《旱韻》："款，一作欵，俗作欵，非。"

【"徍"同"往"】

（185）擺手御街徍來，不怕巡火所由。（卷四十七）

（186）如主客相見，便有言論往來。（卷四）

《正字通·彳部》："往，俗作徍。"

【"兠"同"兜"】

（187）舉世尊未離兠率已降王宮。（卷四十七）

（188）間夜升兜率晝降閻浮，其中爲什麼摩尼不現。（卷十四）

《俗書刊誤》卷一《尤韻》："兜，俗作兠。"《明涿州石經山婉公塔院碑》"兜"作"皃"①。《中華大字典・兒部》："皃，兜俗字。"②

【"弔"同"吊"】

(189) 有理不伸，死而不弔。（卷十七）

(190) 師云："這僧有理不伸，死而不吊。"（卷二十五）

《改並四聲篇海・口部》引《俗字背篇》："吊，同弔。"《干禄字書・去聲》："吊、弔，上俗下正。"《正字通・口部》："吊，俗弔字。"

【"賛"同"贊"】

(191) 釋迦如來出山像賛。（卷三十）

(192) 棒喝齊施早巳賒，古今皆贊絶周遮。（卷二十五）

《集韻・換韻》："贊，則旰切。《説文》：'見也，从貝从兟。'徐鉉曰：'兟，進也。執贄而進，有司贊相之。'隸作贊。"《正字通・貝部》："賛，俗贊字。"

十、草書楷化

【"冣"同"最"】

(193) 坐折連床，湖南冣盛。（卷二十八）

(194) 解夏，上堂："尊者憍陳如，九旬最親切。"（卷二十八）

《五音集韻・泰韻》："最，祖外切，極也，俗作冣。"《干禄字書・去聲》："冣、最，上通下正。"

【"乊"同"互"】

(195) 雲門頌："昧却當陽個一著，牽來拽去乊施呈。"（卷四十七）

(196) 既編聯而互出，致流落以交參。（卷三十九）

《廣韻・暮韻》："互，差互。俗作乊。"唐慧琳《一切經音義》卷一一："互……經作乊，俗字，誤也，非正體也。"宋阮閱《詩話總龜》卷二："唐人書互字作乊，乊字似牙字。"③

---

① 秦公輯：《碑别字新編》，北京：文物出版社，1985 年版，第 147 頁。
② 吴芝瑛：《中華大字典・兒部》，上海：中华书局，1935 年版，第 107 頁。
③ 阮閱撰，周本淳點校：《詩話總龜》，北京：人民文學出版社，1987 年版，第 19 頁。

十一、繁簡异體

【"廚"同"厨"】

(197) 代云："僧堂佛殿，廚庫三門。"（卷十七）

(198) 若以揚眉瞬目，豎拳豎指，聲欬咳嗽，是厨中拭缽帛。
（卷三十八）

《廣韻·虞韻》："廚，《説文》曰：'庖屋也。'俗作厨。"《干禄字書·
平聲》："厨、廚，上通下正。"《五經文字·廣部》："廚，俗作厨，非。"

【"虫"同"蟲"】

(199) 無尾大虫難傍近，近前便是傷人命。（卷四十七）

(200) 問："聖僧爲什麼被大蟲咬?"（卷十五）

《干禄字書·平聲》："虫、蟲，上俗下正。"

通過以上分析，統計出《古尊宿語録》共 102 組異體字。其中，造字
方法不同産生的異體字有 87 組，約占 85%。這類異體字的産生主要有兩
種情況：一是爲適應漢字形聲化的規律，由原來的表意文字逐漸發展爲意
音文字而産生的異體字；二是以形體爲中心的方塊漢字改換整個字的部件
位置，但字義没有變化，出現一些因漢字的構件布局不同而形成的異體
字。《古尊宿語録》的異體字在形體上的聯繫是多樣的，主要有改換意符、
改換聲符、增加意符、變換各成分的位置等形式。此外，《古尊宿語録》
中有 15 組異體字是由於文字使用原因造成的。這是由於人們在使用漢字
進行交流的過程中，爲克服漢字筆畫複雜所造成的不便，在不影響交際功
能的情況下追求書寫簡便，從而産生省形、省聲等異體字。從總體上看，
《古尊宿語録》的異體字呈現出俗體和正體混用的特點。這説明作爲成書
於南宋時期的語録匯編，《古尊宿語録》承襲了晚唐五代的餘習，保留了
大量俗字，呈現正體和俗體混用的局面。雖然在宋代以後，隨著印刷術的
提高，版刻書籍逐漸盛行和流傳，這一時期俗字的使用呈下降趨勢，但是
由於書成眾手，禪僧的文化水平高低不同，對異體字的使用並没有嚴格的
標準。

第二節 《古尊宿語録》通假字研究

《古尊宿語録》以聽音記音爲主，從而産生大量的通假字。本書所説的通假字，是指在古代漢語書面語裏，本有其字而臨時借用一個音同或者音近的字，也就是本有其字的通用和假借。"本有其字"指的是構成通假的兩個字是共時關係。王力指出："如果作者所處的時代，這個字還没有産生，那就無所通假。"① 通假分爲同源通用字和同音借用字兩種類型。這兩種類型的字成因不同，演變路徑也不相同。陸宗達《訓詁方法論》："同源通用字是指新詞因詞義引申而派生後，便孳乳出相應的新字，新字的新義已由發源字分化出來，但是，由於過去長期的習慣，在新字尚未被完全習用的過渡階段，有與發源字通用的情況。同音借用是用同音之字代替本字的現象。"②

一、同源通用字

凡語義相通（或相同），聲音相近（或相通轉）的字稱爲同源字。《古尊宿語録》同源通用字的使用情況如下：

【"孤"與"辜"】

（1）上堂云："一向恁麼去，路絶人稀。一向恁麼來，孤負先聖。"（卷二十）

（2）其间若有知痛痒者，不辜负先圣，亦乃得见白云。（卷二十一）

語音上，"孤"與"辜"均爲見母模韻平聲。語義上，"孤"與"辜"皆有"負"義。《後漢書·明德馬皇后紀》："臣叔父援孤恩不報。"李賢注："孤，負也。"《資治通鑑·漢紀五》："必孤天下之望。"胡三省注："孤，負也。"《資治通鑑·唐紀四》："今君既辜付托。"胡三省注："辜，負也。"因此，"孤"與"辜"是同源通用字，並且在《古尊宿語録》中同時使用。

---

① 王力：《"本"和"通"》，載於《辭書研究》，1980年第1期。
② 陸宗達、王寧：《訓詁方法論》，北京：中國社會科學出版社，1983年版，第56頁。

【“煞”與“殺”】

（3）問：“煞父煞母佛前懺悔，煞佛煞祖向甚麼處懺悔。”（卷二十三）

（4）問：“殺父殺母佛前懺悔，殺佛殺祖什麼處懺悔。”（卷二十四）

語音上，“煞”爲生母黠韻去聲，“殺”爲生母皆韻去聲，同爲生母字。語義上，“煞”同“殺”。《春秋繁露·三代改制質文》：“無有生殺者。”凌曙注：“煞，同殺。”因此，“殺”與“煞”是同源通用字。

【“挃”與“抶”】

（5）師云：“你禮拜著。”僧禮拜起，師以拄杖便挃。（卷十六）

“挃”爲“抶”的同源通用字。“挃”爲入聲知母質韻，“抶”爲入聲徹母質韻，同爲質韻入聲字，且皆有撞擊義。《廣韻·質韻》：“挃，撞挃。”《淮南子·兵略》：“五指之更彈，不若捲手之一挃。”“抶”，用鞭杖、竹板打。《説文·手部》：“抶，笞擊也。”段玉裁注：“笞所以擊也。抶之見《左傳》者多矣。”北宋睦庵善卿《祖庭事苑》卷二：“挃，当作抶。知栗切，击也。《庄子》：‘抶其昔。’挃，获禾声，非义。”

【“懆”與“燥”】

（6）師曰：“劈腹開心猶未性燥。”（卷七）

“懆”爲“燥”的同源通用字。《釋名·釋言語》：“躁，燥也。”意即性情急，不冷静。唐慧琳《一切經音義》卷七引《字書》云：“躁，急性也。”《篇海類編·身體類·足部》：“躁，不安静也。”“懆”，《廣韻》：“采老切，上晧清。宵部。”清周昂《中州全韻》卷十一：“懆，性急也。躁，動也，急進也。”《祖庭事苑》卷一“性懆，懆，當作懆，蘇到切，性踈貌。”

二、同音假借字

由於聽音記音和抄録者文化水平等因素的影響，《古尊宿語録》中出現了大量的假借字，並且常常有借字和本字同時使用的情況。這些通假字意義上没有聯繫，只是在書寫時臨時借用一個同音或音近的字來表示本有其字的詞。具體分析如下：

【“交”與“郊”】

(7) 問："大義争權時如何支擬?"師云："光漆交社。"（卷七）

(8) 問："萬代留名時如何?"師云："光漆郊社。"（卷七）

"交社"無義。"交"乃"郊"之同音借字。"郊社"，祭祀天地。漢鄭玄《禮記疏》附《釋音禮記注疏》卷十九："經云：'嘗禘者，謂宗廟之祭也。郊社，謂天地之祭。舉天地宗廟則五祀以上之祭，皆在其中。'"

【"浮"乃"扶"】

(9) 師云："少年玩盡天邊月，潦倒浮桑勿日頭。"（卷二十六）

(10) 進云："恁麼則雲散家家月，春來處處花。"師云："斫額望扶桑。"（卷四十）

"浮"乃"扶"之借字。"扶桑"指太阳升起的地方。北宋睦庵善卿《祖庭事苑》卷一："浮桑，《淮南子》云扶桑。日所出也，在陽谷中，其桑相扶而生。浮，當作扶。"

【"質"與"躓"】

(11) 所以質礙名色，領納曰受，思惟曰想，遷流曰行，分別曰識，皆由自心之所成立。（卷二十八）

"質"爲"躓"之同音借字。《説文·貝部》："質，以物相贅。""躓礙"，同義並列複合詞。《廣韻·眞韻》："躓，礙也；頓也。《説文》：'跲也。'"

【"渤"與"垎"】

(12) 問："如何是清净法身?"師云："渤土裏雀兒。"（卷三十八）

"渤"爲"垎"之同音借字。"渤土裏雀兒"是禪宗語言問答中的反語回答，上文問語"如何是清静法身"，所以下文答語"渤土"一定是"髒土、塵土"之義。"渤"《廣韻·没韻》："渤，渤澥，海名。又水兒。"非義。"垎"，塵土飛揚。《玉篇·土部》："垎，蒲忽切，塵兒。"清桂馥《札樸·鄉言正字》："塵飛曰垎土。"民國二十五年（1936）《壽光縣志》卷八《民社志·方言》："塵飛曰垎。"可見，"渤"乃"垎"之同音借字。

【"邈"與"貌"】

(13) 大眾，向你道此事，無你卜度處，無你名邈處。（卷二十七）

"邈"爲"貌"之音近借字。《集韻·勁韻》:"詺,目睹物也。"宋胡仔《苕溪漁隱叢話前後集》卷二十七:"瘞鶴銘大字,右軍書。其勝處不可名貌。"睦庵善卿《祖庭事苑》卷二:"名邈:上與詺同,彌正切,目諸物也;下當作貌,墨角切,容也。邈,遠也,非義。"又卷六:"名邈:彌正切,目諸物也;下當作貌,墨覺切,容也,名物之形容,故曰名貌。"滕志賢指出:"名邈應爲銘貌之借音。"① 所言是。

(14) 且道譊訛在什麼處。老僧今日不惜眉毛,一時布施。(卷十九)

"譊"爲"詢"之同音借字。"詢訛"即混淆訛誤。《集韻·爻韻》:"詢,言不恭謹,或从爻言。"明袁中道《東遊日記》:"所云二女者,非堯二女也,詢訛久矣。""譊",爭辯聲。《説文·言部》:"譊,恚呼也。"徐鍇繫傳:"譊,聲高噪獰也。"《玉篇·言部》:"譊,爭也,恚呼也。""譊"在此處於義無取,有异文可參證。《古尊宿語録》卷四十二《寶峰雲庵真净禪師住筠州聖壽語録一》:"良久云:'一般佛法從人妙,兩處詢訛試斷看。'"

【"桿"與"貍"】

(15) 僧云:"冬去春來時如何?"師云:"橫擔拄杖,東西南北一任打野桿。"(卷十六)

"桿"爲"貍"之同音借字。"野貍"即"貍貓",動物名,於義無取。唐慧琳《一切經音義》卷四十五"貓貍"條:"上卯包反。顧野王曰:'貓如虎而小食鼠者也。'《古今正字》從犭,苗聲。下里之反,《考聲》:'貍,今之野貍也。'顧野王:'貍貓之類也。'《説文》:'伏獸也。從豸里聲。'經從犬作狸,俗用字也。"北宋睦庵善卿《祖庭事苑》卷一:"打野桿,卓皆切,枯木根出貌。"《佛光大辭典》"打野桿"條:"禪林用語。桿,枯木之根。打野桿,即叩枯木根之意。原作打野堆,意指聚集眾人,成堆打哄,系福州之諺語。《碧岩録》第四十八則:'明招云:朗上座吃却招慶飯了,却去江外打野桿。'《聯燈會要》卷二十一《悟明章》:'如福州諺曰:打野桿者,成堆打哄也。今明招録中作打野桿。後來圓悟《碧岩集》中解云:野桿,乃山上燒不過底火柴頭。'"此説是。

① 滕志賢:《〈五燈會元〉詞語考釋》,載於《古漢語研究》,1995 年第 4 期。

【"珊"與"㛦"】

(16) 遂舉手作打杖鼓勢云："珊八羅札。"（卷二十一）

"珊"是"㛦"之同音借字。"㛦八囉札"乃歌唱時樂器之聲。《燕南紀談》後上"㛦八囉札"："此歌舞時拍子辭也，復喇叭樂器也。"《集韻·蒸韻》："㛦，削墙土隉聲。""珊"，一種礦物質。元朱震亨《脉因證治》："珍珠、珊瑚、甘石三昧，煅以連水淬七次。"於義無取。《古尊宿語要》此處正是"㛦"。

【"菸"與"於"】

(17) 第七菸菟没尾巴，食牛之氣已堪誇。（卷四十七）

"菸"是"於"之同音借字。《玉篇·艸部》："菸，於去切，臭草也。""菸"非義。"於菟"指乳虎，正合原文句意："乳虎没尾巴，而食牛之氣已值得誇耀。""乳虎食牛之氣"出自《尸子》卷下："虎豹之駒未成，而有食牛之氣；鴻鵠之鷇羽翼未全，而有四海之心。"《史記·張儀列傳》："二虎方且食牛，食甘必爭，爭則必斗，斗則大者傷，小者死。從傷而刺之，一舉必有雙虎之名。"《左傳·宣公四年》："楚人謂乳穀，謂虎於菟，故命之曰鬥穀於菟。"

後人常以"虎子氣食牛""於菟氣食牛""乳虎氣食牛"喻指少年氣概豪邁。宋陳師道《后山詩注》卷五《贈寇國寶》（其三）詩："虎子墮地氣食牛，雀兒浴處魚何求。"宋陸游《劍南詩稿》卷五十三《後寓嘆》："千年精衛心平海，三日於菟氣食牛。"再如清黃遵憲《和周朗山琨見贈之作》："當時乳虎氣食牛，眾作蟬噪嗤噍啁。"以上幾例"虎子氣食牛""於菟氣食牛""乳虎氣食牛"皆與文意相契。

【"揞"與"唵"】

(18) 師因半夏上黃檗，見和尚看經。師云："我將謂是個人，元來是揞黑豆老和尚。"（卷五）

"揞"爲"唵"的同音借字。《玉篇》："揞，於感切，藏也。"《集韻·勘韻》："揞，掩也。"《廣雅·釋詁》："揞，藏也。"王念孫《廣雅疏證》："揞，猶掩也。方俗語多侈斂耳。《廣韻》：'揞，手覆也。'覆亦藏也，今俗語猶謂手覆物爲揞矣。"於義無取。日本學者無著道忠《葛藤語箋》：

"傳作唵爲正。《百喻經》:'有人偷米唵之。'此之唵也。今黑豆比文字,搖口看讀以爲啖黑豆也,故云'唵黑豆'。"此説甚是。《廣韻·感韻》:"唵,手進食也。"《字彙補·口部》:"唵,吟哦也。"另有异文可提供佐證。《景德傳燈録》卷十二《鎮州臨濟義玄禪師》:"師因半夏上黄蘗山,見和尚看經。師曰:'我將謂是個人,元來是唵黑豆老和尚。'"①

【"遼"與"撩"】

(19) 眉毛撕系如相似,鼻孔遼天不著穿。(卷三十四)

"遼"爲"撩"的同音借字。"遼",《説文·辵部》:"遼,遠也。"於義無取。"撩"有"觸碰"義。如《從容録重刻四家語録序》:"若要脚跟點地鼻孔撩天,却須向這葛藤裏穿過始得。"《御製序》:"脚跟著地,鼻孔撩天,自然知得祖師所言。""脚跟點地""脚跟著地"與"鼻孔撩天"連文,説明"撩"和"點""著"同有"觸碰"義。另有"鼻孔摩天"异文。《布水臺集》卷第十九:"著著逢人要占先,低垂鼻孔摩青天。""摩"亦有"觸碰"義。如《古尊宿語録》卷四十一:"髑髏常干世界,鼻孔摩觸家風。"可見,"鼻孔撩天"與"鼻孔摩天"皆爲"鼻孔觸天"義。《古尊宿語録》卷四十:"諸人還信得及麽。若信得及。止宿草庵且居門外。三十年後鼻孔撩天。"《宗鑒法林》卷四十四:"誰知更有傍觀者,鼻孔撩天不喜君。"

【"坐"與"剉"】

(20) 上堂云:"开眼为昼合眼为夜。坐断舌头谁谈般若。金色头陀不入保社。"(卷二十)

"坐"乃"剉"之同音借字。慧琳《一切經音義》卷三十三:"剉,猶斫也。《説文》'傷折也'。""剉斷"乃"斬斷""截斷"。《古尊宿語録》卷二十九:"直須截斷舌頭,放下身心,自然快活。"《法苑珠林》卷第四十六:"王復語云:'以斧細剉其舌,將入鑊湯煮之。'"

【"播"與"簸"】

(21) 師上堂,舉洞山:"五臺山上雲蒸飯,佛殿階前狗尿天。幡竿頭上煎饂子。三個猢猻夜播錢。"(卷十九)

---

① [日]無著道忠:《葛藤語箋》,京都:日本花園大學禪文化研究所,1992年版,第153頁。

"播"爲"簸"之同音借字。"簸錢"又稱打錢、擲錢、攤錢。參與者先持錢在手中顛簸，然後擲在臺階或地上，依次攤平，以錢正反面的多寡決定勝負。《唐五代語言詞典》釋爲："婦女所玩的遊戲。"[1] 由於此遊戲在投擲以前先把硬幣在手中顛簸，故"播"是同音假借。"五臺山上雲蒸飯，佛殿階前狗尿天。幡竿頭上煎鎚子。三個猢猻夜簸錢"句意正符合禪宗反常合道的宗旨。"雲蒸飯，狗尿天，幡竿頭上煎鎚子，猢猻夜播錢"都是現實中不可能的事。方以智《東西均·疑何疑》："明月藏鷺，白鶴銀籠，石女生兒，珊瑚崲月，雲蒸飯矣，狗溺天矣，刹竿錘矣，猿播錢矣，不自疑其終日行解。"此皆爲反常合道之言。

【"埒"與"捋"】

(22) 埒下襆頭歸去也，莫騎驢子傍人門。（卷四十七）

"埒"是"捋"同音借字。"埒"於義無取。《正字通·土部》："《説文》：'庳垣也。'《世説》曰：'晉王濟有馬埒，謂於外作短垣繞之也。'又《爾雅》：'山上有水埒。'注：'山巔上有停水曰埒。'""捋"，《説文·手部》："捋，取易也。"《廣韻·曷韻》："捋，郎括切，手捋也；取也。"北宋睦庵善卿《祖庭事苑》卷三："捋，郎括切，手取也。"聯繫上下文，此句意是"取下襆頭"。禪籍中習見"拈下襆頭""拋下襆頭"，皆與"捋下襆頭"意同。如《五燈嚴統》卷三《則川和尚》："士拈下襆頭曰：'恰與師相似。'"《禪宗頌古聯珠通集》卷十四："霞乃拋下襆頭云：'大似個烏紗巾。'"《明覺禪師語録》卷三："當時好與捋下襆頭，誰敢喚作龐居士。"

【"罷"與"耙"】

(23) 師云："荒田耕不罷，又被別人争。"（卷二十六）

"罷"是"耙"的同音借字。"耙"，有鐵齒，破大塊土用。"耙田"，指用耙弄碎土塊。宋黃震《黃氏日鈔》卷七十九《公移》："秋耕田，須熟耙。牛牽耙，索人立耙上，一耙便平。今撫州牛牽空耙，耙輕無力，泥土不熟矣。"元司農司《農桑輯要》卷七："古農法，犁一擺六。今人只知犁深爲功，不知擺細爲全功。"《老生兒》楔子："那驢子我養活著他，與我耕田耙垅。"田地犁耕之後，欲其平整、松細，要用耙（農具）耙細才能

---

① 劉堅、江藍生：《唐五代語言詞典》，上海：上海教育出版社，1997年版，第29頁。

種莊稼。明唐順之《荆川稗編》卷四十五："其耕種陸地者，犁而耙之。欲其上細，再犁再耙。"此言先犁后耙，若要田地更細，再犁一次，耙一次。《西遊記》第十八回："一進門時倒也勤謹，耕田耙地不用牛具，收割田禾不用刀杖。"此處"耕田耙地"連用。《智勇定齊》一折："爲兒的耕田垻地去了。"山東莒縣有"耙地"之説①。別體有"擺""欛""壩""垻"。《元曲釋詞》一："又作壪，如：《張協狀元》戲文：'嫌殺拽犁便壪。'"② 由上可知，原文句意爲"荒田耕了未耙，而被別人爭"，正合《列祖提綱録》卷十六所説："荒田無人耕，耕著有人爭。"

【"蒙斗"與"瞢兜"】

(24) 何故唤作手，衲僧難開口。擬議自顛頂，可憐大蒙斗。（卷三十四）

"蒙斗"乃"瞢兜"之同音借字。"蒙斗"非義。"瞢"，《説文·目部》"瞢，目傷眵也。一曰瞢兜。"《集韻·登韻》："瞢，彌登切。目不明也，或作曚。""兜"亦有"迷惑、糊塗"義。《國語·晋語六》："在列者獻詩使勿兜。"韋昭注："兜，惑也。""瞢兜"乃同義複合詞，與上文"顛頂"同義，與文義相契。

【"騎牆"與"歧羘"】

(25) 忽有騎牆察辨，呈中藏鋒。忽棒忽喝，或施圓相。（卷三十九）

"騎牆"乃"歧羘"之同音假借。"歧"和"騎"皆爲群紐支韻。"牆"和"羘"同爲陽韻。《玉篇·止部》："歧，歧路也。""歧"是"歧路亡羊"之縮略詞。"羘"爲"羊"的增旁俗字。

【"樓"與"耬"】

(26) 問："古人拈起拄杖意旨如何？"師云："看樓打樓。"（卷三十）

"樓"是"耬"的同音假借字。"樓"於義無取。"耬"，播種農具。《祖庭事苑》卷七"玉漏"條："當作玉耬，謂耬犁也。耕人用耬，所以布子種。禪録所謂看耬打耬，正謂是也。"《玉篇·耒部》："耬，力兜切，耬犁也。"《五音集韻·侯韻》："耬，種具。"

---

① 石明遠：《莒縣方言志》，北京：語文出版社，1995 年版，第 81 頁。
② 顧學頡、王學奇：《元曲釋詞》，北京：中國社科出版社，1983 年版，第 9 頁。

【“料掉”與“遼寉”】

（27）師云：“投子被人一問，直得料掉没交涉。”（卷二十四）

“料掉”爲“遼寉”之同音假借。“料掉”於義無取。“料”與“遼”中古音皆爲落蕭切，平蕭來。宵部。《廣韻·霄韻》：“遼，遠也。”《廣韻》“掉”，徒吊切。去嘯定。“寉”，多嘯切，去嘯端。“掉”與“寉”同爲端組幽部字。《説文·穴部》：“寉，寉窅，深也。”

【“搭癡”與“䁪眵”】

（28）赤土畫簸箕，從教眼搭癡。（卷二十二）

“搭癡”乃“䁪眵”之同音假借。“搭癡”於義無取。《説文·疒部》：“癡，不慧也。”段玉裁注：“癡者，遲鈍之意，故與慧正相反。”“䁪”，眼皮搭拉的樣子。《中華字海》：“䁪，大垂目貌。”“眵”，眼迷糊。唐慧琳《一切經音義》卷十五“眼眵”條：“下齒支反。《韻詮》云：‘目汁疑也。’《説文》：‘目汁也，從目從侈省聲也。’”章炳麟《新方言·釋形體》：“眵，今人謂眼中凝汁爲眼眵，讀如矢。”原文指不解禪悟之人渾渾噩噩，眼睛迷離的樣子。

綜上，在以上討論的 24 組通假字中，從字形角度來看，有字形聯繫的 14 組，無字形聯繫的 10 組。在有字形聯繫的通假字中，借字與本字聲旁相同的 11 組，約占有字形聯繫的 58％。從語義分析來看，其中同源通用字 4 組，同音假借字 10 組。通過對《古尊宿語録》中通假字的字形進行分析，筆者發現通假字的借字和本字在字形上的聯繫是多樣的。這説明禪僧在記録語言的過程中，借音的同時更注重字形之間的聯繫，對字形並没有精密的區分。

第三節　《古尊宿語録》訛誤字研究

誤字是文獻傳抄過程中的常見現象。文字一旦發生訛誤，便會影響詞義的理解。誤字包括形誤字和音誤字。本書所討論的誤字僅包括形誤字。通過對《古尊宿語録》訛誤字的整理，得出 11 組形近而誤的字。下面利用相關材料對這些訛誤字加以考辨。

（1）若是靈利衲僧，一咬咬斷，作個脱灑衲僧，豈不快哉。若三咬兩咬斷，准前打入惛懂社裏，有什麽出頭時。（卷三十八）

"懂"是"懂"的形近誤字。"惛懂"非義。"懂"，痴呆。《广韵·咍韻》："懂，懂劐，失志貌。""惛懂"是"骨董"的增旁俗字。"骨董"，義同"葛藤"。《聯燈會要》卷二十六《襄州洞山守初禪師》寫作"骨董"。《大慧普覺禪師普説卷第十三》："參來參去，日久月深，打入葛藤窠裏。只贏得一場口滑，於自己分上添得些兒狼藉。"《禪宗大詞典》："骨董，禪家多指陳舊落套的言句話頭等。"[①] 另有異文可參證。《正法眼藏》卷二："若是靈利衲僧。一齩齩斷。作個脱洒衲僧。豈不快哉。若三齩兩齩齩不斷。準前打入骨董社裏。"《運庵和尚語録》："似與麽出家行脚，似與麽提持正令，也只救得一半。況或三咬兩咬咬不斷，依前打入骨董袋裡去。非唯埋没自己，亦乃鈍置先宗。"

（2）問："如何是趙州主人公?"師云："田庫奴。"（卷十三）

"庫"乃"厙"的形近訛誤字。"田庫奴"應是"田厙奴"。"田厙奴"爲福建一帶的方言，意思是指鄉村中富而無知的鄉巴佬。《碧岩録》卷六："厙（式夜切，音舍）。田厙奴，乃福唐人，鄉語罵人，似無意智相似。"字形或作"田舍奴""田舍漢"，乃唐代罵人習語。王梵志《貧窮田舍漢》："貧窮田舍漢，庵子極孤恓。"《卍續藏》本《古尊宿語録》此處正爲"厙"。

（3）師云："害顛作麽?"學云："不害顛如何得成道?"（卷三十七）

"害"當爲"瞎"之誤字。《古尊宿語録》之母本《古尊宿語要》此處正作"瞎"。《古尊宿語録》中常見"瞎顛"一詞，而無"害顛"。如卷三十七《鼓山先興聖國師神晏和尚法堂玄要廣集》："問：'參禪學道，須是其人。學人與麽來，請師直道。'師云：'瞎顛作麽?'"從詞義方面講，"害顛"意即"患癲狂病"，用在原句中，則成了"不患瘋癲如何得成道"，句意偏頗。"瞎顛"則是胡亂到處奔波之意。禪宗提倡頓悟成佛，反對外求。"瞎顛"放之句子文通義順。禪籍文獻中也多出現禪師對學人的詈罵語"瞎漢""瞎屢生"。

---

① 袁賓、康健：《禪宗大詞典》，武漢：崇文書局，2010 年版，第 151 頁。

(4) 上堂云："江月照，松風吹，永夜清宵何所焉。"（卷四十六）

"焉"當是"為"的形近訛誤。"為"手寫體"為"與"焉"字形相近。原文"吹""為"押韻，此處是"為"無疑。此語在禪籍文獻中皆是"永夜清宵何所為"。《大慧普覺禪師語録》卷一："上堂舉永嘉云：'江月照，松風吹，永夜清宵何所為。'"《景德傳燈録》卷三十《永嘉真覺大師證道歌》："江月照，松風吹，永夜清宵何所為。"句意大致是江邊的一輪明月朗照，清風在松林間呼嘯，一切都是自心現量，長長清明的良宵之夜，能做什麼呢？這是一種"得大自在者"的境界。正如《金剛經》中所說的："應無所住，而生其心。體達法性，真如理體，本自無動無爲，而又無所不動，無所不爲。"

(5) 禪師巴鼻，師子遊戲。水漲船高，蒱牢贔屓。（卷三十九）

"贔"當是"屓"之形近而誤字。"贔"義同"肩"。《中華字海·户部》："贔，肩的訛字。《伍子胥變文》：'長槍排贔，直豎森森。'""贔"於義無取。《玉篇·貝部》："贔，平秘切。贔屓，作力也。"又："屓，虛器切。贔屓。"《廣韻·寘韻》："屓，贔屓。"東漢張衡《西京賦》："巨靈贔屓，高掌遠蹠。"《噶瑪蘭廳志》："蟺蜿大者爲贔屓，小者爲黿，山龜之巨者。""蒱牢"和"贔屓"皆爲傳説中的龍之子。龍生九子：囚牛、睚眥、嘲風、蒱牢、狻猊、贔屓、狴犴、螭吻、負屓。

(6) 跣足披蘘雙角撮，橫眠牛上向天歌。（卷十一）

"蘘"應是"蓑"的形近訛誤。《天聖廣燈録》卷十八《袁州南源山楚圓禪師》："牧牛童，實快活。跣足披蓑雙角撮。"此處正作"蓑"。《説文·艸部》："蘘，蘘荷也。一名葍蒩。從艸，襄聲。"《玉篇·艸部》："蓑，素和切，草衣也。素回切，草垂貌。""披蘘"不合情理，應是"披蓑"。騎牛、披蓑常常是牧牛圖中所刻畫的情景。宋羅大經《鶴林玉露補遺》卷六引趙東野詩："騎牛無笠又無蓑，斷隴橫岡到處過。"禪宗用"牧牛"比作"修心"，將牧童比作人，將"牛"比作"心性"。宋石霜楚圓的《牧童歌》正表達了這種境界。《石霜楚圓禪師語録》："牧牛童，實快活，跣足披蓑雙角撮。"

(7) 問："大悲千手眼，那個是正眼。師云：'即便歡瞎。'僧云：

'歇瞎后如何?' 师云:'捞天摸地。'"

"歇"應是"歇"之形近訛誤字。"歇",《廣韻·錫韻》:"痛也,醜曆切。"《玉篇·欠部》:"醜曆切,痛也。"於義無取。"歇","刺"。《廣韻·覺韻》:"敕角切。刺也。"明李贄《史綱評要·宋紀附遼紀》:"上引柱斧歇地,大聲曰:'好爲之。'俄而帝崩。"又"直角切。築也,舂也。""舂"亦有"刺"義。唐白居易《潛別離》:"深籠夜鎖獨栖鳥,利劍舂斷連理枝。"

（8）禾黍不陽豔,競栽桃李春。翻令力耕者,牛作賣花人。（卷四十七）

"牛"應是"半"的形近訛誤字。"牛作賣花人"不可解,《古尊宿語要》此處是"半",另《古尊宿語録》卷四十二《寶峰雲庵真净禪師住筠州聖壽語録一》:"其奈禾黍不陽焰,競栽桃李春。翻令力耕者,半作賣花人。"其他禪籍文獻此處也是"半"而不是"牛"。《五燈會元》卷十七《寶峰克文禪師》:"其奈禾黍不陽豔,競栽桃李春,翻令力耕者,半作賣花人。""半"當是"扮"的借音,意爲耕夫扮作賣花人,體現了禪宗語言反常合道的宗旨。

（9）趙州有語吃茶去,明眼衲僧皆賺舉。不賺舉,未相许,堪笑禾山解打鼓。（卷四十一）

"賺"乃"謙"的訛誤字。"賺"非義,《集韻·陷韻》:"賺,直陷切。《廣雅》:'賣也。'一曰市物失實。""謙"乃"詀"之俗字。《玉篇·言部》:"詀,多言。"《篇海類編·人事類·言部》:"詀,詀讘。"《廣韻·陷韻》:"詀,被誑。謙俗。"禪宗提倡"不可言说",上文意即趙州有語不说,明眼衲僧却皆被誑舉説公案。可見"賺"乃"詀"之俗字"謙"訛誤。

（10）眼親手辦未是惺惺,口辯舌端與道轉遠。從門入者不是家珍,且道畢竟如何相見。（卷二十一）

"辦"爲"辨"之形近而誤字。"辦"非義,"辨"與"親"同義,皆有"準確"義。據徐時儀考證："親爲宋時口語，有準、確切義。"① 另有禪籍异文可參證。如《列祖提綱録》卷三十五："猛虎鬚邊，揮開毒手。是則眼親手辨，烜赫一時。"此處正作"眼親手辨"。又可寫作"眼辨手親"，如《佛果圜悟禪師碧岩録》卷四："腦門上播紅旗，耳背後輪雙劍，若不是眼辨手親，争能構得？"

（11）家有一狗兒，駭小人難見。終日隨牛去，未省使人唤。（卷三十八）

"駭"乃"駭"之形近訛誤字。"駭"，義爲驚嚇。《説文·馬部》："駭，驚也。從馬亥聲。"《廣雅》："駭，驚起也。""駭小"，於義無取。"駭"，"愚、癡呆、昏昧"義。"駭小"即"童駭"，指又小又不懂事。唐韓愈《謝自然詩》："童駭無所識，但聞是神仙。"《廣雅·釋詁三》："駭，癡也。"《集韻·海韻》："駭，童昏也。"

第四節　《古尊宿語録》類化字研究

類化字是漢民族在文字的使用過程中，爲了追求語言理據，盡量使字形與字義發生聯繫從而產生的俗字。張涌泉指出："人們書寫的時候，因受上下文或其他因素的影響，給本没有偏旁的字加上偏旁，或者將偏旁變成與上下文或其他字相似。"② 裘錫圭認爲："使用漢字的人往往喜歡把記録雙音節詞的文字改成具有同樣的偏旁，希望記録一個雙音節詞的兩個字之間具有明顯的形式上的聯繫。"③ 通過整理，筆者找出《古尊宿語録》中的 5 組類化字。

（1）師曰："有甚餶飿餛子？快下將來。"（卷六）

"畢"同"餶"，"羅"同"飿"。《正字通·食部》："餶，補密切，音必。餶飿，餅屬，用麵爲之，中有餡黄。朝瑛曰：'《資暇集》論餶飿云：蕃中畢氏、羅氏，好食此味，因名畢羅。後人加食旁爲餶飿。'"張涌泉

① 徐時儀：《〈朱子語類〉詞彙研究》，上海：上海古籍出版社，2013 年版，第 89 頁。
② 張涌泉：《漢語俗字研究》（增訂本），北京：中華書局，2010 年版，第 23 頁。
③ 裘錫圭：《文字學概要》，北京：商務印書館，1988 年版，第 235 頁。

《漢語俗字研究》："餺饠皆爲畢羅的增旁俗字。"①

　　　　（2）僧云："如何是人境俱不奪?"師云："王登寶殿，野老謳謌。"（卷四）

　　"謌"，同歌。《説文·欠部》："歌，詠也。從欠，哥聲。歌或從言。"《玉篇·言部》："謌，亦作歌。""謳歌"之"歌"，由於偏旁類化而爲"謌"。

　　　　（3）喚作打底，不遇作家，到老只成愲懂。（卷三十八）

　　"愲懂"本作"骨董"，指雜碎舊物。后來成爲禪林行業語後喻指不悟禪道、處於昏鈍狀態的参禪者。"骨董"由於沾染了心理活動，爲使該詞理據清晰，便增加了"忄"旁，成爲類化字。

　　　　（4）二月一日，沐浴跏趺入滅。（卷一）

　　"跏趺"本作"加趺"，專指佛家修禪時兩足交叉置於左右股上的坐姿。"趺"指足面，足面加於股。受下一個字"趺"的影響和趨從造字理據的心理，"加"由此增加了"足"旁，成爲類化字。

　　　　（5）超佛越祖若何宣，充齋餬饼㳘情餐。（卷十一）

　　"餬饼"本作"胡餅"，指少數民族的一種爐餅，其中"胡"代表少數民族。受下一個字"饼"的影響和趨從造字理據的心理，"胡"由此加了"食"旁，成爲類化字。

---

　　①　張涌泉：《漢語俗字研究》，長沙：岳麓書社，1995 年版，第 46 頁。

第二章　《古尊宿語録》詞彙研究

　　《古尊宿語録》是禪宗南岳派系隨侍門人所搜録的關於禪師在日常生活中隨機開示學人的語録集。由於禪師文化水平高低不同，其用語呈現出雅俗共賞的面貌，既有大量的佛典經論語，又夾雜著通俗易懂的俚俗諺語；既有雅言詞與方俗詞共時的靜態共存，也有歷史傳承詞與新生詞歷時的動態發展。因此《古尊宿語録》可以説是通語與方言、歷時與共時的大雜燴。研究《古尊宿語録》詞彙，對豐富近代漢語詞彙有著廣泛的意義。

第一節　《古尊宿語録》詞彙研究的意義與方法

一、研究意義

　　《漢語大詞典》作爲一部大型的漢語語文辭書，收詞廣博、源流並重，代表了辭書編纂的最新成果。但是中國典籍浩如烟海，各類文獻詞語、詞義的搜羅是一個長期的過程，也是語言研究的一項重要任務。禪籍文獻是中國典籍的重要組成部分，也是編纂《漢語大詞典》所依據的語料之一。《古尊宿語録》是禪籍文獻的典型代表，其詞彙研究不僅可以豐富近代漢語詞彙，而且對詞典的編纂具有積極意義。

（一）詞彙研究與辭書編纂

1. 增補未收詞目

　　由於禪宗語言的特殊性，《古尊宿語録》中有些詞語艱澀難懂，《漢語大詞典》及其他辭書均未收録，故在此作以下補充：

【料掉】

> 上堂，舉僧問投子："大藏教中還有奇特事也無？"投子云："演大藏教。"師云："投子被人一問，直得料掉没交涉。若是五祖即不然，或有人問：'大藏教中還有奇特事也無？'老僧即向伊道：'作禮而去，信受奉行。'"（卷二十二《黄梅東山法演和尚語録》）

禪門習語"料掉没交涉"是禪師告誡學人言行背離禪法甚遠的責備語，猶言"遠遠不合禪法"。禪籍文獻中習見"毫没交涉""了無交涉""盡是没交涉""總没交涉""全然没交涉""都没交涉"等用例。"交涉"一詞謂交互關涉。《華嚴七字經題法界觀三十門頌》卷下："交謂交互，涉謂關涉。"《續傳燈録》卷第二十四："平常活計不用躊躇，擬議之間即没交涉。"《鎮州臨濟慧照禪師語録》："學人若眼定動，即没交涉。擬心即差，動念即乖。""没交涉"之不合禪法義甚明。日本無著道忠《葛藤語箋》言："勿交涉，又作没交涉。俗語與某事不相涉，不相及也。"[①] 袁賓、康健《禪宗大詞典》"没交涉"條："指與禪法毫無聯繫，根本不合禪法。"[②]"料掉"常常和"没交涉""勿交涉"連用。現將禪宗典籍中所出現的語境過録如下：

> 上堂，舉僧問投子："'大藏教中還有奇特事也無？'投子云：'演出大藏教。'"師云："投子被人一問，直得料掉没交涉。若是五祖即不然，或有人問：'大藏教中還有奇特事也無？'老僧即向伊道：'作禮而去，信受奉行。'"（《古尊宿語録》卷二十二《黄梅東山法演和尚語録》）

> 上堂，僧問："記得僧問趙州：'如何是祖師西來意？'州云：'庭前柏樹子。'未審此意如何？"師云："驀口便道，不要商量。"僧云："若謂當時曾有語，可憐辜負趙州心。"師云："爾莫是待與覺鐵嘴出氣麽？"僧云："只如今又欠少個甚麽？"師云："料掉勿交涉。"（《宏智禪師廣録》卷第四《明州天童山覺和尚上堂語録》）

---

① ［日］無著道忠：《葛藤語箋》，京都：日本禪文化研究所，1992 版，第 140 頁。
② 袁賓、康健：《禪宗大詞典》，武漢：崇文書局，2010 年版，第 284 頁。

關於"料掉"一詞，學者大多只是根據上下文意進行猜測，並沒有給出令人滿意的訓釋。顧宏義在《景德傳燈録譯注》中釋"料掉"爲"料到"，陳家春在《〈景德傳燈録〉文獻語言研究》中釋"料掉"即"料想"。① 這兩種結論皆爲望文生訓。趙錚艷在其碩士學位論文《〈古尊宿語録〉校勘與疑難詞語考釋》中將"料掉"置疑爲："意爲話語長，説話繞彎子，和主題不相干之類。"② 尚屬猜測，没有給出令人滿意的訓解。董志翹提出"料掉"乃"尥趵"的假借，本義爲"以脛踶踢"，引申之則爲"抵觸"。"料掉没交涉"即"抵觸無關聯"。③ 董志翹通過"破假借"的方法進行考證，考釋方法正確，但是考察結果似嫌牽强。黄靈庚比勘"了無交涉"與"料掉没交涉"等異文，認爲"料掉"亦猶終也、絶也，"料掉没交涉"，猶説終不相干。④ 其結論亦未能切中文意，不能揆之文本而協。劉波認爲"料掉"一詞意爲"没有關聯，差距很大"，並指出"料掉""了鳥"與"杳窱"等詞是一組同源詞，其核心義素是"距離大"。⑤ 此説可信，但尚待補苴。

"料"和"掉"皆爲效攝開口四等字，"料掉"乃疊韻雙音節詞。"料掉"音"了鳥"實爲不爭之論。元李冶《敬齋古今黈》卷四："衣冠了鳥，了鳥當並音，去聲。今世俗人謂腰脊四支不相收拾者謂之了鳥，即此語也，音料掉。"清方以智《通雅》卷四十九："方言佻，抗縣也。郭注曰：'了佻，縣物。丁小反。'胡身之注《鑒》曰：'船長曰舮艒，衣長曰袊。'謂其形弯窱也。"清胡文英《吳下方言考》卷九："了鳥，下音吊。董尋疏'衣冠了鳥'。案：'了鳥'，短也。吳中譏衣之太短者曰了鳥頭上。"誠如劉波所言，與"料掉"讀音相近的疊韻聯綿詞"窵窱""窅眇""杳窱""窈宨""窈窈""窱窱""弯宭""迢迢""窵窱"等大多有"深、遠、長"義，是一組同源詞。從音訓的角度考察，"料掉"一詞"深、遠"義已明。但是從詞形的角度來看，"料掉"應該是某一疊韻聯綿詞的異形詞。禪籍詞彙中，尤其是雙聲或疊韻聯綿詞往往會有不同的詞形。"料"與"遼"

① 陳家春：《〈景德傳燈録〉文獻語言研究》，四川大學博士學位論文，2015年，第92頁。
② 趙錚艷：《〈古尊宿語録〉校勘與疑難詞語考釋》，廈門大學碩士學位論文，2010年，第50頁。
③ 董志翹：《訓詁類稿》，成都：四川大學出版社，1999年版，第189頁。
④ 黄靈庚：《〈五燈會元〉語詞補釋（八則）》，載於《古漢語研究》，1992年第1期。
⑤ 劉波：《釋"料掉""了鳥"》，載於《勵耘學刊》（語言卷），2007年第1期。

中古音皆爲落蕭切，平蕭來。宵部。《廣韻·霄韻》："遼，遠也。""掉"，
徒吊切，去嘯定。"奟"，多嘯切，去嘯端。"掉"與"奟"同爲端組幽部
字。《説文·穴部》："奟，奟窅，深也。"綜上，"料掉"實爲"遼奟"之
借音。宋佚名《新增詞林要韻》："奟，遠也。"宋楊澤民《倒犯·藍橋》：
"琴劍度關，望玉京人，迢迢天樣寫。"明李實《蜀語》："遠曰奟。"明蘭
廷秀《韻略易通》下："奟，深遠。""遼奟"同義連文。清孫嶽頌《佩文
齋書畫譜》卷十："擷竹者，不可太速，太速則忙，忙而勢弱。不可太慢，
太慢則遲，遲而骨瘦。又不可肥，肥而體濁。亦不可瘦，瘦而形枯。亦不
可長，長而遼奟。亦不可短，短而寒躁，葉要輕重相間，枝宜高下相得。"
《字通》："至於岱嶽作鎮齊魯距此遼奟其祠乃相望而立，遙遠也。"清宋長
白《柳亭詩話》卷一："唯有仙橋高料掉，幽禽惆恨對空山。"亦有現代漢
語方言可以佐證。魯方言至今猶説"遠"爲"奟"，用"奟遠"指遙遠、
偏遠。關中方言稱長度爲"奟長"，路遠説成"路奟"。宋代宋敏求《（熙
寧）長安縣志》："奟遠濁水入渠，必至淤澱，宜將此閘移於渠口近下一二
十步安置。"日本無著道忠《葛藤語箋》："《傳燈》鈔一山曰料掉，極隔遠
也。勿交涉，無相干……古德解釋掉，迢迢義，太遠在也。"此説信而不
誣。現結合兩例禪籍異文作如下分析：

上堂："心不是佛，智不是道。抛却深村，又入荒草。只如以一
重去一重，不知轉交涉轉料掉，畢竟如何？心不是佛，智不是道。"
（《環溪和尚語録》卷上）

更莫追念更不尋求，轉疏轉親，轉近轉遠。（《真歇和尚拈古》）

禪宗主張"心即是佛""智即是道""平常心是道"。一味向外馳求尋
佛覓道，起心動念求解悟道則離道越來越遠。正如馬祖道一禪師所言：
"自性本來具足，但於善惡事中不滯，喚作修道人。取善舍惡，觀空入定，
即屬造作。更若向外馳求，轉疏轉遠。若欲會得，但知無心，忽悟即得。
若用心擬學取，即轉遠法。"趙州真際禪師云："人即轉近，道即轉遠也。"
《雲門匡真禪師廣録》卷上："都緣是汝自家無量劫來妄想濃厚，一期聞人
説著，便生疑心。問佛問法，問向上問向下。求覓解會，轉没交涉。擬心
即差，況復有言莫是不擬心是麼？"

句中"抛却深村，又入荒草"指一味向外馳求，"以一重去一重"暗

指那些擬心求解會，糾纏在迷情俗念中的參禪者。"轉交涉轉料掉"與第
二句中的"轉疏轉親，轉近轉遠"義同。"交涉"謂人與佛法交互相近，
"料掉"説的是心與道偏離疏遠。可見"交涉"與"料掉"反義對舉，"料
掉"之"遠"義甚明。又如：

> 無背面有孔竅。轉相親轉料掉。(《石溪報恩録》)

"相親"義爲相近，"料掉"爲遥遠，兩詞反義對舉。

> 大地雪漫漫，春來特地寒。靈峰與少室，料掉不相干。(《五燈會
> 元》卷十四《隨州大洪山報恩禪師》)

此處"料掉不相干"可理解爲："靈峰禪師與少室，遠遠不相干。"

> 師云："險，徑山這兩險，有一險如天普蓋，似地普擎。有一險
> 料掉没交涉。"(《大慧普覺禪師住徑山能仁禪院語録》卷四)

此乃大慧普覺禪師評價徑山禪師的機鋒，一個機鋒峻烈如天普蓋，似
地普擎，另一個却是遠遠不合禪法。

> 知時識節却堪持論，自余立機立境行棒行喝，全鋒敵勝同死同生，
> 正按傍提橫來竪去，和泥合水截鐵斬釘。七十三八十四等是鬼家活計，
> 於諸人分上料掉没交涉。(《列祖提綱録》卷十二《愚庵及禪師》)

"於諸人分上料掉没交涉"猶言以上所述如此多種接機手段，却與你
們諸人遠遠不相干、絲毫不相干。

> 師問小塘長老："昨日許多喧鬧，向甚麼處去也？"小塘提起衲衣角，
> 師曰："料掉勿交涉。"(《五燈會元》卷七《福州玄沙師備宗一禪師》)

本語段句意爲：師問"昨日許多喧鬧，向甚麼處去也？"小塘長老用
提起衲衣角的動作語來回答，表明自己昨日在坐禪修佛。殊不知這種修禪
方式違背了禪宗旨意，因爲禪不在坐、不在修，而在日常普請中頓悟成
佛。所以禪師便用"料掉没交涉"來責備小塘長老背離禪法甚遠。

"料掉"的重疊形式爲"料料掉掉"，意在强調與禪法相差極遠。試
比較：

> 眼目定動，料料掉掉。爲報先生，莫打之遶。(《清遠佛眼和尚語
> 録》)

若是眼孔定動，即千里萬里，何故如此？如隔窗看馬騎相似，擬議即没交涉。(《省念和尚語録》)

兩例中"眼目定動"與"眼孔定動"義同，即"猶豫思慮"。"眼定動：猶豫、思慮的樣子。""莫打之遶"即"不繞彎子"。禪宗主張頓悟，一切擬心動念、開口動舌皆不合禪法。"眼孔定動"(思量卜度)即與禪宗主旨相差千里萬里。由此可知，"料料掉掉"與"千里萬里"意義相當，即相差甚遠。禪録中"料掉"有時可用"千里萬里"來替代，如：

奉勸諸人，退步自看。一切現成，便請直下承當，不用費力。爾擬動一毫毛地，便是千里萬里没交涉也。(《大慧普覺禪師普説》)

但學語之流依他作解，便千里萬里没交涉。(《三峰藏和尚語録》)

"料掉没交涉""千里萬里没交涉"與"毫没交涉""了無交涉""盡是没交涉""總没交涉""全然没交涉""都没交涉"等句法結構相同，"料掉"和"絲毫""了""盡""全然"等皆是副詞，修飾"没交涉"，可見，"料掉没交涉"釋爲"遠遠没交涉"言通意順，驗之他卷而通。

【欄棬】

僧便問："古人十八上已解作活計，未審作個什麼活計？"答曰："兩只水牯牛，雙角無欄棬。"(卷十《汾陽善昭禪師語録》)

"欄棬"，牛索頭。牛耕地時，在牛角上拴繩子，繩后綴一曲木，以方便控制牛的前行路綫。《廣雅·釋宫》："欄，牢也。"唐慧琳《一切經音義》卷五十二"拘紖"條："幾愚反。《埤蒼》：'棬，牛拘也。'""拘"應爲"枸"。《漢語大字典》："枸，同楢。彎曲。"[1]《吕氏春秋·重己》："使五尺豎子引其棬，而牛恣所以之，順也。"《昭覺丈雪醉禪師語録》卷十："閲遍滄桑子，超然以牧牛。野田榮水艸，箬笠挂雲頭。天地爲欄棬，鞭繩幾放收。"《天童弘覺忞禪師語録》卷二："去宜野鶴翔空外，住應廬羊挂薜蘿。莫謂欄棬今解却，最防雙角入平莎。"又可寫作"欄圈"，如《古尊宿語録》卷九《石門山慈照禪師鳳岩集》："師云：'折角泥牛無欄圈。'云：'與麼則依而行之。'師云：'遍地閑田任意耕。'"按常理而言，因爲折了牛角，便無處拴牛索頭，所以不能操控牛按路綫行走，便有下文的

---

① 《漢語大字典》第二版，第二卷，第1271頁。

"依而行之"和"遍地閑田任意耕"。《指月録》卷二十四《牧童歌》:"四方放去休攔過,八面無拘任意遊,要收只在索頭撥。"此處即牽索頭收攏小牛兒(參第三章"索頭"條)。"牛索頭(套牛脖子上的彎木頭)。"① "牛索頭、牛讓繩,耕地時,指向左右用。"②陝西扶風方言稱"攔棬"爲"牛革頭",牛拉車、犁等時架在脖子上的器具。③《漢語大詞典》及其他辭書未收録,當補。

2. 添加遺漏義項

【跐躕】

　　師云:"子細跐躕看。"(卷十五《雲門文偃匡真禪師廣録上》)

　　"跐躕",思量、考慮義。西晋潘岳《悼亡詩》:"徘徊不忍去,徙倚步跐躕。"《楚辭·遠遊》:"步徙倚而遥思。""徙倚步跐躕""步徙倚而遥思"兩句意相近,由此可見,"跐躕"即"遥思"。清周亮工《賴古堂集》卷六:"思君爲我卜,坐立自跐躕。""自跐躕"即暗自思念。吳騏《蒿里》:"傷心蒿里誰家地,魂魄自智骨自愚。亦知一死不可謝,此際何必多跐躕。"此猶言"何必多想"。

　　字形亦作"躊躇"。唐李觀《李元賓文編》卷一《大夫種銘並序》:"於戲種知吳之可以取,知越之可以强,而不知身之進退存亡,沉吟躊躇,以至於非辜。""沉吟"即思量、斟酌,"沉吟躊躇"同義連文。宋李昭玘《樂静集》卷十:"雖魯人有不能道者,要須屏心注目,躊躇終年而後能盡也。""躊躇終年"即"思量一生"。又可寫作"躇躕"。宋陸游《秋日遣懷》:"秋風吹短褐,望古空躇躕。"《七里灘》劇二:"子細惆惆,觀了些成敗興亡,閱了些今古。""子細惆惆"即細細思量。《漢語大詞典》未及此義,當補。

【兩社】

　　師云:"兩社一寒食。"(卷九《石門山慈照禪師鳳岩集》)

　　古時祭祀社神的節日,后沿用爲時令名。一年有兩個社日,春社和秋社,兩社之間是寒食節。南北朝沈約《宋書》卷十四《禮志》第四:"祠

　　① 王文學、岳旺子:《盤山村志》,鄭州:中原農民出版社,2009年版,第171頁。
　　② 石明遠:《莒縣方言志》,北京:語文出版社,1995年版,第81頁。
　　③ 毋效智:《扶風方言》,烏魯木齊:新疆大學出版社,2005年版,第118頁。

太社、帝社、太稷，常以歲二月、八月二社日祠之。"此言古以二月、八月爲祭祀社神的節日。唐韓偓《不見》："此身願作君家燕，秋社歸時也不歸。"宋晁冲之《和十二兄五首》："春郊餉耕徒，秋社接酒友。"此言秋天時節。陳元靚《歲時廣記》卷十四："《齊民要術》：'種絲瓜社日爲上。'又云：'社日以杵舂百果樹下。"猶言"结合时令，春社種絲瓜，秋社杵舂"。《歲時記》："立春復五戊日爲春社，立秋後五戊日爲秋社。"明徐光啓《農政全書》卷六農事："《農書》云：'種蒔之事，各有攸序。能知時宜，不違先後之序，則相繼以生成，相資以利用。種無虛日，收無虛月，何匱乏之足患，凍餒之足憂哉？正月種麻枲，二月種粟脂。麻有早晚二種，三月種早麻，四月種豆，五月中旬種晚麻，七夕以後種萊菔、菘芥。八月社前即可種麥，經兩社即倍收而堅好。如此則種之有次第，所謂順天之時也。"《漢語大詞典》釋"兩社"謂"春秋魯之周社和亳社的合稱，兩社之間是朝廷處理政務的地方"，未及此義，當補。

3. 提前書證

【盤陀石】

　　昔日南泉趙州二尊宿，皆是道超物外，名播寰中。時有一僧往山中，見一禪伯在盤陀石上卓庵而坐。僧遂問曰："南泉出世浩浩地，何不往彼問訊？空坐何爲？"（卷三十一《舒州龍門清遠佛眼和尚小參語録》）

"盤陀石"乃磐石，穩固堅硬而平廣的石頭。《補陀洛迦山傳》："盤陀石，平廣上坐百餘人。下瞰大海，五更遠見扶桑，五色光發。"《人天眼目》卷六："盤陀石上藕，波斯喫胡椒。"藕本來長在淤泥里，這裏的"盤陀石上藕"是説藕長在堅硬的石頭上，乃禪宗反常合道的説法。日本無著道忠《葛藤語箋》："陀，蓋助辭也。《類書纂要》十二曰：'窟陀，杭州人以窠爲窟陀，出《西湖一覽》。'又《冷齋夜話》：'有泥陀佛，但是泥佛也。'"① 其説可信。《漢語大詞典》首例爲清曹寅《雨夕偶懷同皋僧走筆得二十韻却寄》，時代較晚，可提前。

【掌鞋】

---

① ［日］無著道忠：《葛藤語箋》，京都：日本花園大學禪文化研究所，1992 年版，第 144 頁。

　　　洞山問僧：“什麼處來？”云：“掌鞋來。”（卷十四《趙州從諗真
際禪師語録之餘》）

　　釘鞋。“皮匠，掌鞋的。”① “皮匠又叫掌鞋的，又叫修鞋的。”② 姜漢
椿《〈東京夢華録〉全譯》：“掌鞋，即打鞋掌。”③ 戴其曉《古今中外人物
歇後語大全》：“掌鞋的：即補鞋匠。掌鞋的不用錐子——真（針）好。”④
林紹志《臨朐方言》：“掌鞋，廣義是指修鞋，狹義指釘補鞋底。”⑤《漢語
大詞典》書證爲現代李洪偉《掌鞋》，時代太晚，可提前。

（二）詞彙研究與詞形規範

　　由於種種原因，近代漢語詞彙有豐富的異形詞。異形詞從使用的角度
看，應該分出正體和異體。確立規範詞形，首先關係到辭書編纂的詞目確
立問題。以哪一個詞形爲規範詞形，首先要釐清其詞義。從各異形詞的構
詞語素入手，分析構詞理據，探明詞義來源有利於確立規範詞形。

【搭癡】

　　　赤土畫簸箕，從教眼搭癡。（卷二十二《黄梅東山法演和尚語録》）

　　“搭癡”費解，比勘異文，字形亦見“眰眵”“搭眵”。

　　　石擊赤，赤土畫簸箕。從教眼眰眵。（《列祖提綱録》卷十一）
　　　手按吹毛豈易爲，兩堂要活死猫兒，趙州上樹安身法，多少傍人
眼搭眵。（《禪宗頌聯珠通集》卷五）

　　“搭”，下垂貌。金受申《北京話語匯》“搭撒”條：“形容眼皮下垂。
例如：‘他搭撒著眼皮，連人一眼都不瞧。’”⑥ 又“瓜搭”條：“沉下臉
來……‘瓜搭’可以寫作‘瓜耷’。”⑦《中華字海》：“眰，大垂目貌。”
　　《説文・疒部》：“癡，不慧也。”段玉裁注：“癡者，遲鈍之意，故與
慧正相反。”“癡”於義無取，應是“眵”的同音借字。《説文・目部》：

①　李行健：《河北方言詞匯編》，北京：商務印書館，1995 年版，第 291 頁。
②　韓憶萍、崔墨卿：《新風舊俗話北京》，蘭州：光明日報出版社，2007 年版，第 297 頁。
③　姜漢椿：《東京夢華録全譯》，貴陽：貴州人民出版社，1998 年版，第 80 頁。
④　戴其曉：《古今中外人物歇後語大全》，上海：上海大學出版社，2007 年版，第 464 頁。
⑤　林紹志：《臨朐方言》，濟南：齊魯書社，2013 年版，第 311 頁。
⑥　金受申：《北京話語匯》，北京：商務印書館，1965 年版，第 38 頁。
⑦　金受申：《北京話語匯》，北京：商務印書館，1965 年版，第 76 頁。

"眵，一曰薆兜也。"段玉裁注："薆，各本譌作薈，今依玄應正。薆兜者，今人謂之眼眵是也。"唐慧琳《一切經音義》卷十五"眼眵"條："下齒支反。《韻詮》云：'目汁疑也。'《説文》：'目汁也，從目從侈省聲也。'"章炳麟《新方言·釋形體》："眵，今人謂眼中凝汁爲眼眵，讀如矢。"《金元戲曲方言考》"抹泪揉眵"條："抹泪眼，眵眼也。"① 戴善夫《風光好》四折《上小樓》："他生的端莊相貌，尊崇舉止，幾層見這般眼暗頭昏、地慘天愁，抹泪揉眵。"《元明清文學方言俗語詞典》"迷眵"條："眼睛模糊不清。"②

綜上，"搭眵"本義爲眼皮搭拉，眼睛被眼屎糊住看不清東西。禪宗喻爲精神萎靡，渾渾噩噩，乃禪門習語。如《嘉泰普燈録》卷一《韶州南華知昺禪師》："上堂，以拄杖向空中攪曰：'攪長河爲酥酪，蟭猶自眼搭眵。'"《大慧普覺禪師普説》："良久云：'你這一隊漢眼搭眵地向甚麼處去？'"故"搭癡"應以"眙眵"爲規範形式。

(三) 詞彙研究與文獻整理

通過《古尊宿語録》詞彙研究可以明晰一些詞義，有利於禪籍文獻的整理。如：

【相狀】

> 僧問："如鏡鑄像，像成後光歸何處？"師云："如大德未出家時，相狀向什麼處去？"(卷一《南嶽懷讓大慧禪師》)

按："相狀"即"相貌，形狀。"有异文可佐證。如《景德傳燈録》卷五《南嶽懷讓禪師》："有一大德問：'如鏡鑄像，像成後，鏡明向什麼處去？'師曰：'如大德爲童子時，相貌何在？'"此處以"相貌"代替"相狀"，"相狀"即"相貌"。雷漢卿言："相狀是唐五代方俗詞，樣子，形象。"③《古尊宿語録》卷三十三《舒州龍門清遠佛眼和尚普説語録》："且事有形段，理無相狀。""形段"與"相狀"相對應，兩詞皆是形狀、相貌義。又如卷三十一《舒州龍門清遠佛眼和尚小参語録》："我今問你一件

---

① 徐嘉瑞：《金元戲曲方言考》，北京：商務印書館，1956 年版，第 10 頁。
② 岳國鈞主編：《元明清文學方言俗語詞典》，貴陽：貴州人民出版社，1998 年版，第 1123 頁。
③ 雷漢卿：《禪籍方俗詞研究》，成都：巴蜀書社，2010 年版，第 240 頁。

事，初入母胎時，將得什麼物來？你來時並無一物，只有個心識，又無形無貌。"據上可知"相狀"即"形狀""相貌""形貌"。

《漢語大詞典》對"相狀"的解釋僅爲"相類似"而未及"相貌"義，當補。某些禪籍文獻的點校由於不明"相狀"之詞義，導致斷句有誤。如《祖堂集》："僧問：'如鏡鑄像，像成後光歸何處？'師云：'如大德未出家寺相狀，向什麼處去？'"① 如此斷句，似把"相狀"理解爲"相似"，故斷句不妥。《天聖廣燈録》卷八《南嶽大惠禪師》："師云：'如大德未出家時相狀向什麼處去？'"② 應在"相狀"後施逗。

【半幅全封】

> 問："如何是异類中人？"曰："頭長脚短。"云："謝師指示。"曰："半幅全封。"（卷十一《石霜楚圓慈明禪師語録》）

禪宗語言"三玄"中的體中玄乃用日常用事來對答呈接禪機。"半幅全封"爲禪門習語。《石霜楚圓禪師語録》："時有僧問：'如何是异類中人？'師云：'頭長脚短。'進云：'與麼則謝師指示。'師云：'半幅全封。'"《續古尊宿語要》第一集《慈明圓禪師語録》："師云：'半幅全封，寶劍未出匣時如何？'"《五燈全書》卷七十四《寧州龍安兜率本圜禪師》："曰：'如何是一元中具三要？'師曰：'半幅全封。'"

"封"是古代地積單位，同十爲封。《漢書·刑法志》："地方一里爲井。井十爲通，通十爲成，成方十里；成十爲終，終十爲同，同方百里；同十爲封，封十爲畿，畿方千里。"

"幅"是布帛的寬度。古制一幅爲二尺二寸。《説文·巾部》："幅，布帛廣也。"《玉篇·巾部》："幅，甫六切，布帛廣狹。"《儀禮·士喪禮》："亡則以緇長半幅，䞓末長終幅。"鄭玄注："半幅一尺，終幅二尺。"原文石霜楚圓慈明禪師用"頭長脚短"來回答禪僧"如何是异類中人"的疑問，當禪僧繼續執迷於思維的時候，師便用最常見的"一尺布"和"千里地"等簡單的日常生活術語來截斷禪僧的進一步思維。

《卍續藏》本《天聖廣燈録》卷十八《袁州南源山楚圓禪師》："問：

---

① ［南唐］釋净筠輯，孫昌武、日衣川賢次、西口芳男點校：《祖堂集》，北京：中華書局，2007 年版，第 192 頁。

② ［宋］李遵勗輯，朱俊紅點校：《天聖廣燈録》，海口：海南出版社，2011 年版，第 78 頁。

'如何是异類中人?'師云:'頭長脚短。'進云:'恁麼則謝師指示。'師云:'半幅全對。'"① "半幅全對"之"對"應是"封",蓋是由於形近而輾轉傳抄所誤。2011年海南出版社出版的宋李遵勗輯、朱俊紅點校的《天聖廣燈録》將錯就錯,没有進行改正。

二、《古尊宿語録》詞彙的研究方法

譚偉在《禪宗語言的研究價值及方法》中指出:"禪宗是中國化的佛教,是中印文化融合的産物,禪宗文獻深深地打上了這種文化融合的烙印。同時,禪宗又是世俗化、大衆化、平民化的宗教。禪宗文獻的語言呈現出多樣性和複雜性,必須把它放到文化融合以及宗教與世俗互動的背景中去考察。禪宗使用的語言是不同於佛經文獻語言的特殊混合語,有佛教詞彙,也有世俗詞彙;有文言詞彙,也有口語俗語詞彙。"② 因此,本書從《古尊宿語録》的詞彙特點和來源入手,分析詞彙特點,對《古尊宿語録》中的方俗詞、禪林行業詞、漢譯佛經詞及歷史漢語文獻詞進行分類研究。

蔣紹愚提出:"近代漢語詞語的考釋,應從認字辨音,參照前人的詮釋,排比歸納、因聲求義、參照方言、推求語源等方面著手。"③ 蔣宗福在《四川方言詞語考釋》一書中歸納了幾種方法,如"不限形體,因聲求義""審字辨形,以校勘通義""參照前人的訓詁求義"等。④ 其《〈金瓶梅詞話〉詞語探源》一文便是詞語考源方法的綜合實踐。此文利用異形得出"餃兒"即"角兒","餃"即"角"之音變;利用出典探得"波吒"本爲地獄中受苦之聲;又通過審辨字形,得出"驢紐棍"之"紐"乃"紂"之形近訛誤。⑤

禪籍作爲口語書面化文獻,其主要特點是俗、借、誤字頻現,異形詞豐富。這是在口語轉録爲書面語的過程中聽音記音的結果。項楚説:"俗

① 《卍續藏》第78册第1553頁。
② 四川省語言學會編:《蜀語新聲:四川省語言學會第十四屆年會論文選》,成都:四川辭書出版社,2009年版,第37頁。
③ 蔣紹愚:《近代漢語研究概要》,北京:北京大學出版社,2005年版,第289～296頁。
④ 蔣宗福:《四川方言詞語考釋》,成都:巴蜀書社,2002年版,第20頁。
⑤ 蔣宗福:《〈金瓶梅詞話〉詞語探源》,載於《文獻》,1999年第1期。

語記音之字，本無定形。"① 俗、借、誤字現象往往導致詞語理據難尋。
辨析俗字、假借字、形近訛誤字，探明理據，是保證釋義準確的前提。此
外，異形詞是同一詞語的多種書面形式，通過比勘異文，根據相互提供的
綫索可以達到釋義的目的。由於禪宗語言的特殊性，任何釋義方法都必須
在文化背景和上下文語境的基礎上進行。

《古尊宿語録》中的形近字、音借字、俗字較多，要達到精校確釋，
首先要審其音、辨其形，利用形、音、義的關係探求詞義。再者，作爲一
部語録彙編，《古尊宿語録》對諸位禪師的叙寫必然與燈録、禪宗語録以
及某些碑文中的記載有繼承關係。由於與《景德傳燈録》和《五燈會元》
的編纂時間和收録内容具有連續性，記載内容承上啓下，相同内容在《景
德傳燈録》《聯燈會要》《天聖廣燈録》《建中靖國續燈録》《嘉泰普燈録》
《五燈會元》和其他禪籍文獻中會有不同語言文字的記載。因此，我們可
以在歸納有關材料的基礎上，充分利用异本异文進行比勘求義。此外，結
合社會文化背景和上下文語境求義、運用現代活方言求義、根據構詞理據
求義等，都是進行詞語考釋所採用的方法。

（一）審音辨形

審音辨形是傳統訓詁的重要手段之一。詞是語言的最小單位，也是
形、音、義的結合體。欲求詞義，首先要從形、音入手。審其音，辨其
形，明其義。

1. 破假借

審音指通過語音去探索詞義，這裏主要指破假借。由於《古尊宿語
録》中的詞語借字豐富，文字的假借造成形與義之間的相互脱離，單純從
字面上很難正確解釋詞的意義。爲了避免"望文生訓"的錯誤，必須通過
破假借的手段去探索詞義。黄侃指出："中國文章用字皆正假兼行，凡訓
詁之難於推求，文義之難於推尋，皆假借之事爲之也。"② 爲了避免望文
生訓，需要采用因聲求義的訓詁方法，破除假借字，找出本字。

【蒙斗】

何故唤作手，衲僧難開口。擬議自顢頇，可憐大蒙斗。（卷三十

---

① 項楚：《王梵志詩校注》，上海：上海古籍出版社，2010 年版，第 395 頁。
② 黄侃述，黄焯編《文字声音训诂笔记》，上海：上海古籍出版社，1983 年版，第 19 頁。

四《舒州龍門清遠佛眼和尚語録》)

"蒙斗"不詞，乃"瞢兜"之借音。《説文·目部》"眵，目傷眥也。一曰瞢兜。"漢劉熙《釋名》卷八："目眥傷赤曰瞯，瞯末也。"清畢沅疏證："創在目兩末也。'瞯'，《説文》作'蔑'，云目眵也。從目，蔑省聲。眵，目傷眥也。一曰瞢兜。《一切經音義》引《説文》目眵作兜眵。眥者，目匡也。蔑者，勞目無精也。瞢者，目不明也。皆見《説文》。"玄應《一切經音義》卷九"眵泪"條："眵，充尸反。《説文》瞢兜，眵也。"《吕氏春秋·介立》："吾義不食子之食也。"高誘注："昔者齊饑，黔敖爲食於路，有人瞢其屨，瞢瞢而來。"此處"瞢瞢而來"即昏鈍而來。《集韻·登韻》："瞢，彌登切。目不明也，或作瞢。"① 唐孟郊《寄張籍》："傾敗生所競，保全歸瞢瞢。""瞢瞢"即昏昧；糊塗。"兜"亦有"迷惑、糊塗"義。《國語·晋語六》："在列者獻詩使勿兜。"韋昭注："兜，惑也。"由此可見，"瞢兜"乃同義複合詞，與上文"顢頇"同義。"可憐大蒙斗"即可憐太糊塗，指禪僧不解禪意、未悟佛理的狀態。"蒙斗"於義無取。故"蒙斗"實爲"瞢兜"之借音。

2. 辨字形

辨字形即以形索義。詞義考釋除了"因聲求義"之外，還可以依據字形來"以形索義"。這就涉及文字的正誤問題。由於書成眾手，寫録者審音不准或用字習慣的差異，出現訛錯字紛然雜陳的現象。訓釋詞語必須以辨別、勘正文字爲基礎，如果没有對詞形進行考辨，釋義就會謬之千里。

【犴狢】

悟爲法障，身招罔象。犴狢無風，徒勞展掌，祖父書契，本來家業。(卷三十《舒州龍門清遠佛眼和尚語録》)

"犴"與"狢"乃兩種動物之名，與原文句意不契。"犴狢"當爲"犴獄"。"狢"爲"狢"之形誤。《五燈會元》卷六《陝府龍峻禪師》此處正作"狢"。而"狢"又是"獄"的同音借字。《古尊宿語録》卷三十七《鼓山先興聖國師神晏和尚法堂玄要廣集》："問：'作何方便得紹師宗？'師云：'岸谷無風，徒勞展掌。'""岸谷"之"岸"爲"犴"的借音，"谷"

<hr>

① 宋丁度編：《集韻》，北京：中國書店，1983 年版，第 532 頁。

亦是"獄"的輾轉而誤。

"犴獄",同義複合詞,指監獄。《集韻·翰韻》:"犴,野犬。犬所以守,故謂獄爲犴,或作犴。"《五音集韻·翰韻》:"犴,獄也。"《淮南子·説林》:"亡犴不可再。"高誘注:"犴,獄也。"《詩·小雅·小宛》:"哀我填寡,宜岸宜獄。"陸德明釋文:"岸邊,韋昭注《漢書》同《韓詩》作'犴',音同。云:'亭之繋曰犴;朝廷曰獄。'"《荀子·宥坐》:"獄犴不治。"楊倞注:"犴,亦獄也。"《後漢書·崔駰傳》:"所至之縣,獄犴填滿。"《蓮邦詩選·懷净土》:"罪重無如殺盗淫,身囚犴獄口呻吟。"《靈峰蕅益大師選定净土十要》卷八:"無過殺盗淫,犴獄口呻吟。敲打能稱佛,掀翻莫變心。"

原文"犴獄無風,徒勞展掌",語意爲"密室里無風,無須展掌測風力或風向"。"犴獄"指建築密閉森嚴,如同密室。禪宗習用"密室無風"喻心性清静,各正其心,不動不搖。《四念處》卷二:"修五停心者,即得住觀。如密室無風,照物得了。"另有異文可提供佐證。如《古尊宿語録》卷三十七《鼓山先興聖國師神晏和尚法堂玄要廣集》:"問:'九霄峰外月,室內一輪燈。如何是一輪燈?'師云:'岸谷無風,徒勞瞠目。'"此例上文"室內一輪燈",因燈火遇風則摇曳或者熄滅,故有下文的"犴獄無風,無須瞠目看燈火"來作答。

【駭小】

　　家有一狗兒,駭小人難見。終日隨牛去,未省使人唤。(卷三十八《襄州洞山第二代守初禪師語録》)

按:《説文·馬部》:"駭,驚也。從馬亥聲。"桂馥義證:"《廣雅》:'駭,驚起也。'《蒼頡篇》:'駭,驚也。'"原文"駭小人難見",文意不通。"駭"實爲"騃",因形近而誤。《廣雅·釋詁三》:"騃,癡也。"《集韻·海韻》:"騃,五亥切,童昏也。"唐玄應《一切經音義》卷六:"《倉頡篇》:'騃,無知之貌。'"《漢書·息夫躬傳》:"外有直項之名,内實騃不曉政事。"顏師古注:"騃,愚也。""騃小"即"童騃",指又小又不懂事。唐韓愈《謝自然詩》:"童騃無所識,但聞是神仙。"《佛祖綱目》卷三十五《隨牛狗兒頌》:"家有一狗兒,駭小人難見。終日隨牛去,未省使人唤。見客不作聲,見人偏能善。"《指月録》卷二十一《隨牛狗兒頌》:"家

有一狗兒，駼小人難見。終日隨牛去，未省使人唤。見客不作聲，見人偏
能善。”皆爲“駼小”。

“駼小”又作“獣小”，《廣韻・哈韻》：“獣，獣癡，象犬小時未有分
别。”① 元陸友仁《吴中舊事》：“吴人多謂人爲獣子。《唐韻》云：‘獣小，
犬癡不解事者。’”《敦煌變文校注》卷五《雙恩記》：“駼小都由神鬼迷，
仰天不覺連聲哭。”② “駼小人難見”文通義順。

3. 异形詞比參

异形詞是同一個詞語的不同書面形式。這些异形詞雖然形體有别，但
是意義和用法完全相同。徐時儀説：“异形詞是書面語中一個詞位上有若
干個變體的現象，指同一詞義而有不同書寫形式的詞。”關於异形詞的形
成原因，徐時儀進一步指出：“同源的本字與分化字、後起字、俗字、記
音字、版本傳承等歷時因素會形成异形詞，假借、理據不同、口語、方言
或久誤等共時因素也會產生异形詞。”③ 曾昭聰概括异形詞的來源：“從文
字角度看异形詞的來源，包括古今字、异體字、正俗字而形成的异形詞；
從語音角度來看异形詞的來源，包括通假字、古今音變、方音音轉、聽音
爲字、聯綿詞、外來詞而形成的异形詞。”④《古尊宿語録》中的詞彙有大
量的异形詞。在對一個詞形無法釋義的情況下，把一組記録同一詞語的不
同形式放在一起進行比參，根據相互提供的信息順藤摸瓜，從而得出正確
結論。

【看樓打樓】

　　問：“古人拈起拄杖意旨如何？”師云：“看樓打樓。”（卷三十
《舒州龍門清遠佛眼和尚語録》）

爲避免“望文生義”，“看樓打樓”一詞不可只從字面上理解。“樓”
應是“耬”的同音假借字。《玉篇・耒部》：“耬，力兜切，耬犂也。”⑤

---

　　① ［宋］陳彭年等重修，陸法言撰：《廣韻》，北京：中華書局，1985 年版，第 81 頁。下文
不再出注。
　　② 黄征、張涌泉：《敦煌變文校注》，北京：中華書局，1997 年版，第 939 頁。
　　③ 徐時儀：《〈朱子語類〉詞彙研究》，上海：上海古籍出版社，2013 年版，第 185 頁。
　　④ 曾昭聰：《近代漢語异形詞的來源》，載於《安徽理工大學學報》（社會科學版），2013 年
第 2 期。
　　⑤ ［南朝］顧野王：《大廣益會玉篇》，北京：中華書局，1987 年版，第 75 頁。下文凡涉
《玉篇》不再出注。

《五音集韻·侯韻》："耬，種具。"①《祖庭事苑》卷七"玉漏"條："當作玉耬，謂耬犁也。耕人用耬，所以布子種。禪録所謂看耬打耬，正謂是也。"耬的構造原理如下：耬中有一盛種子的容器，容器底部有一漏孔，漏孔處安插一控制下種的木楔。人工播種，常常因爲田地的軟硬度不同，下種不均。扶耬者需要根據情況不斷地敲打木楔。"看耬打耬"本指用耬犁播種的時候，扶耬者根據下種的多少，邊播種邊敲打耬上木楔。禪宗喻爲見機行事，見風使舵。原文"拈挂杖"，是禪師根據學人接禪機的情況所用的動作語。所以下文禪師用"看耬打耬"來比喻禪師的相機行事。藤志賢《試釋"看耬打耬"等》釋爲："本義爲照著耬犁的樣子製作耬犁，與'依樣畫葫蘆'相似，引申爲相機行事，見風使舵。"② 此説本義與引申義關聯不密切，未爲允當。《禪林類聚》卷二："南泉願禪師因陸亘大夫問：'弟子家中有一片石，亦曾坐亦曾卧，如今欲鑴作佛也還得麼？'師云：'得，得！'陸云：'莫不得麼？'師云：'不得，不得！'雲岩云：'坐即佛，不坐即非佛。'洞山云：'不坐即佛，坐即非佛。'保福展云：'南泉看耬打耬。'"此正是根據現實情況見風使舵之言。保福展禪師因此評價南泉"看耬打耬"。又如《佛鑒佛果正覺佛海拈八方珠玉集》中："佛鑒拈云：'一人將錯就錯，一人看耬打耬。'""將錯就錯"與"看耬打耬"對舉，正解釋了"看耬打耬"乃見風使舵之義。"看耬打耬"與"看孔著楔"義同，"看孔著楔，根據木孔大小著入合適的木楔，多喻按來機之不同，采取相應的措施"③。"看耬打耬"一詞，《漢語大詞典》《禪宗大詞典》及其他辭書均未收録，當補。

【折半列三】

一日云："紐半破三，針筒鼻孔裏道將一句來。"代云："海裏使風山上船。"或云："折半列三，針筒鼻孔在什麼處？與我個個拈出來看。"（卷十七《雲門文偃匡真禪師廣録中》）

"折半列三"一詞，《漢語大詞典》及《禪宗大詞典》均未收録。據筆者所見，尚無人能正確論及。檢索禪籍文獻，發現四字格"折半列三"的

---

① 金韓道昭：《五音集韻》，文淵閣四庫全書本。下文不再出注。
② 收録於《俗語言研究》創刊號，京都：日本花園大學禪文化研究所，1994年版，第119頁。
③ 袁賓、康健：《禪宗大詞典》，武漢：崇文書局，2010年版，第235頁。

異形詞有"折半裂三""析半裂三""拆半裂三""柝半裂三""折半烈三""折半破三""拆半破三"。

本覺法真禪師上堂："'折半列三，人人道得。去一拈七，亦要商量。正當今日，雲門道底不要別，作麽生露得箇消息。'良久曰：'日月易流。分斤析兩，少準多錯。毁斗折衡，人情可托，有變化無摸索，夜雨滴花心，朝來看葉落。'"（《頻吉祥禪師語録》卷十五）

雲門示衆："析半裂三，針個鼻孔在甚麽處？爲我一一拈出看。"（《虚堂和尚語録》卷五）

上堂："斬關之用，截鐵之機。若非作家，不免傷鋒犯手。平高就下，拆半裂三。雖是作家，亦未免拖泥帶水。只如春雷一震，蟄户自開。因甚却道，龍無龍句。"（《石溪和尚語録》卷上）

師云："仰山有知人之鑒，只是用處太過。山僧則不然，他回頭我稽首，柝半裂三，捉襟見肘。"（《虚堂和尚語録》卷一）

臨行一著，不落見知。折半破三，好好薦取。（《嘉泰普燈録》卷十《江州圓通圓機道旻禪師》）

披法衣了，師顧示大衆云："要見拆半破三，唱九作十，須向高高處，與諸人相見。"（《慈受深和尚廣録》卷一）

上堂："王臨寶位，胡漢同風。紐半破三，佛殿倒卓。藏身句即不問，你透出一字作麽生道?"（《五燈會元》卷十六《廣因擇要禪師》）

北宋睦庵善卿《祖庭事苑》卷一"折半烈三"條："折，當從木，作析，音錫，劈析也。烈，當作列。分解也。烈，火盛貌，非義。"王勇認爲，在四字格"折半列三"諸異形詞中，第一個音節的語素"折""柝""拆""析"等，應以"拆""析"爲正字。第三個音節的語素以"裂""破""劈"爲正字。[①] 此説有待商榷。其實，"折半列三"之"折"，其本字爲"𣂪"。"𣂪"的本義是"判木，斬木"，後起字爲"柝"。《廣韻·鐸韻》"他各切"："𣂪"，擊。《漢書》曰：'宮中衛城門，擊刁傳五更，衛士周廬擊也。'亦作'柝'。"《集韻·鐸韻》"闥各切"："《説文》：'判也。'或

① 王勇：《近代漢語方俗詞理據研究》，四川大學博士學位論文，2015年，第178頁。

作柝。"朱駿聲《説文通訓定聲》:"土裂曰坼,木判曰柝。"因此"折半列三"的規範詞形是"柝半裂三",屬並列結構的四字格詞語。

將"柝半裂三"與其異形詞進行比參可以發現,出現在第一和第三個音節上的語素"折、析、拆、柝、破、劈、列、裂"等皆爲"分裂"義。它們語法性質相同,意義相同。第二和第四個音節上的語素是與數量有關的"半、二、三"。從構詞理據上看,這組異形詞當與詞語"接二連三"結構相同、意義相反。

禪籍文獻中,又見下列換素同義詞:"破二成三""裂半作三""破二作三""破二裂三""裂半拆三""拆二爲三""劈二作三""列半作三"。

佛現世間,開方便門,示真實相。不免將無作有,破二成三。(《天童覺和尚語録》)

此例中"將無作有,破二成三"猶言"把没有看作有,把二破成三"。

問:"如何是和尚家風?"師曰:"裂半作三。"曰:"學人未曉。"師曰:"鼻孔針筒。"(《金陵天寶和尚》)

此處禪師用"裂半作三"回答學人的"如何是和尚家風",語意爲"和尚家風,不拘一格。"

有時破二作三,有時合三歸一。有時三一混同,有時不落數量。(《五燈會元》卷十七《死心悟新禪師》)

此例詞義綫索明顯,"破二作三""合三歸一""三一混同"即拆合自如,不拘一格。

"破二作三"其本義指把兩間房子勻作三間。《中國園林藝術小百科》:"開間常以二間勻作三間,稱破二作三。"① 《漢語成語大全》:"破二作三,分析事理,以務實靈活爲原則。"② 《元明清文學方言俗語辭典》:"破二作三,簡陋的樣子。《水滸傳》八十六回:'未得一里多路,來到一個去處,傍著樹林,破二作三,數間草屋下,破壁裏閃出燈光來。'"③ 此取"破二作三"本義,兩間勻作三間的房子窄小簡陋。禪宗用"破二作三"喻指破

---

① 祝紀楠:《〈營造法原〉詮釋》,北京:中國建築工業出版社,2012年版,第102頁。
② 梅萌:《漢語成語大全》,北京:商務印書館,2007年版,第1121頁。
③ 岳國鈞:《元明清文學方言俗語辭典》,貴陽:貴州人民出版社,1998年版,第1194頁。

除知見、打破常理，運用佛法靈活自如。《漢語大詞典》第七卷下："破二作三，指分析事理。"① 其釋義未祥，當補正。

"裂半拆三、紐半破三"亦指禪僧破灑落之見的手段。禪師用"庭前柏子樹""麻三斤"等平常事作話頭，用良久默然、棒喝等動作語來截斷學人思維，破灑落知見。周裕鍇對此作了詳細的解釋："體中玄"是問答相對銜接、意義相對直露的玄言，是所謂"合頭語"，因此易被"見解所纏，不得灑脱"。"句中玄"是問答脱節、意義隱晦的玄言，它是對"體中玄"的超越，有意問東答西，表現出一種"總無佛法知見"的灑灑。"玄中玄"是不作回答，不涉言句的玄言，或沉默，或棒喝，它是對"句中玄"的超越，是徹底的覺悟，不僅擺脱知見見解，而且透過生死之念。② 正如《看話決疑論》所言："破除玄門佛法知見，此玄有徑捷門。庭前柏子樹、麻三斤等話頭，然立此三玄門，古禪師之意，以本分事祇對話頭，爲破病之語故。置於第三玄，然爲亡灑落知見言句，猶於生死界，不得自由故……在三句內，則爲破病之言，在三句外，則非謂破病，乃全提此事言也。故长蘆師云：'山僧有時裂半拆三，未嘗舉著宗門中事，如今紐半破三，全提此事去也。'"

通過比參"折半列三"及其所有的异形詞，很清晰地獲得了詞義綫索，至此可以得出結論，"折半列三"就是在本義"破二作三"的基礎上引申爲禪宗破除常規知見，思維靈活多變，任運自如的禪悟手段。另有异文可以佐證。《竺仙和尚語録》卷上："坐一走七，折半列三。當軒有直道，無人肯措足。殺竿頭上入定，大洋海底翻身。自是不歸，歸便得，五湖烟景有誰爭。此事且置，只如道九旬今夜滿，自恣在明朝。作麼生是自恣一句？""坐一走七"③ 與"折半列三"皆爲任運自如，故有下文"殺竿頭上入定，大洋海底翻身"的灑灑自在。

又如《五燈會元》卷十六《木覺守一禪師》："上堂：'折半列三，人人道得。去一拈七，亦要商量。正當今日，雲門道底不要別，作麼生露得

① 羅竹風：《漢語大詞典》，上海：上海辭書出版社，2008年版，第1026頁。
② 周裕鍇：《禪宗語言》，杭州：浙江人民出版社，1999年版，第266頁。
③ "一"是萬法之本，只有立足於一，則可靈活自如。"一即七，七即一，一本散萬殊，萬殊仍歸一本。放之則彌六合，大而無外，故言四維無等匹；卷之則退藏於密，萬法歸一。"出自李杏邨《禪境與詩情》，《禪學論文集》第二册，臺北文史哲出版社，1994年版，第308頁。

個消息。'"

此例"折半列三"與"去一拈七"①皆爲自由灑脱，運用自如。猶言"不拘泥於條條框框，便能道得禪理"。

（二）方言求證

《古尊宿語録》中的方言詞十分豐富，有些詞語至今仍活躍在某方言中，這就需要結合現代活方言來明晰詞義。如：

【唧溜】

> 頭上青灰三五鬥，比望修行利濟人，誰知變作不唧溜。（卷十四《趙州真際神師語録之餘》）

"唧溜"，靈活變化。禪宗喻謂不解禪意，昏鈍不開悟。徐渭《南詞叙録》："唧溜，精細也。"《西遊記詞典》："形容敏捷、靈活的樣子。"②白維國《近代漢語詞典》："快速利落。"③《吳下方言考》卷十："盧全詩：'不唧溜鈍漢'。案：唧溜，活變也。吳中謂人之鈍者曰'不唧溜'。"

【和泥脱墼】

> 師云："雲門大師恁麽道，大似和泥脱墼。若無後語，疑殺天下人。"（卷四十一《雲峰文悦禪師初住翠岩語録》）

"和泥脱墼"，禪宗喻指模仿前人，義同依模畫樣、依模脱出、依樣畫葫蘆。"脱墼"，北方方言，脱土坯。《漢語大詞典》未收。"墼"，土坯。《説文·土部》："墼，瓴適也。"王筠例釋："瓴適，今謂之磚。"《廣韻·錫韻》："墼，土墼。"宋陳師道《後山集》卷十六："王氏之學如脱墼耳，案其形模而出之，不待修飾而成器矣。"張君房《雲笈七籤》卷一百一十七《靈驗部·劉將軍取東明觀土修宅驗》："居近東明觀，大修第宅。於觀內取土，築基脱墼，計數千車。"此言"脱土坯"。明楊慎《譚苑醍醐·周紆築墼》："《字林》：'磚未燒曰墼。'《埤蒼》：'形土爲方曰墼。'今之土磚也，以木爲模，實其中。"元司農司《農桑輯要》卷七《歲用雜事》："三月利溝瀆、葺垣牆、治屋室，以待霖雨，脱墼、移茄子、造酪。"《農桑輯

---

① 義同"坐一走七"。
② 曾上炎：《西遊記辭典》，鄭州：河南人民出版社，1994年版，第146頁。
③ 白維國：《近代漢語詞典》，上海：上海教育出版社，2015年版，第870頁。

要譯注》："墼，土坯。山東的土坯，是用土和麥草和成泥，用木模製作的，稱'脱坯'或'脱墼'。陝西關中的土坯，是將濕土放入土模中，用石榔頭打成的，叫做'打胡墼'。"① 陳明達《營造法式辭解》："用新挖出的湖土入模夯打成的土塊，陰干后不入窯燒，結即使用。"② 早在北方農村，蓋房的墻體除了磚石之外，還有土墻和土墼。"土墻"是兩邊用寬大的木夾板作模子，直接灌黄土夯築而成，名曰"打土墻"。"土墼"即土坯。製作土坯的過程叫作"脱坯"。"和泥脱墼"即"和泥脱坯"。《銀川方言詞典》："土墼，一種用黄土摻些碎麥秸和成的泥巴，然後放在正方形的模型里製成的大土坯。"③ 或寫作"托坯"。《初刻拍案驚奇》卷三十五《訴窮漢暫掌别人錢·看財奴刁買冤家主》："又不會做什麼營生，則是與人家挑土築墻，和泥托坯，擔水運柴，做坌工生活度日。"《平度方言志》："脱墼，脱坯。"④《民間歌謡選》："河裡有水，脱墼打墻。"⑤《北方方言辭典》："脱胚，北方農村勞動之一，打土坯，土坯即土磚，爲北方建築房屋材料之一種。"⑥

【葛怛】

> 床是柴棚席是茅，枕頭葛怛半中凹。（卷二十二《黄梅東山法演和尚語録》）

"葛怛"即"疙瘩"。雷漢卿指出："葛怛，猶疙瘩。"⑦ 王勇認爲："葛怛的意義爲疙瘩。"⑧ 所言皆是。但"疙瘩"在此只作詞語後綴，起修飾作用，意義與《漢語大詞典》"疙瘩"條所釋不同。前輩學者亦未曾論及。我們認爲，原文"枕頭葛怛"即"枕頭"，"葛怛"如同"子""頭"之類的後綴，是俗語的標志。"疙瘩（葛怛）"作爲後綴，增强了詞語的色彩意義。如今北方話中的"笤帚疙瘩"，指"笤帚"。劉思訓《"哏兒都"

---

① [元] 大司農司編，馬宗甲譯注：《農桑輯要譯注》，上海：上海古籍出版社，2008 年版，第 380 頁。

② 陳明達：《營造法式辭解》，天津：天津大學出版社，2010 年版，第 419 頁。

③ 李樹儼、孫安生：《銀川方言詞典》，南京：江蘇教育出版社，1996 年版，第 43 頁。

④ 于克仁：《平度方言志》，北京：語文出版社，1992 年版，第 126 頁。

⑤ 王蔚成：《昌邑文化博覽》，濟南：齊魯書社，2000 年版，第 585 頁。

⑥ 任明：《北方方言辭典》，上海：春明出版社，1952 年版，第 71 頁。

⑦ 雷漢卿：《禪籍方俗詞研究》，成都：巴蜀書社，2010 年版，第 601 頁。

⑧ 王勇：《近代漢語方俗詞理據研究》，四川大學博士學位論文，2014 年版，第 174 頁。

説"哏兒話"——天津話這麼説》"笤帚疙瘩"條:"用久了的掃炕的笤帚,倒著拿可作爲擊打的工具:二月二,天津老大娘們有用笤帚疙瘩敲打炕沿的習俗。"① 又"老疙瘩"條:"指家裏最小的孩子。"② "吃我一笤帚疙瘩",即言狠狠地打。"榆木疙瘩""木頭疙瘩"僅用來指人笨。"你這個木頭疙瘩",指人笨得像木頭。"死疙瘩",是責備嗔怪語。"硬疙瘩"指極硬的東西。"寶貝疙瘩"即特別喜愛的寶貝。"臭疙瘩妮子",指討厭的丫頭,含戲謔輕視的口氣。以上所舉"疙瘩"均無實義,僅僅補充修飾某物的形制,增強誇張、喜歡、討厭、戲謔等語氣色彩。《續古尊宿語要》卷四《慈航朴和尚》:"直饒如是,未可眼空四海,更須知有老僧手中木葛怛子始得。""木葛怛子"即指木棍或者木製拐杖,帶有誇張或戲謔的成分。

【口吧吧】

> 師云:"這老和尚每常口吧吧地,及其問著一言不措。"(卷十三《趙州從諗真際禪師語録並行狀卷上》)

"口吧吧",喋喋不休,指一個人滔滔不絕地説話。張美蘭《近代漢語語言研究》:"口吧吧,形容張大嘴巴的樣子,含有諷刺意味。"③ 雷漢卿《禪籍方俗詞研究》"口吧吧—口子吧吧"條:"張大嘴巴(説話)。"④ 所釋皆可商榷。

《廣韻·麻韻》:"吧,吧呀,小兒忿争。"字形亦作"巴"。《續刊古尊宿語要》第六集《別峰印禪師語》:"不肯伊會佛法,只肯伊没人情。不肯伊口巴巴,只肯伊乾曝曝。"顧學劼、王學奇《元曲釋詞》一:"巴巴,喻忙迫貌。言語急繁忙曰嘴巴巴。《馮玉蘭》四《喬牌兒》:'還待要嘴巴巴不肯應。'"⑤ 胡樸安《俗語典·辰集》:"巴巴,俗語,形容甚極之義。如多言曰口巴巴。"⑥《漢語方言大詞典》:"形容詞,話多,冀魯官話。河北

① 劉思訓:《"哏兒都"説"哏兒話"——天津話這麼説》,天津:天津古籍出版社,2013年版,第346頁。
② 劉思訓:《"哏兒都"説"哏兒話"——天津話這麼説》,天津:天津古籍出版社,2013年版,第219頁。
③ 張美蘭:《近代漢語語言研究》,天津:天津教育出版社,2001年版,第110頁。
④ 雷漢卿:《禪籍方俗詞研究》,成都:巴蜀書社,2010年版,第538頁。
⑤ 顧學劼、王學奇:《元曲釋詞》,北京:中國社會科學出版社,1983年版,第27頁。
⑥ 胡樸安:《俗語典》,上海:上海書店,1984年版,第86頁。

景縣 1932 年《景縣志》'多言曰口巴巴'。"① 《古尊宿語録》卷二十七
《舒州龍門清遠佛眼和尚語録》："一二三，無言童子口喃喃。""口吧吧"
當與 "口喃喃" 同義。唐玄應《一切經音義》卷九引《埤蒼》曰："喃，
語聲也。""口喃喃" 指喋喋不休，口裹不停地念叨。《古尊宿語録》卷二
十一《舒州白雲山海會演和尚語録》："無言童子口吧吧，無足仙人擗胸
趨。"其中 "擗胸趨" 意爲 "對著胸踢"。禪宗語言反常合道，"不會説話
的童子滔滔不絶，没有脚的仙人對著胸踢" 構成故意的反語，正體現了
"禪語的乖謬性"。"口吧吧" 釋作 "喋喋不休"，放之上面各例句皆文通
義順。

　　3. 理據求義

　　語素義是構成詞義的重要基礎，通過語素義探尋構詞理據，從而考察
探尋語素義與詞義的關係是正確的釋義方法之一。

　　【據款結案】

　　　　云："你適來披袈裟來麽？據款結案。"又云："依樣畫葫蘆。"
（卷三十四《舒州龍門清遠佛眼和尚語録》）

　　"據款結案" 即 "依據以往案例結案"。禪宗喻指因循以前的公案了結
當前的公案，正與下文的 "依樣畫葫蘆" 義同。

　　禪宗文獻習見 "翻款""據款結案""歸款""納款" 等詞，有的學者
考釋爲 "供詞"。其實 "款" 在禪宗語言環境下應該指公案。"款" 之本義
爲 "實情"，後引申爲 "供詞"。由於沾染了 "訴訟" 義，具有了 "法規、
條款" 的用法。唐李德裕《李文饒集》卷五《詔敕》上："諭朕意，卿宜
備陳誠款，不得虛詞。""誠款" 即實情、實話。《水滸傳》第十二回："牛
二家又没苦主，把款狀都改得輕了。""款狀" 乃記録案件實情的文書。日
本無著道忠《葛藤語箋》"納款" 條："上納白狀也……蓋以科列實情之
狀，納之官也。"又 "翻款" 條："翻改前來妄言再科列誠實之語也。"又
"退款" 條："退款者，謂始不白狀却退身，后方陳實狀也。"② 所言極是。

　　"案件的實情" 出自囚犯之供述，引申爲供詞。《舊唐書・武宗傳》：

---

　　① 許寶華、〔日〕宫田一郎：《漢語方言大詞典》，北京：中華書局，1999 年版，第 346 頁。
　　② 〔日〕無著道忠：《葛藤語箋》，京都：日本花園大學禪文化研究所，1992 年版，第 49 頁。

"郊禮日近，獄囚數多，案款已成，多有翻覆。"① 《資治通鑒·唐紀》："太后不悦，謂左右曰：'褘之我所引，乃復叛我。'或誣褘之受歸誠……來俊臣鞫之，不問一款，先斷其首，乃僞立文案奏之。"胡三省注："獄辭之出於囚口者爲款。款，誠也。言所吐者皆誠实也。"② 《虚堂和尚語録》卷二："百丈當面被者僧謾，若是二林，誰管爾口款未招，便與攔胸一踏。"《五燈會元》卷十六《雪峰宗演禪師》："僧問：'不慕諸聖不重己靈時如何？'師曰：'款出囚口。'"

由於涉及獄訟，"款"因此具有了法律、案件義。如《古尊宿語録》卷九《石門山慈照禪師鳳岩集》："饒君解佩蘇秦印，也須歸款候天恩。用遍生擒到命終，却令甦息盡殘軀。歸款已彰天下報，放汝殘年解也無。"此例中兩處"歸款"之"款"字即"案"。"結案"又可作"結款"。如《虚堂和尚語録》卷六："別云：'若不再勘，難以結款。'"今方言詞"款"仍保留此義。李永明《潮州方言》："落款，觸犯道德法律。"③ 陳剛《北方方言詞典》："犯款，犯法。"④

禪籍文獻中"款"指公案。周裕鍇《禪宗語言》："公案一詞本为法律用语，指官府案牘……在宋代，公案特指祖師具有典範性质並需詮釋判別的言行。"⑤ 《古尊宿語録》卷九《石門山慈照禪師鳳岩集》："師云：'今日好寒。'云：'如何是照用不同時？'師云：'吃棒了呈款。'"此處"款"乃"公案"。

《碧岩録》卷一："師顧視左右云：'這裡還有祖師麼？'克勤著語：'爾待番款那，猶作這去就。'"《五燈會元》卷十四《長蘆清了禪師》："問僧：'你死后燒作灰，撒却了向甚麼處去？'僧便喝。師曰：'好一喝，祇是不得翻款。'僧又喝，師曰：'公案未圓，更喝始得。'""番款""翻款"猶言"翻公案"。《天界覺浪盛禪師語録》卷十一："死款難翻空作灰，可惜老婆輸棒喝。"此例"死款"，即"死公案"。

雷漢卿、王長林在《禪録方俗詞解詁》中认为，"納款"即向官府

① 此例引自董志翹：《中古近代漢語探微》，北京：中華書局，2007 年版，第 342 頁。
② ［北宋］司馬光編，胡三省音注：《資治通鑒》，北京：中華書局，2010 年版，第 6589 頁。
③ 李永明：《潮州方言》，北京：中華書局，1959 年版，第 227 頁。
④ 陳剛：《北方方言詞典》，北京：商務印書館，1985 年版，第 77 頁。
⑤ 周裕鍇：《禪宗語言》，杭州：浙江人民出版社，1999 年版，第 103 頁。

（禪籍中指祖師）陳述曲衷，呈納狀紙。祖師根據所呈纳的款狀而了結公案即稱爲“據款結案”，“V＋款”類詞語都包含有共同義素“供詞”“罪狀”，另外，兩位學者亦認爲“款”的“狀紙、款狀”義是在“言説”義的基礎上引申指囚徒的供詞。① 此説稍嫌牽强。供詞有假供和實詞，如果説是按供詞結案，未免出現依假供結案的情況。我們認爲“據款結案”釋作“據實結案”更爲妥當，其構詞理據是“案”的本義“誠”。

《詩經·大雅·板》：“老夫灌灌。”毛傳：“灌灌猶款款也。”疏：“言曰至誠款實而告之。”《荀子·修身》：“愚款端愨，則合之以禮樂。通之以思索。”楊倞注：“款，誠款也。”《史記·司馬相如列傳》：“故聖王勿替而修禮地祇，謁款天神。”裴駰集解：“款，誠也。謁告之報誠也。”《隋書·刑法志》：“凡繫獄者不即答款，應加測罰。”此猶言“不立刻答實情，應加測罰”。又《辛公義傳》：“罪人聞之，咸自款伏。其答款之詞，謂之款案。”唐慧琳《一切經音義》卷三十四“蜜歟”條：“《倉頡篇》：‘款，誠重也，至也。’”元稹《臺中鞫獄詩》：“死款依稀取，斗辭方便删。”《太平廣記》卷一百七十二《殺妻者》：“聞諸耆舊云：‘昔有人因他適回，見其妻爲姦盜所殺，但不見其首，支體具在。既悲且懼，遂告於妻族。妻族聞之，遂執婿而入官丞。行加誣云：爾殺吾愛女，獄吏嚴其鞭捶，莫得自明。洎不任其苦，乃自誣殺人，甘其一死。款案既成，皆以爲不繆，郡主委諸從事，從事款而不斷。’”由上可知，“款”是在“誠款”義的基礎上引申爲“案件實情的供詞”，進而具有了“獄訟、公案”義。

（四）語境求義

話語所處的環境稱之爲語境。語境不僅影響著話語内容及方式，還可以賦予詞彙和結構以意義。《古尊宿語録》作爲禪籍文獻，詞彙的語境義尤顯突出。利用語境求義是研究禪宗詞語的必要手段。語境求義包括文本語境中求義和文化語境中求義。

1. 文本語境

文本語境指句子的上下文語境。此所處指僅限於詞語所處的句中上下文，不包括篇章。在有些詞語不易理解的情況下，聯繫上下文語境可以得到一定的詞義信息。

---

① 雷漢卿、王長林：《禪録方俗詞解詁》，載於《閩江學刊》，2014 年第 4 期。

【騎牆察辨】

上堂云："諸上座，且得秋凉，正好進道決擇。還有疑情，出來對眾，大家共你商量，理長處就。所以趙州八十尚自行脚，只是要飽叢林，又且不擔板。若有作者，但請對眾施呈。忽有騎牆察辨，呈中藏鋒。忽棒忽喝，或施圓相。忽象王迴旋，忽師子返躑，忽作大師子吼，忽拗折拄杖，忽掀倒禪床，但請施設。"（卷三十九《智門光祚禪師語録》）

騎牆察辨，詞義不明。"騎牆"乃"歧羘"之同音假借。"歧"和"騎"皆爲群紐支韻。"牆"和"羘"同爲陽韻。《玉篇·止部》："歧，歧路也。"① 人在歧路，往往不知所措，要權衡思量。如《列子·説符》："歧路之中，又有歧焉，吾不知所之，所以反也。"《漢語大詞典》《禪宗大詞典》等辭書皆未收録。根據上下文語境可知句意爲：智門祚禪師要求作家（機用傑出的禪家高手）② 對眾施設、呈接禪機。但因機鋒峻烈，忽有思量猶豫，就會喪失禪機。所以呈接機鋒的手段一定要峻烈。下文的棒喝、施圓相、象王迴旋、大獅子吼、拗折拄杖、掀倒禪床等才是機鋒峻烈的最佳表現形式。

據此例上下文語境來看，"騎牆察辨"應該不是禪宗提倡的接機手段。禪宗在呈接禪機的方法上有嚴格的要求，即"殺活縱奪"。所謂的"縱"即放手不奪。在"殺、活、縱、奪"的接機過程中，"有時奪人不奪境，有時奪境不奪人，有時人境俱奪，有時人境俱不奪"。稍有不慎或猶豫便失禪機。至此，我們可以猜測，"騎牆察辨"有"權衡思量"義。"察辨"意義明顯，乃詳察而明辨。但是何爲"騎牆"呢？

據禪宗"臨機三要"中的第二要："鈎錐察辨呈巧妙，縱去奪來掣電機，透匣七星光晃耀。"此處"鈎錐察辨"，猶言思量一下致命的鈎錐當用不當用，然後巧妙呈接禪機。但是禪機如同石光電火，在縱去奪來之中迅疾而過。在此，"騎牆"義同猶豫思量。"騎牆"實乃"歧羘"的同音假借。"歧羘"是"歧路亡羊"的縮略詞。"羘"爲"羊"的增旁俗字。《建中靖國續燈録》卷二《隨州智門光祚禪師》此處正作"歧羘察辨"。如：

---

① ［南朝］顧野王編纂、［宋］陳彭年修：《玉篇》，北京：中華書局，1987版，第107頁。
② 袁賓、康健：《禪宗大詞典》"作家"條，武漢：崇文書局，2010年版，第548頁。

"所以趙州八十尚自行脚，只是要飽叢林，又且不擔板。若有作者，但請對眾施呈。忽有岐跸察辨，呈中藏鋒。"

2. 文化語境

文化語境指言語交際所處的社會文化背景。禪宗在"不立文字"語言觀的觀照下，其言説方式有固定的理路。正如雷漢卿所説："禪籍中大量詞語受禪宗思想的感染而產生了新義，這個意義祇出現在禪宗語境中，是禪宗文化所賦予的特殊含義，其他文獻中很難看到。"①

【養病喪軀】

> 臨濟入門便喝，且不得粗心。德山入門便棒，更鬚子細。且道教汝諸人子細個什麼？云："停囚長智，養病喪軀。"（卷四十一《雲峰文悦禪師初住翠岩語録》）

禪宗主張"頓悟"，反對思量。所謂"擬心即差，動念即乖"。在這樣的背景下，禪師的片言隻語有著明確的目的性，即始終圍繞著"不可説""不思量"的主旨啓發學人。禪機如石光電火一般，稍縱即逝。明言禪師要眼明手疾，不然就會錯過禪機。《禪門鍛鍊説》："當經行極猛利時，即用兵家之法，出其不意，攻其無備。或攔胸把住，逼其下語。或劈頭一棒，鞫其本參。待其出言，復奪賊鎗而殺賊。伺其轉變，更將錐子而深錐，雷崩電閃時，莫今停囚長智。"因此，"養病喪軀"與"停囚長智"皆是禪宗所批判的對機鋒手段。

結合宗教文化背景，將不難理解"停囚長智"與"養病喪軀"。"停囚長智"本義爲將囚犯押赴刑場途中的片刻停歇，即使囚犯此時心生智慧，也無一綫活命的希望。袁賓、康健《禪宗大詞典》"停囚長智"條："借停頓的機會思考對付的辦法。"②《漢語大詞典》及《禪宗大詞典》均未收録"養病喪軀"。"養病喪軀"的字面意義是：在養病的過程中失了性命。其語境義指呈接禪機中不能有片刻的思量，若是長時間地調整身心，情念意想，就會違背禪宗"敏於接機、避免任何思量"的宗旨，以致喪失禪機，後果嚴重。如《洪州分寧法昌禪院遇禪師語録》言："且莫停囚長智，養病喪軀。長者任他長，短者任他短。風動空澄，日明雲翳。泥多佛大，水

① 雷汉卿：《禪籍方俗詞研究》，成都：巴蜀書社，2010 年版，第 560 頁。
② 袁賓、康健：《禪宗大詞典》，武漢：崇文書局，2010 年版，第 411 頁。

長船高。法法圓成，莫妄穿鑿。直得風行草偃，水到渠成。不爲分外。"
此猶言"不要短時間地思量，也不要長時間地考慮……對於佛法，莫妄加
穿鑿。直得風行草偃，水到渠成"。可見"停囚長智"與"養病喪軀"皆
是禪宗不提倡的對機手段。

（五）异文参證

有些詞義不易理解，如果把該詞所處的异文找出來加以比參，往往會
獲得一定的信息。

【京三汴四】

> 僧問："寶劍未出匣時如何？"師云："在匣裏。"進云："出匣後
> 如何？"師云："京三汴四。"（卷四十《雲峰文悦禪師初住翠岩語録》）

"京三汴四"不知何意。《漢語大詞典》及其他各類辭書均未收録。北
宋都城在汴梁，當時又稱東京，即今河南省開封市。"京"和"汴"當指
東京汴梁。世俗文獻無"京三汴四"一詞的記載，查閱禪籍文獻，所見有
以下异文：

> 常在途中，京三汴四，覓個遵古誡。契古機，堪作後昆儀軌。
> （《禪林寶訓拈頌》）

> 上堂："諸兄弟，南來北往，京三汴四，行脚事未問，你還知諸
> 方老宿向上提持麼？"良久："路遥知馬力，歲久見人心。"（《增集續
> 傳燈録》卷五）

此兩例"常在途中"與"南來北往"皆指到處奔波，求佛覓道。"京
三汴四"與"常在途中""南來北往"反義對舉，"京三汴四"則喻指死板
坐禪。禪宗主張"禪理就在日常用事中，平常心是道"。"向外馳求佛法"
和"坐禪修佛"皆違背了禪宗的修禪方式。如《物初和尚住臨安府法相禪
院語録》："從教一進一退。南來北來，空自合空，水自合水。若是京三汴
四，明收暗展，鼓皮打穿，曲子吹徹，慈雲又將何賞功？"本段异文給我
們提供了明顯的詞義信息。句意爲："從教要一進一退。若是南來北來，
空還是空、水還是水。若是京三汴四，表面上收起簟席，暗地裏又展開，
即使打穿鼓皮，也未得禪理。"又如《佛日普照慧辯楚石禪師語録》卷十
五："舉一不得舉二，抹過京三汴四。回天轉地何難，點石化金亦易。"如

果避開"京三汴四"的修禪方式，"回天轉地何難，點石化金亦易"。至此，"京三汴四"意義明晰，字面意義爲"一個禮拜七天，在東京三天，在汴梁四天"。東京、汴梁本是一個地方，禪宗喻指不離原地，一味修佛坐禪。

文中所運用的研究方法並不局限於以上，有時可能是幾種方法的綜合運用。總之，對《古尊宿語録》的詞彙進行研究在方法上力求做到：第一，語言學與文獻學相結合、校勘與訓詁相結合。第二，多學科結合。對俗語和疑難詞語進行考釋，參考民俗學、宗教學的歷史背景。第三，歷時的縱向研究和共時的橫向比較相結合。縱向研究進行溯源和探流，橫向比較結合方言和口語。

第二節　《古尊宿語録》方俗詞研究

一、方俗詞概説

方俗詞即方言俗語詞或方言口語詞。針對方言俗語詞，眾多學者有過論述。曲彥斌説："俗語詞，一般指古籍文獻記録、流傳下來的古代口語詞彙、方言語彙之類。"① 郭在貽認爲俗語詞包括方言詞和口頭語詞（方言詞有時就是口頭語詞，二者不宜截然分開）。② 雷漢卿指出，俗語詞是那些曾經在某一地域日常口語中使用的方言土語。③ 徐時儀認爲："俗語詞是古白話系統中的白話詞，也就是口語詞，大致和二十世紀以前人們所用的俗語、俚語等術語所包含的一部分詞語相當，但不包括諺語之類的句子。"④ 顧之川把方言詞看作口語詞的一種。⑤ 黃征指出："漢語俗語詞是漢語詞彙史上各個時期流行於社會各階層口語中的新産生的詞語和雖早已有之但意義已有變化的詞語。"⑥ 綜合以上各家觀點，我們遵從雷漢卿和

---

① 曲彥斌：《民俗語言學》，瀋陽：遼寧教育出版社，1989 年版，第 165 頁。
② 郭在貽：《訓詁學》（修訂本），北京：中華書局，2005 年版，第 109 頁。
③ 雷漢卿：《禪籍方俗詞研究》，成都：巴蜀書社，2010 年版，第 160～161 頁。
④ 徐時儀：《古白話詞彙研究論稿》，上海：上海教育出版社，2000 年版，第 26 頁。
⑤ 顧之川：《明代漢語詞彙研究》，鄭州：河南大學出版社，2000 年版，第 123 頁。
⑥ 黃征：《試論漢語俗語詞的幾個問題》，見《文史》41 輯，1996 年版，第 272 頁。

徐時儀的意見,把口語詞和方言詞稱爲方俗詞,在討論中,把俗成語歸入方俗詞進行討論,但不包括俗諺語、歇後語等。

《古尊宿語録》中的方俗詞有些至今仍存活在某方言中。因此,對方俗詞的研究必須結合現代漢語活方言。蔣冀騁指出:"就詞彙而言,要加強對近代漢語語詞在各個歷史時代的使用情況的研究,注意其發展演變過程,同時要注意現代方言詞彙與近代漢語詞彙的比較研究。"① 董志翹在《中古近代漢語探微》説:"中古、近代漢語詞彙主要是指魏漢以降的方俗語詞彙,歷來它們很少有進入正統文獻的機會,而大多只能在民間使用流傳,遺存在各地的方言俗語中。因此進行中古、近代漢語詞彙研究必須與現代漢語方言詞彙研究緊密結合起來。"② 我們對方俗詞的判定主要結合歷史文獻和現代方言。如:

【嘍儸】

> 嘍儸須要逞聰明,金榜何曾得掛名。(卷四十七《東林和尚雲門庵主頌古》)

"嘍儸",聰慧伶俐。字形亦作"婁羅""嘍羅""嘍羅"。《禪宗頌古聯珠通集》卷二十:"婁羅須要逞聰明,金榜何曾得掛名。"《禪理類聚》卷十六:"嘍羅須要逞聰明,金榜何曾得掛名。"《池州南泉普願禪師語要》:"以無心意而現行,如今知解不是嘍羅漢。"《酷寒亭》三折:"前街後巷,叫化些波。那孩兒靈便口嘍羅,且是會打悲阿。"寒山《詩》一五九:"自逞説嘍羅,聰明無益當。"北宋睦庵善卿《祖庭事苑》卷六:"嘍囉,上郎侯切,下良何切。方言,猶黠慧也。"《慧文正辯佛日普照元叟端禪師語録》卷五:"當時若爲我説,安得有今日事也。由是言之,死却現行。滅却意根,全身放下。方有商量分,聰明智識。嘍囉巧黠,豈能希冀萬一。"

【丫角】

> 如何是伽藍中人。師云:"丫角女子有孕。"(卷十三《趙州從諗真際禪師語録並行狀》)

"丫角"乃丫頭的方言稱謂。本指女孩的羊角辮。唐李賀《箋注評點

---

① 蔣冀騁:《近代漢語綱要》,長沙:湖南教育出版社,1997年版,第9頁。
② 董志翹:《中古近代漢語探微》,北京:中華書局,2007年版,第3頁。

李長吉歌詩》卷三:"總聚其髮以爲兩角丱, 丫角貌。""丫角, 名詞, 女孩頭上梳的羊角辮。西南官話。"① 借指女童。元孔齊《静齋至正直記》卷一:"丫頭俗呼爲丫角。"

【天靈蓋】

> 問:"煞父煞母佛前懺悔, 煞佛煞祖向甚麼處懺悔?"師云:"長連城。"進云:"不會意旨如何?"師云:"天靈蓋。"(卷二十三《汝州葉縣廣教歸省禪師語錄》)

"天靈蓋", 北方方言, 額骨, 顱頂骨。元鄭光祖《三戰吕布》第一折:"要活的呵將那廝臂牢拴, 要死的呵將那廝天靈蓋來打爛。"明馮夢龍《醒世恒言》第十七:"這一響, 只道是打碎天靈蓋了。"《水滸傳》第七十八回:"孫立就手提起腕上, 虎眼會鋼鞭, 向那寇先鋒腦袋上飛將下去, 削去半個天靈蓋。"姜亮夫在《昭通方言疏證》中通過其構詞理據進行了釋義, 其言:"以天爲語根, 靈者謂其神靈能思也。蓋則謂加於頭之上如蓋也。此詞蓋合形體作用而成, 於漢語中較特殊。"② "天靈蓋"存留在今北方方言中。《北方土語辭典》:"天靈蓋, 北方土語。頭頂的腦蓋骨。"③

【餕餡】

> 師因齋次, 拈起餕餡謂僧云:"擬分一半與你, 又却不分。"(卷十《八雲門文偃匡真禪師廣錄下》)

"餕餡"即"酸餡", 菜包子。宋吳自牧《夢粱錄》卷四《解制日中元附》:"家市賣冥衣, 亦有賣轉明菜花、油餅、酸餡、沙餡、乳糕、豐糕之類, 賣麻穀窠兒者, 以此祭祖宗。"曾慥《類説》卷十三:"京師食店賣酸餡, 大書牌牓, 俚俗轉酸從食, 餡從舀。有云:'彼家賣餕叨, 不知何物也?''湯餅', 唐人謂之'不托', 今曰'餺飥'。"程大昌《演繁露》卷十五:"京師食店賣酸餡者, 皆大出牌牓於通衢。俚俗昧於法, 轉酸從食, 餡從酉。滑稽子謂人曰:'彼家所賣餕餡, 音俊, 不知爲何物也?'"

---

① 許寶華、[日]宮田一郎:《漢語方言大詞典》, 北京:中華書局, 1999 年版, 第 404 頁。
② 姜昆武校:《昭通方言疏證》, 上海:上海古籍出版社, 1988 年版, 第 1 頁。
③ 任明:《北方土語辭典》, 上海:春明出版社, 1952 年版, 第 13 頁。

【餡頭】

　　大眾，僧堂裏隨例軟餅餡頭，橫咬竪咬。（卷四十四《寶峰雲庵真净禪師住金陵報寧語錄》）

　　"餡頭"，餅屬，油炸饊子。《集韻·帖韻》："餡，餅也。"明張自烈《正字通·麥部》："餡頭即蒸餅之類，本作餡，俗作捻。"清方以智《通雅》卷三十九："蜀人以蒸餅爲饅，音堆……餡頭即捻頭也。"郝懿行《證俗文》卷一："黯饅饊古餡頭，即捻頭也。案：今人作饊子，正與二詩合。晋桓玄不設寒具，爲其油污爾。而宋小説以寒具爲寒食之具，謂宜禁烟用。"《中國米麵食品大典》："捻頭，類油炸饊子。"①《俗説濟南話》"饊子"條："宋代林洪《山家清供》稱爲'捻頭'，叫的最多的是'寒具'。"②

【搦】

　　温柔一手抬，剛硬雙拳搦。（卷二十一《舒州白雲山海會法演和尚語錄》）

　　"搦"，方言詞，攥握。引例中"温柔"與"剛硬"對用，"搦"與"抬"對用，"雙拳搦"意即用雙拳攥握。《集韻·屑韻》："捏，搦也。"章炳麟《新方言·釋言》："今撚與搦治並曰捏。"

　　"捏""搦"渾言無別，析言有異。"捏"，用拇指和其他手指夾住。而"搦"是把五指併攏成拳頭，把東西放在拳心裏用力攥緊。山東莒南方言："搦，用手用力擠握。"③《漢語方言大詞典》："搦：捏，揉。中原官話。山東棗莊：'他把小雞搦死了。'"李申考證："今徐州方言也常用'搦'"義爲握。媽媽搦著兒子的小手。'他的胳膊簡直比我的腿還粗，誰搦得過來？'"④ "搦"字或又寫作"搭"，如《玉壺春》二折："搭著一條黄桑棒。"《水滸傳》第三十六回："搭著雙拳來打宋江。"⑤

①　李正權：《中國米麵食品大典》，青島：青島出版社，1997年版，第330頁。
②　董文斌：《俗説濟南話》，濟南：濟南出版社，2013年版，第186頁。
③　《山東省莒南縣地方史志》，濟南：齊魯書社，1998年版。
④　李申：《元曲詞語今證》，載於《中國語文》，1983年第5期。
⑤　[明] 施耐庵、羅貫中：《水滸傳》，上海：上海古籍出版社，1984年版，第449頁。

【脚板】

　　大德，你波波地往諸方覓什麼物？踏你脚板闊，無佛可求，無道可成，無法可得。（卷四《鎮州臨濟義玄慧照禪師語録》）

　　"脚板"即脚底、脚掌。宋無名氏《張協狀元》："肥個我不嫌，精個我最忺，從頭至脚板，件件味都甜。"元無名氏《盆兒鬼》第二折："不由我語笑呵呵，番將這闊脚板把門桯踏破。"日本無著道忠《葛藤語箋》："脚板，只是脚底平如板也。蹈步多故令闊也。"①

【木札】

　　師乃云："若是前來兩轉語，有可咬嚼，東看西看。若是神鼎，者語如吃木札瓦片相似，實無滋味。"（卷二十四《潭州神鼎山第一代洪諲禪師語録》）

　　木屑。唐玄應《一切經音義》卷十五"木札"條："側黠反，木皮也。律文有作棣，敷廢反。《説文》：'削朴也；朴札也；謂削木朴也。'"又卷二十三《俱舍麟記》八："江南謂破削木片爲柿，閩中謂之札。"

【耳背】

　　師云："老僧耳背，高聲問。"（卷十三《趙州從諗真際禪師語録並行狀卷上》）

　　"耳背"，方言詞，耳聾。《漢語大詞典》書證正是此例。"耳背"一詞至今仍活躍在各方言中。任明《北方土語辭典》："陝西土語。耳聾。"② 李行健《河北方言詞匯編》："耳背，聽不清。"③ 耿文輝《中華諺語大詞典》："婆婆嘴碎，媳婦耳背。耳背，聽覺不靈。"④ 李吉劭《東莞方言分類詞典》："裝聾耳背，聽覺不靈。"⑤ 王鍈《宋元明市語彙釋》"耳聽"條："《行院聲嗽·人事》：'錯聽，背聽。'《珊瑚鈎詩話》卷二：'戲曰：近日和尚耳明否？曰：背聽如舊。'按現代西南等地多處方言尚稱聽力不

---

① [日] 無著道忠：《葛藤語箋》，京都：日本花園大學禪文化研究所，1992 年版，第 32 頁。
② 任明：《北方土語辭典》，上海：春明出版社，1952 年版，第 30 頁。
③ 李行健：《河北方言詞匯編》，北京：商務印書館，1995 年版，第 251 頁。
④ 耿文輝：《中華諺語大詞典》，瀋陽：遼寧人民出版社，1991 年版，第 742 頁。
⑤ 李吉劭：《東莞方言分類詞典》，廣州：廣東人民出版社，2014 年版，第 144 頁。

好爲'耳背',亦可佐證。"① 侯精一《長治方言志》: "長治方言稱耳背。"②

二、方俗詞分類考釋

禪宗以南方山區爲傳法根據地,禪僧有南方人,也有北方人,他們的語言交雜有南北方言並使用了大量的口語、俗語。我們采取意義分類的方法,把《古尊宿語録》方俗詞分爲名物、性狀、行爲三大類,每一大類下面再分小類。

(一) 名物類

由於各地口語習慣的不同,一種事物在不同地區可能有不同的稱呼,形成了多樣的方言異名。大量同物異名詞交互替用是《古尊宿語録》用詞的一個重要特色,如:鎖匙—鑰匙、日頭—日輪—日陽、昨日—夜來、耳背—耳聾—耳重—耳瞶、蝦蟆—蛤蚆、大虫—猛虎—於菟—白額、茆坑—厠坑、翁翁—老翁、瓊花—繡球、年暮夜—岁旦、丫頭—丫角、秤錘—秤砣、新正—正月—元正、寒食—清明、面皮—面子、電影—閃電、寒風—朔風、上元—正月半等。

名物類方俗詞範圍較廣,包括人事稱謂類、鳥蟲魚獸類、日用器具類、風俗文化類、飲食服飾類、花草樹木類、行業娛樂類、房舍都邑類。現分門別類加以例釋:

1. 時令、事物及人體名稱類

【驀點】

> 一日云:"驀點是什麽時節?"代云:"不可道是蝦蟇蛤蚆。"（卷十七《雲門文偃匡真禪師廣録中》)

"驀點"即如今,指此時這個時間。"驀",當即,當下。五代王定保《唐摭言》卷三《期集》:"俄於衆中驀抽三五箇,便出此錢鋪底。一自狀元已下,每人三十千。"宋無名氏《張協狀元》戲文十三:"驀忽心閑,小樓東欄桿鎮倚。""驀忽心閑"猶言"此刻忽然心閑"。此外,"目前是什麽

---

① 王鍈:《宋元明市語彙釋》,貴陽:貴州人民出版社,1997年版,第3頁。
② 侯精一:《長治方言志》,北京:語文出版社,1985年版,第85頁。

時令"乃禪門僧侶習慣問語。如《圓悟佛果禪師語録》卷八："敢問諸公，即今是什麼時節？莫是黃昏時節麼？莫是小參時節麼？莫是坐立儼然時節麼？莫是説禪説道時節麼？莫是萬像交參時節麼？莫是心境一如時節麼？若與麼儱侗，且喜没交涉。"《萬松老人評唱天童覺和尚頌古從容庵録二》："有時太陽門下，有時明月堂前。萬古長空，一朝風月。朝菌蟪蛄，且道而今是什麼時節。且隨老木同寒瘁，將逐春風入燒瘢。"《續刊古尊宿語要》第六集《雪堂行和尚語》："所以道：'欲識佛性義，當觀時節因緣。時節若至，其理自彰。且道現今是什麼時節？'"《天隱和尚語録》卷五："今夜是什麼時節？説這些牽牽蔓蔓話。不見道：'有物先天地，無形本寂寥。能爲萬象主，不逐四時凋。'"以上幾例中的"即今""而今""現今""今夜"皆是"驀點"的替代。雷漢卿把"驀點"一詞列入"待考録"，《漢語大詞典》及其他工具書均未收録，可補。

【浮泡】

> 朽宅蚖蛇會，浮泡屎尿陳。何妨觀穢惡，却要滅貪嗔。（卷四十五《峰雲庵真净禪師偈頌》）

"浮泡"即"浮漚"，漂浮在液體上面的泡泡。唐慧琳《一切經音義》卷四"浮泡"條："上輔無反。《廣雅》：'浮漂也。'鄭注《禮記》：'在上曰浮。'賈注《國語》：'浮，輕也。'《説文》：'泛也，從水孚聲也。'吳音薄謀反，今不取。下普包反。《考聲》云：'水上浮漚也。'"李紳《追昔遊集》卷下《鑒玄影堂》："定心地上浮泡没，招手岩邊夢幻通。"

【話欄】

> 毗耶杜詞，至今話欄。（卷四十《雲峰文悦禪師初住翠岩語録》）

"話欄"，話頭。清翟灝《通俗編》卷十七："話把，《羅湖野録》：寄寂音頌曰：'翻身跳擲百千般，冷地看他成話欄。'《鶴林玉露》載安子文自贊曰：'今日到湖南又成閑話靶。'按：'把''靶'字通，'話把'即猶云'談柄'。"[1] 李榮《武漢方言詞典》："①話欄，話頭。説話的頭緒。'話欄被打斷了'/'接他的話欄'。②話柄，被人拿來做談笑的言論或行

---

① 陳志明編校：《通俗編》，北京：東方出版社，2013年版，第307頁。

爲。‘他留下來了一些話欛’/‘話欛把得被别個抓住了。’”[1] 山東臨沂有“打話欛”之説，義爲搶别人話頭。《漢語大詞典》僅釋爲“把柄”，而未及“話頭”義，當補。

【胲腮】

轟轟一掌胲腮下，笑殺雄山者老翁。（卷三十四《舒州龍門清遠佛眼和尚語録》）

“胲腮”指下頜骨架。《廣韻·咍韻》：“顋，顋頜，俗又作腮。”《漢書·東方朔傳》：“臣觀其臿齒牙，樹頰胲，吐唇吻，擢項頤，結股脚，連脽尻，遺蛇其迹，行步偊旅，臣朔雖不肖，尚兼此數子者。”顔師古注：“頰肉曰胲，音改。”宋毛居正《增修互注禮部韻略·咍韻》：“胲，頰下。亦作頦。”宋慈《洗冤録·論沿身骨脉》：“結喉之上者胲，胲兩旁者曲頜。”明佚名《平冤録》：“傷在胲下喉骨上難死，蓋喉骨堅也。在喉骨下易死，蓋喉骨下虚而易斷也。”由上可知，“胲”即指喉結以上的部位。馮夢龍《古今小説》卷三十五：“面長皴輪骨，胲生滲癩腮。”清胡文英《吴下方言考》卷六“胲”條：“音孩，前漢《東方朔傳》‘樹頰胲’，案：胲，下齒所倚骨也，吴中謂之下胲。”鄭梅澗《重樓玉鑰》卷上“落架風”條：“此症或因酒後或偶大笑或打呵欠致脱落，下胲不得合架。口大開而不能咀嚼，雖屬上熱下虚，實由氣血有虧，以致胲筋弛而不收。若起於一二日者可治，日久則其筋已縱，恐難安合矣。治用上兜之法，先將下胲輕輕托上，用紬手巾兜住，然後以手揣其搭勾之處，令其勾合，再用老薑一片置頰。”此例“胲”指下巴頦。“腮”，指兩頜。由上可知，“胲腮”應指臉頰以下從兩腮至下巴骨的部分。

【爪距】

上堂云：“五白貓兒爪距獰，養來堂上絶蟲行。”（卷九《石門山慈照禪師鳳岩集》）

爪子。“距”，本指雞爪。元戴侗《六書故·人九》：“距，雞爪也。斗則用距。”后泛指禽獸脚后象趾的部分。唐白居易《雞距筆賦》：“願争雄於爪距之下，冀得携於筆硯之間。”宋徐鉉《稽神録·史氏女》：“史氏女

---

① 李榮：《武漢方言詞典》，南京：江蘇教育出版社，1995年版，第92頁。

蒔田困倦，偃息樹下，見一物，麟角爪距可畏。"洪咨夔《春秋説》卷四："對面而肝膽分，反手而爪距露。"明王稺登《王百穀集十九種·虎苑》卷下："一夷人能馴虎，開圈弄虎，手探口中略無所損，戲其足，輒退縮，夷人言：'虎惜爪距故也。'"

【飯粘】

　　師又打床一下云："大凡唤這個作什麽？"史云："唤作床。"師云："這吃飯粘漢。"（卷六《睦州道踪和尚語録》）

吃相狼狽。"飯粘漢"即"嘡飯漢"。李申《徐州方言志》："嘡，吃的貶義説法。"[1]董文斌《俗説濟南話》："貪婪的，無節制的、野蠻的、不雅的吃相都可以稱之爲'嘡'，也可以説成'嘡飯''嘡酒'。"[2]清翟灝《通俗編》卷二十七"飯粘"條："《晋書·殷仲堪傳》：食常五椀，盤無餘肴，飯粘落席間，輒拾以啖之。按：'粘'，飯之狼藉者曰粘。"[3]胡樸安《俗語典·亥集》"飯粘"條："飯之狼藉者曰粘。"[4]

【灸瘡】

　　師或云："佛法大殺有，只是灸瘡痛。"代云："灸瘡痛猶可。"（卷十七《雲門文偃匡真禪師廣録中》）

凡燒傷的疮疤皆曰"灸瘡"，與今"痔瘡"不同。《五燈會元》卷七《台州瑞岩師彦禪師》："山曰：'灸瘡瘢上更著艾燋。'曰：'和尚又苦如此作甚麽？"元脱脱《宋史》卷二百六十《列傳》第十九："足有灸瘡痛，其醫謂：'火毒未去，故痛不止。'遇即解衣取刀割瘡至骨，曰：'火毒去矣。'"朱誠泳《小鳴稿》卷一："著人毒熱若湯火，灼我肌膚成灸瘡。"清張璐《本經逢原》卷一："上古炊食都用燧火，是爲陽火。今皆擊石取火，則陰火也。用以炊食猶之可也，若點艾炷尤非所宜。灸艾宜取太陽真火，否則真麻油燈，艾莖點於炷上，則灸瘡至愈不痛。"《漢語大詞典》釋義爲"灸療留下的傷口"，未確，當補正。

①　李申：《徐州方言志》，北京：語文出版社，1985 年版，第 98 頁。
②　董文斌：《俗説濟南話》，濟南：濟南出版社，2013 年版，第 35 頁。
③　陳志明編校：《通俗編》北京：東方出版社，2013 年版，第 510 頁。
④　胡樸安：《俗語典·亥集》，上海：上海書店，1983 年版，第 15 頁。

2. 鳥蟲魚獸類

【蜘蟟】

　　　　大唐天子笑不休，火裏蜘蟟三只眼。（卷四十三《寶峰雲庵真净禪師住金陵報寧語録》）

　　蟬的俗稱。《五音集韻・質韻》："蜘，飛蟲。"《集韻・蕭韻》："蟟，蟲名，馬蜎也，或从勞。"清孔尚任《節序同風録》："小兒持膠竿粘蟬爲戲，名青林樂。亦有貨者，婦妾小争買以籠懸窗間，駁其聲之長短較勝負，謂之仙虫社，俗曰蜘蟟會。"張伯英《（民國）黑龍江志稿》卷十五《物産志》："蟬種類不一，土人有秋蟬、篦凉、蜘蟟、秋蛩諸名。"張之洞《（光緒）順天府志》卷三十三《地理志》十五："按：蟫蟧、蛣蟟、蜘蟟，即《廣雅》崎蛣之聲轉。《方言》十一：'蟬，海岱之間謂之崎。'郭注：'齊人呼爲巨崎。'《爾雅義疏》：'今黄縣人謂之蛣蟟，栖霞謂之蠿蟟，順天人謂之蜘蟟。今驗順天人語蜘聲若雞。'《湖州志》所謂俗名蛀蟟亦作遮了，亦作知了者，即此了、蟟依聲叚借。"《（光緒）順天府志》卷五十《食貨志》二："蟬，《固安陳志》：土人呼曰蜘蟟。"北宋睦庵善卿《祖庭事苑》卷一："蜘蟟，上子悉切。下音寮。皆蟲名。"此謂兩種蟲名，不確。"蜘蟟"即蟬。《漢語大詞典》收"蠿蟟"，未收异形詞"蜘蟟"，當加以説明。

【齕蚤】

　　　　才擬展脚眠，蚊蟲齕蚤出。（卷二十《舒州白雲山海會法演和尚初住四面山語録》）

　　"齕蚤"，跳蚤。亦可寫作"屹蚤"。温端政《陝西方言词汇》："屹蚤，跳蚤。"①《淄川方言志》："屹蚤，跳蚤。屹蚤咬蚊子叫，一黑夜没睡安穩家/屹蚤不咬你，你就咬屹蚤（意没事找事）//《日用俗字・昆蟲章》：'屹蚤臭蟲爲一黨，蜘蛛蚨蟷爲同宗。'"《紅樓夢》第三十一回："翠縷道：'這些東西有陰陽也罷了，難道那些蚊子、屹蚤、蠓蟲兒、花兒、瓦片兒、磚頭兒也有陰陽不成？'"《漢語大詞典》書證爲清唐訓方《里語徵實》，時代較晚，可提前。

────────────

① 温端政：《陝西方言词汇》，載於《方言》，1981年第4期。

【蛤蚾—蝦蟆】

師或云："不用勃跳，道將一句來。"代云："死蛤蚾也無用處。（卷十四《趙州從諗真際禪師語録之餘》）

忽然睡著，夢見數百蝦蟆來問索命，其僧深懷怖懼。（卷三十二《舒州龍門清遠佛眼和尚普説語録》）

"蛤蚾""蝦蟆"皆指蟾蜍，因方言差异而有不同稱謂。南方方言中"蛤蚾"指"青蛙"。元戴侗《六書故》卷二十："蚾，補火切，蛤蚾，蟾也。"宋蘇頌《本草圖經・蟲魚下》卷十五："黑色者，南人呼爲蛤子，食之至美，即今所謂之蛤，亦名水雞是也。閩、蜀、浙東人以爲真饌。"[①] 清方旭《蟲薈》卷三《昆蟲》："《正字通》：'蝌黿，蟾諸也。又名苦蠪，又名蛤蚾。'"厲荃《事物异名録》卷四十《昆蟲部》下："蛤蚾，《正字通》：'蟾蜍，一名蛤蚾，蚾讀若婆。'"謝玉瓊《麻科活人全書》卷四："乾蟾頭，人名蛤蚾，即蝦蟆，火炙酒淬。"樊瑩瑩《歷代詩話語言學問題研究》"蛤"條："'蛤'字兼有蚌蛤和蝦蟆兩種意義。"[②]

"蝦蟆"，《集韻・稕韻》卷七："蜦，蟲名，蝦蟆也。"宋劉昉《幼幼新書》卷四十《論藥叙方凡十五門》："蝦蟆，一名蟾蜍。蟾大者，名田父。"明方瑜《（嘉靖）南寧府志》卷三《田賦志》："蝦蟆，俗曰田鷄。背青有黑點，入夏聲鳴不絶，蟻黄白黑三種，大者少出，穴飼次群蟻將雨多出，擁成丘。"李汛《（嘉靖）九江府志》卷四："蝦蟆，一名蛙。有黄黑二色，春夏交鳴聲不絶，其子名科斗。"《漢語大詞典》收録"蝦蟆"，未收"蛤蚾"，當補。

【駈駋】

一日云："敲磕一句作麽生道？"代云："驢生駈駋馬生騾。"（卷十七《雲門文偃匡真禪師廣録中》）

公驢母牛交配生子爲"駈駋"。《玉篇・馬部》："駈，陟格切。駈駋，驢父牛母。"《集韻・陌韻》："駈，駈駋，獸名，驢父牛母。"宋毛居正《增修互注禮部韻略・陌韻》："駋，駈駋，驢父牛母。"歐陽德隆《增修校

① 尚志鈞輯校：《本草圖經》，合肥：安徽科學技術出版社，1994年版，第501頁。
② 樊瑩瑩：《歷代詩話語言學問題研究》，四川大學博士學位論文，2014年，第177頁。

正押韻釋疑·陌韻》：“駈，駈駈，獸名，釋似騾而小。”《龍龕手鏡·馬部》：“駈，正莫百反，駈駈，驢父牛母也。”① 元戴侗《六書故》卷十七：“孫愐曰：‘驢父牛母曰駈駈。’”明戴冠《濯纓亭筆記》卷七：“驢父馬母而生曰騾，驢父牛母而生曰駈駈，驢騾相合而生曰青驪，嘗有畜鹿與驢同處者，忽生一物似鹿非鹿，似驢非驢。”清劉燦《支雅》卷下：“驢交馬而騾生，馬交驢而駃騠生，午交驢而驈生，驢交牛而駈駈生，馬感龍而驤生，牛感龍而麘生，驊駵作駒已汗血駃騠生。”

【韓情】

> 日出卯，韓情枯骨咬。（卷十六《雲門文偃匡真禪師廣録中》）

韓情，即“韓獹”，駿犬。北宋睦庵善卿《祖庭事苑》卷一：“韓情，當作韓盧。盧，黑也。謂黑狗也。齊人韓國相狗於市，遂有狗號鳴，而國知其善。見選注。”② 此論可從，有异文可佐證。《天聖廣燈録》卷十八《唐州大乘山德遵禪師》：“韓盧咬骨空舐觜，腹内懸懸背合塵。”

《廣韻·模韻》：“獹，韓獹。犬名。”顏師古曰：“韓盧，古韓國之名犬也。黑色曰盧。”《玉篇·犬部》：“獹，來胡切。韓獹，天下駿犬。”唐陸德明《經典釋文》卷三十：“《廣雅》云：‘殷虞、晋獒、楚獷、韓獹、宋猠，皆良犬也。’”“韓獹”，駿捷之狗。禪籍文獻習見“韓獹逐塊”。《虛堂和尚語録》卷二：“僧云：‘大力量人，因甚擡脚不起？’師云：‘師子鮫人，韓獹逐塊。’”高列過認爲“韓獹逐塊”喻爲抓不住本質要害③，此説是。

【疥狗】

> 翻嗟疥狗一何癡，到處荒園咬枯骨。（卷四十五《寶峰雲庵真净禪師偈頌》）

“疥狗”，癩狗，長滿疥瘡的狗。宋釋惠洪《僧寶傳》卷十五：“飲光論劫，坐禪布袋經年落魄，疥狗不願生天。”《五燈會元》卷十二《潭州大潙慕喆真如禪師》：“問：‘如何是城裏佛？’師曰：‘萬人叢裏不插標。’曰：‘如何是村裏佛？’師曰：‘泥豬疥狗。’”此例用“泥捏的豬”“長滿疥

---

① ［遼］釋行均：《龍龕手鏡》，北京：中華書局，1985 年影印本，第 294 頁。
② ［北宋］睦庵善卿：《祖庭事苑》，第 7 頁。
③ 高列過：《“韓盧逐塊”辨證》，載於《宗教學研究》，2006 年第 3 期。

瘡的狗"來比喻卑鄙低賤的人。元戴善甫《玩江亭》:"我不見那白虎青龍,你則是個腌臢疥狗。"明虞淳熙《虞德園先生集》詩集卷八:"我唱哩唻誰敢和,除非疥狗與天魔。"北宋睦庵善卿《祖庭事苑》卷一釋"疥狗"爲癩狗。《漢語大詞典》及《禪宗大詞典》均未收録。

3. 日用器具類

【鼻綣】

　　其力不可當,有角無鼻綣。(卷三十八《襄州洞山第二代守初禪師語録》)

牛鼻環、牛鼻索。在牛鼻子上穿一鐵環,用以繫牛鼻繩。《類篇·木部》:"牛鼻系繩索具。"《花燈之鄉》:"青草齊眉難入口,牧童敲角不回頭。至今鼻綣無繩索,天地爲欄夜不收。"[1]《揭西文史》:"鼻綣絆腮牛子輙,犁頭犁壁並犁橡。"[2]《漢語大詞典》《禪宗大詞典》及其他辭書均未收録。

【甑算】

　　果熟樹低垂,鵝肥甑算破。(卷十《汾陽善昭禪師語録》)

蒸鍋中的竹屉。《漢語大詞典》未收。《説文·瓦部》:"甑,甗也。"段玉裁注:"《考工記》:'陶人爲甑,實兩鬴,厚半寸,唇寸,七穿。'甑以蒸饭,底有七穿以竹席蔽之。"《廣韻·霽韻》:"算,甑算也。"《説文·竹部》:"算,蔽也。所以蔽甑底。"《玉篇·竹部》:"算,補計切。甑算也。"顔師古注:"《急就篇》:'算,蔽甑底者也。'《考工記》:'陶人甗,七穿。'鄭司農云:'甗,無底甑。少牢饋食,禮廪人概甑,甗。'鄭云:'甗如甑一孔。'馥謂:'穿以通氣,算以承米。'"元許國禎《御藥院方》卷六:"右用柳甑算以酒灑之,九蒸九曝乾。"清徐養原《頑石廬經説》:"一面突,一面窪,略如甑算之形。"此例間接地描述了"甑算"的形狀。

【研槌】

　　老鼠尾上帶研槌。(卷十九《袁州楊岐山普通禪院方會和尚語録》)

---

[1] 貴州省政協文史與學習委員會,内部資料,2007年,第67頁。
[2] 揭西縣政協文史委員會編:《揭西文史》(第6輯),内部資料,1991年,第61頁。

面槌之謂，即今擀麵杖。《五燈會元》卷十九《臨安府靈隱慧遠佛海禪師》："問：'浩浩塵中如何辨主?'師曰：'莫便是和尚爲人處也無?'師曰：'研槌撩餺飥。'"此言用面槌擀湯餅。吳自牧《夢粱録》卷十三《諸色雜買》："面桶、項桶、脚桶、浴桶、大小提桶、馬子、桶架、木杓、研槌、食托。"《新華方言詞典》："研槌，擀麵杖。"① 《漢語大詞典》未收，當補。

【蘆簾】

　　土榻床破蘆簾，老榆木枕全無被。（卷十四《趙州從諗真際禪師語録之餘》）

用芦苇编的粗席。《方言》："簟，宋魏之間謂之笙，或謂之籧苗。自關而西謂之簟，或謂之莋，其粗者謂之籧篨，自關而東或謂之篕掞。"戴震疏證："掞，音剡。江東呼籧篨爲簾，音廢。"《玉篇·竹部》："籧，距於切。籧篨，竹席也。江東人呼簾也。"清彭孫貽《茗香堂史論》卷二："《方言》曰：'江東謂籧篨文而麁者爲笪斜，文爲簾，或用蘆織。'今人所云蘆簾，箋略是已。"《廣雅·釋器》："笙、筈、藎、簟、籧笛，筵囟薦蔣篊席也。"王念孫疏證："葭藎，即今人所謂蘆簾也。"

4. 娛樂及風俗文化類

【斫牌】

　　楊岐老人瑣口訣，萬里長城一條鐵。斫牌禪客如到來，不動金槌腦門裂。（卷四十七《東林和尚雲門庵主頌古》）

雷漢卿將"斫牌"列入"待考録"。據目前所見，前輩學者尚未論及。經考索得知，"斫牌"即劈牌。古時候捶丸競技運動中敵對雙方對抗争勝的術語。蔣禮鴻《〈敦煌曲子詞集〉校議》："《水遊全傳》第七十四回的'劈牌放對'，日本《諸録俗語解》，正宗贊卷之一'斫牌'條作'劈牌放對'。"② 文獻中關於捶丸運動規則的記載如下：元佚名《丸經》卷上《正儀章》："'恪慎其儀，各事其事。'注：'各人謹守進退，各去關牌領籌。''奔競躁逸。'注：'争取籌棒奢口逞手。'"又《運籌章》："大籌二十，中

① 商務印書館辭書研究中心編：《新華方言詞典》，北京：商務印書館，2011年版，第1044頁。
② 蔣禮鴻：《〈敦煌曲子詞集〉校議》，上海：上海古籍出版社，1981年版，第592頁。

籌十五，小籌一十。'注：'此謂分班時三會也。''初勝三，次勝二，後勝
一。'注：'牌數。'又："'復有争先滿三竭五。'注：'每人五牌。三番勝，
方得一牌，如此五番他牌盡。'"由此可知，捶丸時以籌計勝負，三棒均將
球擊入窩中才能赢一籌。"赢籌"方"得牌"。"劈牌"即破對方的攻勢，
不讓對方取勝，亦可寫作"劈排"。《獨角牛》一折："我和獨角牛劈排定
對，争交賭籌。"又《滾繡球》："這東壁有甚么好男子好漢，出來劈排定
對，争交賭籌來！"此兩例"争交賭籌"即是"劈排定對"的最好注脚。
日本無著道忠《葛藤語箋》："捶丸用牌明見於《丸經》。今斫牌者，斫木
作牌也。故贊曰：'玄沙火急作牌，謂玄沙見雪峰輥三丸，即爲。'"① 此
論可待商榷。如《續傳燈録》卷二十六《隆興府雲岩典牛天游禪師》："上
堂：'象骨輥毬能已盡，玄沙斫牌伎亦窮。'"若據無著道忠所言"斫木作
牌"，豈會有"伎窮"之説？"斫牌"乃想方設法抵抗對方，不讓對方取勝
獲牌，所以需要智慧和手段。正如《丸經》卷上《崇古章》所言："'正賽
詭隨。'注：'今人口巧手拙，但打得詭隨，不得正賽之規度，怎争勝負？
心懵懂，性剛燥，强辯不伏，自害惶恐。俚語云：有智赢，無智輸。只此
是也。'"《宗範》下："雪峰將三個木毬一時拋出，玄沙作斫牌勢。"此句
意爲雪峰禪師模仿捶丸競技中的輥毬動作，玄沙作對抗勢。喻指玄沙接機
手段峻烈，靈活敏捷。據《丸經·集序》："捶丸，古戰國之遺榮也……至
宋徽宗、全章宗皆愛捶丸。"捶丸在北宋時期盛行。故原文"斫牌"即當
時捶丸運動中的術語詞。

【灼卜】

　　師拈云："文殊與麽讚嘆，也是灼卜聽虚聲。"（卷四十六《滁州
　琅琊山慧覺和尚語録》）

"灼卜"，用火灼龟壳進行占卜，以其出現的裂紋來預測吉凶。《漢語
大詞典》未收。清倪濤《六藝之一録》卷一百七十六："灼卜，龜也。象
炙龜之形，一曰象龜兆之從横也。凡卜之屬皆从卜，博木切。"

"灼卜"，所用材料爲龜甲。五代杜光庭《録异記》卷五記載："西梁
居民捕龜爲業，生解其板以爲灼卜之貨。既解其甲與肉，俱弃水中，猶能

運動。或云其板復生，歲歲取之，日供貨不知紀極，而此山出龜未嘗竭盡。天下所卜之龜皆出於此，莫知其所以然也。"灼燒龜甲，就出現的紋理進行預測。如明胡廣《書傳大全》卷八記載："食者，史先定墨而灼卜之兆正，食其墨也。"孫瑀《歲寒集》卷下："形肖玄龜，自古初難將灼卜。"清孫希旦《禮記集解》卷二十九："史定墨者，凡卜必以墨畫龜求其吉兆。若卜從墨而兆廣，謂之卜從。《周禮·占人》注云：'墨兆廣也，體謂五行之兆象；既得兆象，君定其體之吉凶。尊者視大，卑者視小，故《占人》云：君占體，大夫占色，史占墨卜，人占坼愚。謂卜人卜師也。定龜，定龜體所當灼卜。'"北宋睦庵善卿《祖庭事苑》卷六："杓卜，風俗拋杓以卜吉凶者謂之杓卜。"此"杓卜"當爲"灼卜"。

【鑽龜打瓦】

　　　維摩默然，切不得鑽龜打瓦。（卷四十六《滁州琅琊山慧覺和尚語録》）

占卜術。鑽龜，即鑽刺龜甲，加火灼燒，視其裂紋以斷吉凶。《荀子》卷五"鑽龜陳卦"條："鑽龜，謂以火熱荆蓳灼之也。陳卦，謂揲蓍布卦也。"

打瓦，擊碎瓦片，視其裂紋以占卜吉凶。明董説《責子詩三首》："分爻偷打瓦，擲卦戲磨錢。""打瓦"與"擲卦"對舉。清張豫章《四朝詩》宋詩卷八樂府歌行五《斷腸曲》："轆轤啞啞殘夢驚，曉嘶似是郎馬聲。卷簾無人簾再下，遣童水東占打瓦。"此言少婦思念征戰郎君心切，派孩童去水邊打瓦占卜。

"鑽龜打瓦"表占卜、預測之義。宋曹勛《松隱集》卷二十八："坐可窺天，測海而針芥相投，隨機任緣得歡喜處。苟或不然，則一筆抹下，撥弃土壤，免使後人鑽龜打瓦。"元朱庸《和西湖竹枝詞》："小姑疑郎去不歸，爲郎打瓦復鑽龜。"或作"灼龜打瓦"。范致明《岳陽風土記》："荆湖民俗歲時會集，或禱祠多擊鼓，令男女踏歌，謂之歌場；疾病不事醫藥，惟灼龜打瓦或以雞子占卜求祟所在，使俚巫治之。"《漢語大詞典》未收，當補。

5. 飲食服飾類

【籼米飯】

　　空參底老婆禪，吃底籼米飯。知事失照顧，主人少方便。雖然没滋味，要且緩緩咽，更撮摩。（卷二十《舒州白雲山海會法演和尚初住四面山語録》）

　　用籼米蒸的飯。宋羅願《爾雅翼·釋草一·稻》：“一種曰籼，比於秔小，而尤不黏，其種甚早。”清姜皋《浦泖農咨》：“謂之赤米，亦曰籼米。五月而種，七月而熟，然極豐之年每畝所收不過一石四五斗。”褚半農《上海西南方言詞典》：“籼米，籼稻谷碾成的米，如：‘我們祖先最早種植的也一定是籼稻，用籼稻谷弄成的籼米一定也是又硬又難吃的。’（《換米季節》），又叫‘赤米’。”①

　　籼米亦可用來釀酒。宋董嗣杲《廬山集》卷五：“炊甑有塵籼米腐，酒坊無壁紙旗飛。”“籼米”爲宋代眾多稻米品種之一。吳自牧《夢粱録》卷十六：“湖州米市橋黑橋俱是米行，接客出糶其米有數等。如早米、晚米，新破礱冬春上色白米、中色白米，紅蓮子黃芒上秆粳米、糯米、箭子米、黃籼米、蒸米、紅米、黃米、陳米。”朱熹《晦庵集》卷九十九：“與公吏通，同作弊，拖延不納。窺伺縣道窘束，全無措置，即將下等籼米以應。”《漢語大詞典》引例爲明李時珍《本草綱目》，時代較晚，可提前。

【油麻茶】

　　油麻茶實是珍，金剛不用苦張筋。（卷十四《趙州從諗真際禪師語録之餘》）

　　茶的一種。《漢語大詞典》未收。陳光新《中國筵席宴會大典》：“潮汕女子茶實乃油麻茶……是當地婦女的專用品，常在婦女聚會時品飲，不許男人參加。”② 葉春生、陳玉芳《嶺南衣食禮儀古俗》：“流行於揭陽惠來葵潭及普寧南陽客家地區，故又稱葵潭女子茶、媽人擂茶或油麻茶……烹製方法是：選用福建武夷山的鐵觀音或潮州鳳凰山的單叢奇種茶，放入帶齒的缶鉢内用番石榴樹的粗幹特製的擂茶槌，將茶葉擂成粉末，然後加

① 褚半農：《上海西南方言詞典》，上海：上海人民出版社，2006 年版，第 159 頁。
② 陳光新：《中國筵席宴會大典》，青島：青島出版社，1995 年版，第 80 頁。

入炒熱的油麻、花生、黄豆、香菜、蒜頭和少量的鹽、糖，將其拌合起來，並加入開水。飲用時，加上炒米或配以潮汕'米方'，效果甚佳，別有一番滋味。"①

【漿水】

　　泉云："漿水錢且置，草鞋錢教什麽人還?"（卷三《黄蘗希運斷際禪師宛陵録》）

酸漿。《本草綱目》："漿水，酸浆。嘉谟曰：'浆，酢也。炊粟米热，投冷水中，浸五六日，味酢，生白花，色类浆，故名。'"②"漿水又名酸漿、酸漿水、米漿水。爲用粟米加工，經發酵而成的白色漿液。甘、酸，凉。調中和胃，生津止渴。治食積，瀉痢，煩渴，冲水煎湯或煮粥。"③"炊熟粟米，乘熱投冷水中，浸五七日用，夏月易酸，稻米飯亦宜。"④《漢語大詞典》釋爲水或食物湯汁，不確，當補正。

【靸鞋】

　　上堂云："南泉斬貓兒，與歸宗斬蛇，叢林中商量還有優劣也無?優劣且止，只如趙州戴靸鞋出去，又作麽生?"（卷四十三《寶峰雲庵真净禪師住金陵報寧語録》）

無根草鞋。元陶宗儀《南村輟耕録》卷十八："西浙之人，以草爲履而無跟名曰靸鞡。婦女非纏足者，通曳之。《炙轂子·雜録》引《實録》云：'靸、鞡、舃，三代皆以皮爲之，朝祭之服也。始皇二年，遂以蒲爲之，名曰靸鞡。二世加鳳首，仍用蒲。晋永嘉元年用黄草，宮内妃御皆著。'"明曹學佺《蜀中廣記》卷六十八："《寰宇記》：'漢州遂州出苓根靸鞋。'唐書朱桃椎絶人逃世，每作草履置路隅，過者見之皆曰：'此朱山人履也。'置錢米於故處，乃取履去。"清翟灝《通俗編》卷二十五："南方靸鞋指無根草鞋。北方所謂靸鞋則製以布而多其繫。"⑤清錢大昕《恒言録》卷六："《北夢瑣言》載'霧是山巾子，船爲水靸鞡'之句，'靸'，悉

① 葉春生、陳玉芳：《嶺南衣食禮儀古俗》，廣州：廣東人民出版社，2009年版，第33頁。
② [明]李時珍：《本草綱目·上》，武漢：崇文書局，2012年版，第142頁。
③ 蔡永敏主編：《中藥藥名辭典》，北京：中國中醫藥出版社，1996年版，第285頁。
④ [明]宋詡著，陶文臺注釋：《宋氏養生部·飲食部分》，北京：中國商業出版社，1989年版，第214頁。
⑤ 陳志明：《通俗編》，北京：東方出版社，2013年版，第473頁。

合切，在颯字韻。今俗呼與翣同音者，誤。'案：今北人語正作翣音。常生案：《中華古今注》：'鞾韈，蓋古之履也。'秦始皇常鞾望仙鞾，以對隱逸、求神仙。"①

由此可見，"鞾鞋"有南北之分，南方所謂"鞾鞋"乃草鞋，北方乃以布及絲爲之。《漢語大詞典》釋为"拖鞋"，未作南北區別，當加以區分。

【朝天帽】

> 有紫衣大師來參師，師見來，便拈起帽子問大師："京中喚作什麼？"大師云："朝天帽。"（卷六《睦州道踪和尚語録》）

又稱"南朝帽"。《中國民俗文化與現代文明》："宋元隱語行話稱'帽'爲'朝天'。"② 宋伯仁《爛熳二十八枝》："何日掃邊塵，別裹朝天帽。"《天聖廣燈録》卷二十《岳州永福院朗禪師》："問：'牛頭未見四祖時如何？'師云：'頭戴朝天帽，身披四續衣。'進云：'見後如何？'師云：'手把蚪龍杖，點出异人機。'"《漢語大詞典》未收。

6. 花草樹木類

【苦益】

> 師云："苦益菜羹粟米飯。"（卷二十六《舒州法華山全舉和尚語要》）

草藥名，又名"敗醬"，爲敗醬科多年生草本植物，黄花敗醬、白花敗醬的帶根全草，產於長江流域中下游各省。秋季採收，洗净，陰乾，切段生用。宋陳言《三因極一病證方論》卷十七："值天陰冷則疼痛，須候病出盡方已，不可中輟。每日早晚用苦益菜煎湯薰洗。"釋文珦《潛山集》卷三："苦菜吾所嗜，意與食蘗同。古者以益名，頗足昭其衷。秋花更清妍，綽約冰雪容。"元胡古愚《樹藝篇·蔬部》卷六："婺源境中產一種草，莖葉柔弱，引而不長，葉類甘菊，俗呼簏，今訛爲遮字。盖食之味苦而有餘甘也，性溫行血，尤宜產婦。煮熟揉去苦汁，產後多食之無害。往往便以爲逐血藥也，又呼苦益菜。訪之醫家莫有知者。"明高濂《遵生八

---

① ［清］錢大昕：《恒言録》，北京：商務印書館，1958 年版，第 109 頁。
② 王獻忠：《中國民俗文化與現代文明》，北京：中國書店，1991 年版，第 314 頁。

牋》卷十二《飲饌服食牋》中："苦益菜，即胡麻。取嫩葉作羹，大甘脆滑。"清官修《清通志》卷一百二十五《昆蟲草木略》："苦益菜，産盤山澗中，似野菊，有浮毛，三月間採以爲食。"《漢語大詞典》未收，當補。

【菡萏】

> 圓頂栴檀樹，方袍菡萏花。（卷四十五《寶峰雲庵真净禪師偈頌》）

荷花的别稱。唐慧琳《一切經音義》卷二十八"芙蓉"條："又作扶，同附俱反。《説文》：'扶渠花未發爲菡萏花，已發者爲芙蓉也。'"北宋睦庵善卿《祖庭事苑》卷三："萏菡，上户感切，下徒感切，蓮花欲舒貌。"

民國馬其昶《詩毛氏學》卷十二《國風》十二："菡萏，荷華也。《爾雅》：'荷，芙渠，其華菡萏。'郭注：'今江東人呼荷華爲夫容。'"清屈大均《翁山詩外》卷二《贈友》："甘匏抱苦葉，菡萏含汗泥。"

【厚樸】

> 師云："散關正望三泉路，厚樸花開始覺春。"（卷八《汝州首山
> 省念和尚語録》）

中草藥名。《漢語大詞典》未收。清樊增祥《樊山集》卷二十五："飯餘不用檳榔子，一盞南川厚樸花。"王柏心《百柱堂全集》卷二十四《鄂生太守貽厚樸花歌以報之》："産終南巴山老林中，三十年始一花，皆附正幹不綴。旁枝雜著飲中，服之利關鬲理氣最有功。"魏之琇《續名醫類案》卷七："來天培治蔡氏女病，經六七日，時七月初旬，發熱、頭疼、腹痛、胸滿、煩燥渴，目閉神昏，時有獨語，脉浮細而數按之模糊。問：'曾手足抽掣乎？'曰：'然。'曰：'此俗所謂暑風傷寒也。用香薷、青蒿……加廣皮、厚樸花粉、丹皮一劑，漸安，惟未熱盡退，此津液不生之故耳。'"《中藥別名大辭典》："厚樸花又名樸花、川樸花、調羹花。爲厚樸的花蕾。春末夏初當花蕾未開放時採摘，焙乾或烘乾用。性味辛苦温，有芳香化濕，行氣寬胸的功效，主治濕濁、氣滯引起的脘腹脹痛等症，用量 3～6 克。"①

【荻樹】

> 問："如何是清净法身？"師云："紫枝荻樹。"（卷四十《雲峰文

---

① 劉道清：《中藥別名大辭典》，鄭州：中原農民出版社，2013 年版，第 202 頁。

悦禪師初住翠岩語録》）

高大的竹狀草本植物，秋天抽紫色花穗，莖秋天堅成後即"萑"。《廣韻·錫韻》："荻，萑也。"《廣雅·釋草》："薍，徒懨切，萑也。"王念孫疏證："薍，或作荻。"清胡敬《崇雅堂駢體文鈔》卷一："敷階而即荻樹，繞屋而皆槐。"《續明紀事本末》卷九："光恩步卒戰如神，及暝，縛荻樹杪，火光掩映，乃以死士冲賊壘，短兵接；伏兵四出，呼聲震地，賊弃壘潰。""敷荻樹杪"即取荻樹梢，綁縛后作火把，因其穗易點燃而作此用。同樣的記載見於徐鼒《小腆紀年附考》卷九："薄暮，縛荻樹杪，火光參差上下，親帥死士冲賊壘。"錢陳群《香樹齋詩文集》卷二十三："蕭蕭蘆荻樹义牙，漫説當年以尚家。"《漢語大詞典》未收該詞，當補。

【蓼紅】

> 白雲消散青山在，明月蘆花對蓼紅。（卷二十七《舒州龍門清遠佛眼和尚語録》）

"蓼"植物名，俗稱"稻穗子花"。《漢語大詞典》未收。"蓼紅"在深秋葉色漸轉爲深紫。《爾雅·釋草》："薔虞，蓼。"郝懿行義疏："《内則》烹魚用蓼，取其辛能和味，故《説文》以爲辛菜。"《説文·艸部》："蓼，辛菜，薔虞也。"唐韓偓《翰林集》卷四《秋村》："稻壟蓼紅溝水清，荻園葉白秋日明。"此言秋日"稻壟蓼紅，荻園葉白"。"蓼紅""葦白"常聯繫在一起。如清王岱《了庵詩文集》卷十八《題畫贈闕雙石》："蓼紅葦白滿汀洲，净倚扁舟不下鈎。"

"蓼紅"又常被描繪爲秋天的象征，如唐許渾《丁卯集箋注》卷三："城帶晚莎緑，池連秋蓼紅。"明祝世禄《秋日登玩華樓》："蘋白蓼紅鷗對浴，一天秋色落平湖。"

【女貞花】

> 當晚小參云："一則三，三則七。牧羊堤畔女貞花，拒馬河邊望夫石。"（卷二十二《黄梅東山法演和尚語録》）

"女貞花"乃常緑灌木或小喬木，有藥用價值。《漢語大詞典》未收。宋劉攽《彭城集》卷十八《女貞花》："巴婦能專利丹穴，始皇稱作女懷清。此花即是秦臺種，赤玉燒枝擅美名。"明李時珍《本草綱目》卷三十

六 "女貞" 條："《釋名》貞木。《山海經》冬青。《綱目》蠟樹。時珍曰：'此木凌冬青翠，有貞守之操，故以貞女狀之。'《琴操》載：'魯有處女見女貞木而作歌者，即此也。'蘇頌頌序云：'女貞之木，一名冬青，負霜蔥翠，振柯凌風。故清士欽其質而貞女慕其名是矣。'別有冬青與此同名，今方書所用冬青皆此女貞也。近時以放蠟蟲，故俗呼爲蠟樹。"清李星沅《李文恭公遺集》詩集卷一："葭莩小草姿，女貞花簌簌。花發幽香生，芳菲襲空谷。"

【黃菁】

> 一缽黃菁消永日，滿頭白髮已玄機。（卷二十二《黃梅東山法演和尚語錄》）

草藥名，又名老虎薑、雞頭參、太陽草、黃精。《漢語大詞典》未收。西晉張華《博物志》："黃帝問天老曰：'天地所生，有食之令人不死者乎？'天老曰：'太陽之草名黃精，食之可以長生。'"唐韓鄂《四時纂要》卷二《種黃菁》："摘取葉相對生者，是真黃菁。劈長二寸許，稀種之，一年後甚稠。種子亦得，其葉甚美，入菜用其根，堪爲煎术。"宋高耆《黃居士山房》："近聞身口渾無累，榺葉黃菁繞宅栽。"蘇頌《本草圖經》："黃精，舊不載所出外郡，但云生山谷，今南北皆有之，以嵩山、茅山者爲佳。三月生苗，高一、二尺以來。葉如竹葉而短，兩兩相對。莖梗柔脆，頗似桃核，本黃未赤。四月開細青白花如小豆花狀。子白如黍，亦有無子者。根如嫩生薑，黃色。二月采根，蒸過暴幹用。今通八月采，山中入九蒸九暴作果賣，甚甘美，而黃黑色。"

7. 商業農業類

【散本】

> 問："如何是隨色摩尼珠？"師云："鬧市散本。"（卷二十三《汝州葉縣廣教歸省禪師語錄》）

唐宋時期的高利貸。《漢語大詞典》未收。宋黃震《黃氏日鈔》卷七十一《申明》："是場官催吏受其弊將來支散本錢。"元馬端臨《文獻通考》卷二十《市糴考》一："秘書郎孫逢吉言和買爲民閑白著之賦，雖正月給散本錢之法尚載令甲而人戶鈔旁，亦有見錢請給之文。"元徐元瑞《吏學指南》卷七"干脱"條："謂轉運官錢，散本求利之名也。"① 明王尚用《（嘉靖）尋甸府志》卷上《課鈔》："本府原額一十六兩四錢，木密所原額一十兩三錢，每年徵完給散本府官吏，並木密所吏目後，本府查得各鄉村倒死牛隻者，多每年量加牛税銀二兩。"清張英《淵鑒類函》卷一百三十六《政術部》十五："紹聖二年，右丞議郎董遵言青苗之制，乞歲收一分之息給散本錢，不限多寡。"徐松《宋會要輯稿》："四川州縣井户民，人免四五十年困重額之患，從之九月十六日，明堂赦諸路鹽場，昨緣不依時支散本錢及有減剋之類，致有歲額不敷去處，令諸路提舉司約束所部依時支給，不得減剋。"俞森《義倉考》："户部尚書梁材言：'天下郡縣各置預備倉，豐年則斂，歉年則散本。'"此猶言歉年則放高利貸。

【當價】

> 進云："今日爲甚却干戈相待？"師云："只爲買賣不當價。"（卷二十一《舒州白雲山海會演和尚語録》）

"當價"即買賣成交。原文句意爲因買賣雙方不能等價交換，價錢不滿意談不攏買賣而干戈相待。由"等價"義引申而來。宋陳師道《後山集》卷六："滕王蛺蝶江都馬，一紙千金不當價。"陳造《江湖長翁集》卷三十七："白璧當價，必也連城。"王質《詩總聞》卷五："直價也……言以此物於他國轉易以爲生不虧其價也。今人稱'當價'猶曰'直'。杜氏城中'斗米換衾裯，相許寧論兩相直。'"明茅元儀《石民四十集》卷八十七："米五斗，當價一兩。則每人歲得二十四金足矣。"以上皆言交換物價值相當。明袁于令《隋史遺文》卷二："叔寶却慷慨道：'把那八斤零頭除去，作一百二十斤實數。'主人道：'銅是我潞州出産的，去處好，銅當價是四分一斤該五兩短二錢，多一分也不當。'"此處"當"即有成交義。程開祜《籌遼碩畫》卷六："各營路市馬，定價八兩，當價增十五，兩期於騰驤可用。至於州縣腹地之馬，原堪山邊衝突之用，每匹價三十兩。""當價"與"定價"相對應。清李海觀《歧路燈》卷十二："寔不瞞老伯説，小侄近况著实手緊，索討填門，毫無應付。老伯若念世交之情，就以賣價寫成當價。"此例"當價"與"賣價"相對應，可知"當價"即成交價。

---

① "干脱"是以官本謀利的特殊商人，其經營的特點是發放高利貸獲利，本錢（也稱母錢）來源於官府。

《漢語大詞典》及其他各大辭書皆未收，當補。

【攙奪行市】

> 上堂："凡聖不存，佛祖何立？"大衆："清平世界，不許人攙奪
> 行市。"（卷十九《袁州楊岐山普通禪院方會和尚語録》）

"攙奪行市"乃"搶行奪市"，即跨行業搶奪商賈之利，比喻越權奪職
之霸道。《集韻·覽韻》："攙，完補也。一曰傍掣。""攙奪"即從旁搶奪。
日本無著道忠《葛藤語箋》："攙奪行市者，商人爭先，餘商奪其利。"①
如《元代権鹽與社會》所載："改法立倉後，斡脱商人常欺凌倉官，攙驀
資次，到發賣去處，則恃勢攙奪行市。"② 此言干脱商人欺行霸市，搶奪
商業利益。《漢語大詞典》未收。

【兩税】

> 問："曉夜不停時如何？"師云："僧中無與麼兩税百姓。"（卷十
> 三《趙州從諗真際禪師語録並行狀卷上》）

"兩税"即唐宋時期官府實行的夏秋兩税法。《漢語大詞典》未收，當
補。宋陳埴《木鐘集》卷二："孟夏蠶畢而獻繭税，孟秋農乃登穀始收穀。
布縷徵之夏，粟米徵之秋，乃古法。若唐分兩税，非止布縷、粟米之徵，
乃是取大曆十四年應該賦歛之數併而爲兩税，名同實異。"宛華《歷史常
識全知道》："宋朝實行的土地税。宋承唐制，兩税按納税時間分爲夏税和
秋税。夏税主要有絲、棉、絲織品、大小麥、錢幣等，秋税徵收稻、粟、
豆類、草等。南方和北方農作物品種不同，也造成了税物品種的不同。"③
原文僧問"曉夜不停"指的是明暗、智愚、凡聖的"不停"，禪師所答爲
世俗中百姓爲春秋兩税忙個不停。禪師以此來啓發學人身爲僧徒應該自在
解脱，不應該陷入"曉夜不停"中。

8. 山川房舍類

【岊溜】

> 歸去靈溪觀，匡廬碧嶂深。澗松多偃蓋，岊溜盡鳴琴。（卷四十

---

① ［日］無著道忠：《葛藤語箋》，京都：日本花園大學禪文化研究所，1992 年版，第 176 頁。
② 張國旺：《元代権鹽與社會》，天津：天津古籍出版社，2009 年版，第 179 頁。
③ 宛華：《歷史常識全知道·中國卷》，北京：中國華僑出版社，2012 年版，第 551 頁。

五《寶峰雲庵真净禪師偈頌》）

岩石上流淌的水。《玉篇·水部》：“溜，力救切。水出鬱林。”又《雨部》：“霤，力救切。雨屋水流下也。”宋蔡襄《端明集》卷七十五《遊龍華净明兩院值雨》：“垂楊修竹半藏山，一徑紆回暮雨間。緑滿野田看渺渺，白飛嵓溜自潺潺。”陳著《本堂集》卷十二《次韻東方趙孟益遊北山寺》：“齋鼓青龍麓，魚歌白鷺灣。欲吟吟不盡，岩溜自潺潺。”

【壍牆】

兄兄弟弟，長爲佛法之壍牆。子子孫孫，永作皇家之梁棟。（卷四十三《寶峰雲庵真净禪師住金陵報寧語録》）

深深的壍壕和高大的城牆，泛指堅實的防禦工事。《廣韻·艷韻》：“壍，坑也，遶城水也。七豔切。”明馮夢龍《新列國志》第六十四回：“廣寬十里有餘，内有宫室臺觀，積粟甚多。輪選國中壯甲三千人守之外，掘溝壍牆高數仞，極其堅固，故曰固宫。”楊博《本兵疏議》卷十四：“尋常火器、車營、壍牆、縛馬之類，輒敢仰塵天聽。”原文喻佛法的堅實守護者。《漢語大詞典》未收。

【石廩】

月皎五峰湘水白，雲蒸石廩露偏饒。（卷四十一《雲峰文悦禪師初住翠岩語録》）

“石廩”，山峰之名。衡山五峰之一，其形狀似倉廩。《漢語大詞典》未收。唐韓愈《長沙記》：“衡山七十二峰，最大者五。芙蓉、紫蓋、石廩、天柱、祝融，爲最高。”宋陳造《江湖長翁集》卷十八《瑞岩寺三首》：“橫前石廩疑無地，步入蓮宫別有天。”明陳耀文《天中記》卷八：“石廩狀似倉廩，其内可容千斛，廩口開則歲儉，閉則年豐。”夏樹芳《詞林海錯》卷二《石廩》：“《寰宇記》：‘衡山有石廩峰，臨川亦有石廩，可容千斛，開口則歲豐，歛則歉。”原文引例當指衡山五峰之一的石廩峰。

【茆蓬】

日入西，茆蓬竹户硬撐拄。（卷十一《石霜楚圓慈明禪師語録》）

“茆蓬”指草屋。《建中靖國續燈録》卷二十九《婺州寶林果昌寶覺禪師》：“此箇茆蓬，外實内空。恒沙妙用，盡在其中。”清陳文述《頤道堂集》詩選卷十七："石梁茆蓬隔華頂，有客貽書贈丹鼎。"阮元《淮海英靈集》乙集卷三："依山傍水架茆蓬，疊疊藤蘿蔭碧空。"趙懷玉《亦有生齋集》卷十一："天風吹我登穹窿，回首茆蓬在其下。"《漢語大詞典》未收。

【椽柱】

> 問："如何是萬法之源?"師云："棟梁椽柱。"（卷十四《趙州從諗真際禪師語録之餘》）

椽子，垂直安放在檁木之上的柱子。作爲建築的常用詞，《漢語大詞典》未收。唐慧琳《一切經音義》卷十四："椽柱，長攣反，《考聲》：'屋椽也。'《説文》：'榱也。'秦謂之椽，周謂之榱，齊魯謂之桷。從木彖聲也，或作欂，彖音，池戀反。榱，音襄。桷，音角。"唐顏真卿《顏魯公文集》卷七："所居草堂椽柱皮節皆存，而無斤斧之迹。"元李衎《竹譜》卷六："一名弦竹，出湘。全間其大與浮竹等，節密而厚堅壯，可作屋椽柱。"明費宏《費文憲公摘稿》卷六："自揚州北至沙河千里之地，無處非水，茫如湖海。沿河居民悉皆淹没房屋，椽柱漂流滿河。"

【竹户】

> 竹户茅堂孰爲其主，冷淡共居寂寞同住。（卷二十七《舒州龍門清遠佛眼和尚語録》）

用竹子撐起的門。茅屋、竹户皆用來指簡樸的農家小舍。唐李咸用《唐李推官披沙集》卷四："雪中敲竹户，袖出嶽僧詩。"宋蘇轍《欒城集》卷十二："眼看東隣五畝花，茅簷竹户野人家。"明李賢《明一統志》卷八十四："民居多茅茨竹户，淳朴不尚華侈。"《漢語大詞典》未收。

【狗脊坡頭】

> 問："龍獸相交時如何?"師云："狗脊坡頭。"問："丹霄獨步時如何?"師云："日馳五百。"（卷七《汝州南院慧顒禪師語要》）

"狗脊"指宫殿或房屋外部的脊頂，因脊頂像狗背故名。"坡頭"指屋頂之上正脊到簷角的兩坡。"狗脊坡頭"，正脊和殿頂兩坡的交匯點，雨水容易從交匯點的縫隙滲入，古代建築則在此雕刻龍獸形的"鴟吻"（龍獸相交的産物）作脊墁起到嚴密封固瓦壟的作用。《古尊宿語録》卷十七《雲門文偃匡真禪師廣録中》："你諸人，擔鉢囊行脚，不知有佛法。佛殿上蚩吻却知有佛法."唐蘇鶚《蘇氏演義》卷上:"蚩者,海獸也.漢武帝作栢梁殿.有上疏者云:'蚩尾水之精,能辟火災,可置之堂殿.'"北宋吳楚原《青箱雜記》記載:"海爲魚,虬尾似鴟,用以噴浪則降雨."古人塑兩個相對的鴟吻形象安在房脊上,傳説能避火災.《漢語大詞典》釋"狗脊"爲草藥名,誤.另外草藥名"狗脊"之"脊"實則爲"薺"之同音借字,應加以説明.

【蓮嶠】

> 暫下蓮峰輕屈指,光陰倏爾又三年.雖然不隔絲毫許,争似躬親到座前.某伏自數日前,陪從太平禪師.象馭再登蓮嶠,歸侍老師大和尚.(卷三十一《舒州龍門清遠佛眼和尚小參語録》)

宋時一橋名,本是"鹽嶠".據《武林街巷志》記載:"鹽嶠建於宋前.北宋時,從江海入城之鹽船停泊於此待榷故名……鹽嶠一帶成水陸交通要道和貨物集散地."① 后以人名命名此嶠爲"聯橋、蓮嶠".清丁申、丁丙《國朝杭郡詩三輯》:"陸恩壽,字聯橋,號蓮嶠.錢塘人.道光二十七年(1847)舉人,官安徽洞陵知縣.致仕后,回故里.鹽嶠上建,宋蔣侯廟.嶠石加闊,故又名聯橋."原文"象馭再登蓮嶠",借蓮嶠重回故里建橋之典故,喻指僧侶重回寺院修禪作務."象馭"乃高僧之稱呼."象馭,指高僧.佛教稱高僧爲法門龍象,故名."②《漢語大詞典》未收.

(二)性狀類

【團欒】

> 又似磨茶漢子,從早至夜,團欒旋轉,極是好笑. (卷三十二《舒州龍門清遠佛眼和尚普説語録》)

忙碌不停,團團亂轉的樣子.《元明清文學方言俗語辭典》"差得頭團欒"條:"差使得他東走西奔,忙個不停.《何典》六回:'住在家裏,半像奴奴半像郎的教他提水淘米,揩柏抹凳,掃場刮地,差得頭團欒.'"③《〈元曲選〉狀態詞用法詞典》:"'團圞'與'剗留團欒'都有'極圓'或

---

① 項永丹主編,勞志鵬編著:《武林街巷志》,杭州:杭州出版社,2008年版,第24頁.
② 漢語大詞典編纂處編:《漢語大詞典》普及本,2012年版,第2251頁.
③ 岳國鈞:《元明清文學方言俗語辭典》,貴陽:貴州人民出版社,1998年版,第1114頁.

'團團轉'的意思,'剔留團欒'應是'團圝'的變形重疊式。'剔留團欒'又寫作'剔留禿圝''踢良禿欒'。"① 山東臨沂方言有"忙得剔留團欒轉"。《漢語大詞典》僅釋義爲"圓",當補正。

【都大】

昨日有一則因緣,擬舉似大衆,却爲老僧忘事都大,一時思量不出。(卷二十《舒州白雲山海會法演和尚初住四面山語録》)

"都大"乃極大。《漢語大詞典》未收。《漢語方言大詞典》:"形容詞,西南官話。四川:清張慎儀《蜀方言》謂大之至曰都大。《朝野雜記》:'提點坑冶鑄錢公事自鹹平時有之。'淳熙五年又加都大二字於提子之上,以仿川秦茶馬。"②《通俗編》:"按:俚俗謂大之至曰都大。"③ 蔣宗福《四川方言詞源》:"都大,形容很大,並帶有驚奇誇讚的語氣。'都大,猶俗云多大。言如何樣大小也。"④ 所言甚是。

《古尊宿語録》中又見"本來""本自"義。如卷二十《舒州白雲山海會法演和尚初住四面山語録》:"昨宵年暮夜,今朝是歲旦。都大尋常日,世人生异見。"《中古虛詞語法例釋》:"都大,(副)表示原本情況如此。可譯作'原來'。人人總解争時勢,都大須看各自宜。"⑤《詩詞曲語辭匯釋》:"都大,猶云本自也,原來也。"⑥ 可參看。

【曲録】

堂云:"二十五年坐這曲録木頭上,舉古舉今則不無。"(卷二十一《舒州白雲山海會演和尚語録》)

彎曲。《漢語大詞典》未收。文獻中習見"曲録木""曲録樹""曲録禪床",皆指木呈彎曲形。《古尊宿語録》卷二十《舒州白雲山海會(法)演和尚初住四面山語録》:"上堂云:'但知吃果子,莫管樹曲録。不識曲

① 石鏘:《〈元曲選〉狀態詞用法詞典》,北京:中國社會科學出版社,2013年版,第466頁。
② 許寶華、[日]宮田一郎:《朝野雜記》,北京:中華書局,1998年版,第4067頁。
③ [清]翟灝著,陳志明編校:《通俗編》,北京:東方出版社,2013年版,第201頁。
④ 蔣宗福:《四川方言詞源》,成都:巴蜀書社,2014年版,第101頁。
⑤ 董志翹、蔡鏡浩:《中古虛詞語法例釋》,長春:吉林教育出版社,1994年版,第148~149頁。
⑥ 張相:《詩詞曲語辭匯釋》,北京:中華書局,1954年版,第367頁。

録樹，争解吃果子。'"宋陸游《劍南詩稿》卷三十八："山路霜清葉正黄，
地爐火煖夜偏長。中安煮藥膨脝鼎，傍設安禪曲录床。"明圓極居頂《續
傳燈録》卷二十二："拈起拄杖曰：'孤根自有擎天勢，不比尋常曲录
枝。'"《啓顔録》："黑闥大悦，又令嘲駱駝，'項曲録，蹄波他，負物
多。'""曲録"，詞形或作"曲律""曲吕"。《元明清文學方言俗語辭典》：
"曲律，彎曲、曲折。曲律，均讀平聲，彎也，不直也。諺有：'大丈夫能
折不曲律'，乃能玉碎不瓦全之義。如彎的棍子皆曰'曲律棍'。"① 又有
"乞留曲律""乞量曲律"。朱凱《黄鶴樓》第三折《貨郎兒》："你過的這
乞留曲律蚰蜒小道，聽説罷，官人你記著你過的一横澗，搭一横橋，更有
那倒塌了的山神廟。"蕭德祥《殺狗功夫》二折《叨叨令》："將這希留合
剌的布衫兒扯得來亂紛紛碎，將這雙乞量曲律的肕膝兒罰他去直僵僵跪。"
江藍生《變形重疊與元雜劇中的四字格狀態形容詞》"乞留曲律"條：
"'曲'，順向變聲重疊爲'曲律'，'曲律'逆向變韻重疊爲'乞留曲
律'。"② 王學奇《元曲選校注》："曲律，即曲溜，彎曲。今冀南仍習
用。"③《滿城縣志》："曲溜，弯曲不直。"④"曲溜"當是"曲律""曲吕"
之一聲之轉。《中國風土諺志》："一畝泉老河頭，曲溜拐彎往南流。"⑤
《大冶鎮志》："蜉川（蚯蚓）尋他娘——曲溜拐彎。"⑥ 今山東臨沂方言有
"曲律拐彎"，言某物不直爲"曲律八道彎"。雷漢卿言"曲录木"指禪床。
"曲録"爲屈曲貌⑦，此説是。王勇亦對"曲录木"作了理據分析，可
參看。⑧

【骯臭】

　　遂云："某甲自今已後，向無人烟處卓個草庵，不畜一粒米，不
種一莖菜，接待十方往來知識。與他出却釘，去却楔，除却臕脂帽

　　① 齊如山：《北京土話》，北京：北京燕山出版社，1991年版，第177頁。
　　② 江藍生：《變形重疊與元雜劇中的四字格狀態形容詞》，見《歷史語言學研究》第一輯，
北京：商務印書館，2008年版。
　　③ 王學奇：《元曲選校注》，石家莊：河北教育出版社，1994年版，第2562頁。
　　④ 滿城縣地方志編纂委員會編：《滿城縣志》，北京：中國建材工業出版社，1997年版，第
837頁。
　　⑤ 武占坤：《中國風土諺志》，北京：中國经济出版社，1997年版，第1042頁。
　　⑥ 郝焕斌：《大冶鎮志》，鄭州：河南人民出版社，2008年版，第611頁。
　　⑦ 雷漢卿：《禪籍方俗詞研究》，成都：巴蜀書社，2010年版，第535頁。
　　⑧ 王勇：《近代方俗詞理據研究》，四川大學博士學位論文，2015年，第110頁。

子，脱却骯臭布衫，教伊灑灑地作個衲僧，岂不俊哉。"（卷十八《雲門文偃匡真禪師廣録下》）

方言詞，骯髒，很臭。《岳西方言志》："岳西方言的形容詞單音前綴有'骯'，如'骯苦''骯酸''骯臭'。"① 《霍山縣志》："骯臭，很臭。"② 《中國歌謠資料》："臭風酸菜大半碗，骯臭髒臭没得鹽。"③ 《都昌陽峰方言研究》："很臭—骯臭。"④ 《安陸方言語法研究》："安陸方言里，BA 式形容詞的詞根一般是形容詞性的……B 的意義抽象，程度意義明顯，形象色彩模糊。常見的這一類狀態形容詞有'稀爛、卡白、切濕、駿黑、憨淡、骯臭、骯苦'等等。"⑤ 北宋睦庵善卿《祖庭事苑》："馤臭，當作鶻臭，以衫似鶻之腥也。馤，眛病，非也。"此言有待商榷。"馤臭，似不應當作鶻臭，而是"骯臭"的形近訛誤。"鶻"，又名鶌鳩。《爾雅·釋鳥》："鶌鳩，鶻鵃。"郭璞注："似山鵲而小，短尾，黑青色，多聲，今江東呼爲鶻鵃。""臟脂帽子"，指帽子戴久了，因頭上的油污而使帽子油膩有油臭味，"臟"，臭。《廣雅·釋器》："臟，臭也。"《古今韻會舉要·職韻》："臟，肉敗也。""骯臭布衫"亦指布衫穿久了而骯髒有臭味。"脱却骯臭布衫"與上文"除却臟脂帽子"各詞一一對應，意指除却一切外物雜念，做個灑脱衲僧。《漢語大詞典》未收"骯臭"一詞，當補。

【墨黲】

僧云："一句流通人天聳耳。"師云："墨黲襴衫日裏曬。"（卷十八《雲門文偃匡真禪師廣録下》）

深黑色。宋朱熹《通鑑綱目》卷四十七下："墨黲色布，衰喪衣也。凡起服治事則著黲布服，寒不著袍。"釋道誠《釋氏要覽》卷上："禪僧多著墨黲衣。"又《釋氏要覽》卷上《服制》："釋氏喪儀云：'若受業和尚同於父母訓育恩深，例皆三年服。若依止師資餐法訓次於和尚，隨喪服五。'衫云：'師服者皆同法服，但用布稍粗，純染黃褐增輝，云但染蒼皴之色稍异於常爾，有人呼墨黲衣爲衰服，蓋昧之也。'"《漢語大詞典》未録，

① 储泽祥：《岳西方言志》，武漢：華中師範大學出版社，2009 年版，第 216 頁。
② 霍山縣地方志編纂委員會編：《霍山縣志》，合肥：黃山書社，1993 年版，第 843 頁。
③ 中國民間文藝研究會資料室：《中國歌謠資料》，北京：作家出版社，1959 年，第 75 頁。
④ 盧繼芳：《都昌陽峰方言研究》，天津：文化藝術出版社，2007 年版，第 203 頁。
⑤ 盛銀花：《安陸方言語法研究》，武漢：華中師範大學出版社，2010 年版，第 287 頁。

當補。

【黑没焌地】

　　黑没焌地，無一個形段，歷歷孤明。（卷四《鎮州臨濟慧照禪師語録》）

　　黑的狀態。"焌"，黑。"焌"，當爲"黢"。《玉篇·黑部》："黢，七戌切，黑也。"《集韻·術韻》："黢，黑也。"《類篇》卷二十九："黢，促律切，黑也。"《醒世姻緣傳》第七回："裏面却是半張雪白的連四紙，翠蘭的花邊，焌黑的楷書字。"又第三十九回："一部焌黑的美髯。"山東臨沂方言形容顏色的詞"黑没焌地""藍没（音 mo）焌地（藍中帶黑）"。《現代漢語詞典》："黢黑，狀態詞。顏色很黑。"①

【硬】

　　師云："咬著露柱麽?"僧云："咬著。"師云："看硬著你。"（卷十八《雲門文偃匡真禪師廣録下》）

　　"硬"乃"硌"。"看硬著你"，即"小心硌著你"。"硬"由形容詞"堅硬"義轉變爲動詞"硌"義，是由形容詞的動態化使其發生詞性改變而成爲動詞。唐廣厚、車競認爲："形容詞接動態助詞後，無論在語義上還是在語法功能上都已具備了動詞的主要特徵，把它們看成動詞是合乎情理的。"② 蔣宗福曾考證"隱"即"硌"義，並指出"隱"字或作"瘾"，又可寫作"硬"。清劉省三《躋春臺》卷二《六指頭》："平湖吃得偏倒難行，吕氏扶進房去，坐在床上，什麽硬下，用手去摸，才是兩串錢。"③ 此"硬"之"硌"義明顯。《漢語大詞典》《漢語大字典》均未及此義，當補。

【賓八】

　　問："牛頭未見四祖時如何?"師云："榔木拄杖。"云："見後如何?"師云："賓八布衫。"（卷三十八《襄州洞山第二代守初禪師語録》）

---

① 《現代漢語詞典》第六版，北京：商務印書館，2014 年版，第 1072 頁。
② 唐廣厚、車競：《形容詞接動態助詞動態化初探》，載於《錦州師院學報》，1985 年第 2期。
③ 蔣宗福：《釋"隱"》，載於《中國語文》，1998 年第 3 期。

"竇八",七瘡八孔。《説文·穴部》:"竇,空也。"段玉裁注:"空、孔,古今語,凡孔皆謂之竇。"《樂府詩集·十五從軍征》:"兔從狗竇入,雉從梁上飛。""狗竇"即"狗洞"。

"竇八布衫"形容衣服之破爛。《禪宗頌古聯珠通集》卷三十五:"相將歲除夜,竇八布衫穿。大可憐,把手入黃泉。"《雪嶠大師拈古頌古》序:"竇八布衫不禦寒,七穿八穴破闌殘。"《宗鑒法林》卷五十一:"竇八布衫不禦寒,七穿八穴破襤毵。"《漢語大詞典》及《禪宗大詞典》等辭書均未收録。

【嚬呻】

　　　　遍界不藏毫端獨妙,縱未嚬呻已先微笑。(卷三十《舒州龍門清遠佛眼和尚語録》)

"嚬呻"乃威怒,無畏,气势威雄。《宗鏡録釋譯》卷三十六:"入師子嚬呻三昧(注釋:即'師子奮迅三昧')。"《華嚴經疏鈔》卷六十:"頻中奮迅,俱是展舒四體通暢之狀。當師子奮迅時,開展諸根,身毛全部直立,現出威怒吼哮的形相。佛入這一三昧,則奮起大悲法界之身,展開大悲根門,現示應機之威,使外道、二乘小獸懾伏,因而名'師子奮迅三昧'。"《禪源諸詮集》序:"指掌而示之,嚬呻以吼之。柔和以诱之,乳而药之。"此猶言"指掌而示之,威怒以吼之"。宋胡仔《苕溪漁隱叢話前後集》卷十九:"先生嘗曰:'賢主言笑嚬呻,足以移風俗。"義爲"言笑之時的雄偉氣勢,足以移風俗"。《碧岩録》卷六:"象王嚬呻(富貴中之富貴,誰人不悚然,好個消息),獅子哮吼(作家中作家,百獸腦裂,好個入路)。""象王嚬呻"與"獅子哮吼"連用,"嚬呻"當與"哮吼"同義。如北宋睦庵善卿《祖庭事苑》釋:"嚬呻,上毗真切,下失人切,敵翻,自在無畏。"《漢語大詞典》收録"嚬呻"爲"蹙眉呻吟"與"苦吟"兩個義項,皆與以上引例句意無關,當補。

(三) 行爲類

【張查】

　　　　結夏日,上堂云:"孟夏漸熱,伏惟首座、大眾,尊候萬福。却似夾竹桃花,錦上鋪花。遍地花,莫眼花。每年事例不用張查。下座人事,巡寮吃茶。"(卷二十二《黃梅東山法演和尚語録》)

"張查"，安排事務並督催。雷漢卿列"張查"一詞入待考録。據筆者所見，前輩時賢尚未論及該詞。《漢語大詞典》和《禪宗大詞典》未收。《集韻・漾韻》："張，張施。"清昭槤《嘯亭雜録・尹文端公》："將有張施，必集監司下屬曰：'我意如此，請君必駁我。我解説則再駁之，使萬無可駁而后可行，勿以督語有所因循也。'""查"，檢查督催。清黄六鴻《福惠全書・莅任・稟帖贅説》："遂嘱署事新至馬頭，以查催税銀。"

原文"每年事例"指禪林中的結夏茶湯活動。結夏和解夏是禪林一年中最重要的盛會。宋惟勉《叢林校定清規總要》："四月十二或十三日，齋退，寮首座寫狀，請闔寮特爲湯，安排照牌。仍請維那、諸侍者相伴。知客、浴主雖不赴，亦當去請，但送湯而已。方丈湯，寮元當親自送去。諸寮送湯，須照舊例。至晚，安排照牌。先就衆寮内特爲夏中執瓶盞兄弟吃湯，請寮長相伴。次排大衆照牌，鳴遼前板，衆集。寮主、副寮行禮。始知事特爲新到一同湯罷，打退座板。維那謝湯，寮元便出寮門，右邊接住持。知事、頭首、外寮人入，却建楞嚴會。寮主舉經回向，而散。"①按理説如此盛大的活動需要準備或安排，並時時督促，但由於是每年的例會，已經習以爲常，故不用張查。

【該抹】

> 臨濟入門便喝，德山入門便棒。到者裏凡聖路絶，纖毫不立，坐斷天下人舌頭。汝若擬議，喪身失命。似這般見解，滴水也難消。所以先師道："德山棒臨濟喝，獨震乾坤横該抹。"（卷四十六《滁州琅琊山慧覺和尚語録》）

保羅，囊括。"該"，包容，包括。唐高適《酬裴員外以詩代書》："賴得日月明，照耀無不該。""抹"，蒙住，覆蓋。明謝肇淛《五雜俎・人部一》："皇甫玉善相人，至以帛抹眼，摸其骨體，便知休咎，百不爽一。""該抹"近義連文。《列祖提綱録》卷二十五："直得囊藏大地，該抹古今。三世佛望風斂影，六代祖却步沉吟。""囊藏"與"該抹"義同。《宗門拈古彙集》卷四十三："法性不寬，波瀾不廣，不到七通八達處，難以評論古今。却不是你一味該抹得去底道理。"此猶言"古今之道理，不是一味

---

① 《續藏經》第 63 册，第 602 頁下。

能囊括得盡的"。山東臨沂方言稱"全部包括"謂"㳂抹"。《禪宗大詞典》收録"橫該豎括"和"橫該豎抹"①,可參看。

【搒殺】

> 問:"如何是出家人?"師云:"草深不露頂。"進云:"露頂後如何。"云:"搒殺塚頭蒿。"(卷二十三《汝州葉縣廣教歸省禪師語録》)

"搒殺",方言詞,把草掩埋。《廣韻·庚韻》:"搒,笞打。"《説文·手部》:"搒,掩也。"朱駿聲《説文通訓定聲》:"搒,掩也。斂藏之意。"②《玉篇·手部》:"博忙切。搒,略也。"《古尊宿語録》卷十《汾陽善昭禪師語録》:"楊云:'狸奴白牯却知有。'師云:'淹殺塚頭蒿。'"此處"淹殺塚頭蒿"之"淹"應是"掩"的同音借字。原文"搒殺塚頭蒿"之"搒"即"掩"。柳宗元《溪居》詩:"曉耕翻露草,夜搒响溪石。""耕"與"搒"相對舉,"搒"即鋤地義。山東臨沂方言"搒"即用鋤頭"鋤草、鋤地",陽韻。庚韻古音屬陽韻,臨沂方音保存了古音。原文"搒殺塚頭蒿",即"鋤塚頭草"。"搒草"即鋤草,鋤草的過程亦是把草掩埋的過程。

【好生著】

> 師云:"好生著,莫教錯。"(卷六《睦州道踪和尚語録》)

小心,好好地。"俗謂使人注意曰'好生',好,好好地;現代口語中還沿用,生,語助辭,無義。"③ "好生,小心在意,好好兒。你好生站著,小心跌跤(秋 81)。"④ 由單音節"好"加"生",表示祈使語氣,相當於"好好注意"。《紅樓夢》第四十回:"好生著,好生著,別慌慌張張鬼趕著似的,仔細碰了牙子。"山東臨沂方言至今沿用。

【磕】

> 若是道不得也,且莫亂磕。(卷二十三《汝州葉縣廣教歸省禪師語録》)

① 袁賓、康健:《禅宗大词典》,武漢:崇文書局,2010 年版,第 166 頁。
② 朱駿聲:《説文通訓定聲》,北京:國際文化出版公司,1983 年版,第 918 頁。
③ 陸澹安:《戲曲詞語匯釋》,上海:上海古籍出版社,1981 年版,第 164 頁。
④ 王文虎:《四川方言詞典》,成都,四川人民出版社,1987 年版,第 147 頁。

"磕"，即磕牙。"磕牙"，指説話。"説長道短，閑聊天或談笑戲謔以消磨時光，謂之磕牙……重言之則曰"磕牙料嘴。"① "磕牙料嘴，搬弄是非，耍嘴皮子。《陳母救子》三折：'我可也不和你暢叫揚疾，誰共你磕牙料嘴。'《舉案齊眉》三折：'誰共你甚班輩，自來不相會，走將來磕牙料嘴。'"② 元鄭廷玉《后庭花》第四折："常言道天網恢恢，你則待厮摘離，暗歡喜，對清官磕牙料嘴。"《漢語大字典》未及此義，當補。

【傛𢛯】

> 師云：作麼生是打静一句？僧云："出頭即傛𢛯。"（卷十八《雲門文偃匡真禪師廣録下》）

没禮貌地説話，猶方言"嗰瑟"。嗰瑟必定使人厭惡，觸忤人。由本義"扎刺"引申而來。《廣韻·質韻》："傛𢛯，愛觸忤人也。陟栗切。"字形亦作"剳𢫹""諨諢"。《祖堂集》卷十《長慶和尚》："問：'塞雁銜蘆爲質，祖代憑何爲信？'師云：'莫剳𢫹，與摩則金口絶談揚去也。'"《天聖廣燈録》卷十三《薝上座》："丈云：'有事相借問，得麼？'師云：'幸自非言，何須諨諢。'"《集韻·覺韻》："諨，諨諢，言無倫脊也。"③ "傛𢛯"與"剳𢫹"音近義通。《昭通方言疏證》第 32 條："音扎室。昭人有此語，曰，你傛𢛯了不起，你傛𢛯得很，意猶北語義綽實，即俗所謂了不得，與扎室音同而義别。"④ 宋趙叔向《肯綮録·俚俗字義》："罵人曰'傛𢛯'，音剳窒。"⑤ 北宋睦庵善卿《祖庭事苑》卷七："剳窒，當爲諨諢，言无倫脊也。或作'傛𢛯'，抵牾也。一曰不循理，上竹狹切，下知栗切。"所言甚是。

【懱懼】

> 公案現成谁懱懼，鑒咦崒啄哂傍观。一宿觉来知是误，不言師范更无端。丈夫皆有冲天志，北斗南星背面看。（卷十一《石霜楚圓慈明禪師語録》）

---

① 顧學劼、王學奇：《元曲釋詞》，北京：中國社會科學出版社，1984 年版，第 272 頁。
② 岳國鈞：《元明清文學方言俗語辭典》，貴陽：貴州人民出版社，1998 年版，第 1548 頁。
③ 《漢語大字典》，第 4019 頁。
④ 姜亮夫著，蔣昆武校：《昭通方言疏證》，上海：上海古籍出版社，1988 年版，第 15 頁。
⑤ ［宋］趙叔向：《肯綮録》，濟南：齊魯書社，1995 年版，第 2 頁。

"懡㦬"乃"囉嗦""磨嘰"義。《漢語大詞典》未收,《禪宗大詞典》釋爲:"慚愧,狼狽。"雷漢卿《禪籍方俗詞研究》釋"懡懡㦬㦬"爲羞慚貌。但是以下几例"懡㦬"釋作"羞愧"欠允當。《竺仙和尚語録》:"舉拂子云:'元來只是者個,是你諸人,不得懡㦬好。'"《普庵印肅禪師語録》卷二:"忽然解悟方擔荷,報參玄,休懡㦬。"《傳衣石溪佛海禪師雜録》:"直下承當休懡㦬,側聽白雲重點破。"此皆言"不要囉嗦",山東臨沂方言稱人囉嗦、磨嘰爲"懡㦬"。

又"蕭條"義。清吳之振《宋詩鈔》卷七十四:"人烟懡㦬不成村,溪水微茫劣半分。"文昭《紫幢軒詩集》東屯集:"郊原曉日嫩晴初,懡㦬人烟望總疏。"朱次琦《朱九江先生集》卷三:"土風閟荏苒,人烟增懡㦬。高立萬松岡,長嘯山月墮。"

【秋杵】

> 上堂云:"晚看千家户不扃,時聽秋杵一聲聲。"(卷九《石門山慈照禪師鳳岩集》)

本義爲搗衣,婦女洗衣時以杵或砧擊衣,凄冷的砧杵声称为"秋杵""寒砧""夜砧"。《漢語大詞典》未收。《古尊宿語録》卷二十五《筠州大愚守芝和尚語録》:"明月照幽谷,寒濤助夜砧。"借凄凉的搗衣聲以表達征人離婦、遠別故鄉的惆悵離別情緒。南朝謝惠連《搗衣》詩:"欄高砧響發,楹長杵聲哀。"明程敏政《新安文獻志》卷五十三:"野碓鳴秋杵,風簹響夜筝。""秋杵"與"夜筝"相對舉。吳本泰《西征集》:"雨夾山雷秋杵鳴,風梭院柳夜禽清。"清丁紹儀《聽秋聲館詞話》卷八《憶秦娥》:"愁如縷,誰家落日敲秋杵。敲秋杵,淡烟衰柳,故人何處。"龔鼎孳《定山堂詩集》卷三十八:"秋杵青燈月似霜,看人簫皷過風檣。"《全清詞·順康卷》第十四册《前調》:"梧桐外、誰鳴秋杵。獨自倚雕欄,静聽風筝語。"①《齊天樂·丙戌中秋送別嫦娥》:"一曲春江,千年秋杵,聽却教人酸楚。"②

---

① 南京大學中國語言文學系《全清詞》編纂研究室編:《全清詞》,北京:中華書局,2002年版,第7906頁。
② 王蟄堪:《二十世紀詩詞文獻匯編·詞部》,成都:巴蜀書社,2009年版,第339頁。

【貼稱】

上堂云："賤賣擔板漢，貼稱麻三斤。百千年滯貨，何處著渾身。"（卷二十二《黃梅東山法演和尚語録》）

"貼稱"，猶今"配稱""添稱"。交易中賣方予以優惠，搭添一些其他物品。"貼稱"的方式很多，如免費送一些其他物件，或者添加一些所賣物品的次品等。《杭俗遺風》"厨司"條："今之厨司已可隨意自用，既無買定主顧，亦不必另貼稱錢。"[①]《禪宗大詞典》認爲"貼稱"是交易中賣方適當降低價錢以補貼買方[②]，這只是貼稱的方式之一。《漢語大詞典》未收，黨補。

【帖榜】

問："如何是大人相?"師云："肚上不帖榜。"（卷三十《舒州龍門清遠佛眼和尚語録》）

"帖榜"，張貼牌榜，猶今貼標籤。《玉篇·片部》："牓，普朗切，牌也。牌，扶佳切，牌牓。"唐白居易《失婢》："宅院小牆庫，坊門帖榜遲。"宋黃震《黃氏日鈔》卷七十九《義役差役榜》："官員能行勸募，尤爲無窮之利，並與帖榜。"《景德傳燈録》卷二十三《隋州龍居山智門寺守欽圓照大師》："問：'如何是和尚家風?'師曰：'額上不帖牓。'"

【捯轉】

師拈起蒸餅云："我也無可到你淮南人，也無可到你京兆人。"二僧無對。師遂拈蒸餅捯轉云："我惜你作麽生?"又無對。（卷十八《雲門文偃匡真禪師廣録下》）

方言詞，扭轉，《集韻·薛韻》："捯，捩也。"《正字通·手部》："韓愈《送窮文》：'捩手翻羹'，與攦捯義同。"《漢語方言大詞典》："扭轉。吳語。上海嘉定。1930年《嘉定縣續志》：'《廣雅·釋訓》云：軫輕轉戾也，一作捯。'《雞肋編》：'婦人笑而回以手捧兒面捯之。'"[③] 北方方言稱

---

① ［清］范祖述，洪如嵩補輯：《杭俗遺風》，上海：上海文藝出版社，1989年版，第87頁。

② 袁賓、康健：《禪宗大詞典》，武漢：崇文書局，2010年版，第410頁。

③ 許寶華、［日］宮田一郎：《漢語方言大詞典》，北京：中華書局，1998年版，第3999頁。

"與人撕扯扭打"爲"捌",如"捌架"（打架）、"捌人"（與人厮打）。

【磨茶】

> 又似磨茶漢子，從早至夜，團欒旋轉，極是好笑。（卷三十二《舒州龍門清遠佛眼和尚普説語録》）

碾磨茶。明代以前飲餅茶，飲時必須把茶弄散，磨成末。宋蘇軾《欒城集·回寄聖壽聰者》："睡待磨茶長輾轉，病蒙煎藥久遲留。"元忽思慧《飲膳正要》卷二《玉磨茶》："上等紫筍五十斤，篩筒净，蘇門炒米五十斤，篩筒净，一同拌和匀入玉磨内磨之成茶。"① 據木霽弘、胡波考證，磨茶始於宋代，在臼和碾的基礎上創造了茶磨。② 《中國茶事大典》："'磨茶'指用茶磨將茶碾磨成茶末，方可煎点、饮用。唐代煎茶及宋代点茶、分茶、斗茶，均须经碾磨这道程序。"③ 《漢語大詞典》收録"煎茶""烹茶"，未收録"磨茶"，當補。

【敧枕】

> 竹齋敧枕病方回，春餤梅花忽寄來。（卷四十一《雲峰文悦禪師初住翠岩語録》）

斜枕側卧。"敧"，斜。雷漢卿《近代方俗詞叢考》"側側兒"條認爲："'側'猶'敧'，'敧'意思是歪斜、傾斜。"④ "敧枕"即斜著枕頭側卧，猶言未平躺。宋柳永《夢還京》："夜來匆匆飲散，敧枕背燈睡。"元歐陽玄《京城雜用》："却憶江南春睡美，小樓敧枕聽村春。"清百一居士《壺天録》卷下："愆而入室，敧枕獨眠，忽耳畔有聲私語者。"曹寅《感寓》："殘雨倦敧枕，病中時序分。"《唐宋詞常用詞辭典》："唐宋詞中也有顛倒詞序而在枕字下面加一屬詞的，如歐陽炯《三字令》：'香爐落，枕函敧。'范仲淹《御街行》：'殘燈明滅枕頭敧，諳盡孤眠滋味。'枕函敧、枕頭敧其實就是敧枕的意思。"⑤ 《中華古典詩詞辭典》"湘竹最宜敧"條："謂用

---

① ［元］忽思慧著，劉玉書點校：《飲膳正要》，北京：中國中醫藥出版社，2009 年版，第 38 頁。

② 木霽弘、胡波：《普洱茶文化辭典》，北京：機械工業出版社，2006 年版，第 192 頁。

③ 徐海榮：《中國茶事大典》，北京：華夏出版社，2000 年版，第 262 頁。

④ 雷漢卿：《近代方俗詞叢考》，成都：巴蜀書社，2006 年版，第 23 頁。

⑤ 温广义：《唐宋詞常用詞辭典》，呼和浩特：内蒙古人民出版社，1988 年版，第 414 頁。

湘竹製成竹枕，最宜夏天倚欹。"①《漢語大詞典》未收，當補。

【點眼】

　　師云："點眼知人意，看取令行時。"（卷二十四《潭州神鼎山第一代洪諲禪師語録》）

　　擺弄動作，故意惹人注意。《五燈會元》卷七《福州玄沙師備宗一禪師》："有一般坐繩床和尚，稱著知識，問著便搖身動手，點眼，吐舌，瞪視。"《漢語方言大詞典》："故意做引人注意的事，北京官話。'在哪兒不能哭，偏上人多的地方來點眼。'《紅樓夢》第十九回：'你要哭，外頭有多少哭不得，又跑這裏來點眼。'"②《小説詞語匯釋》："點眼，做惹人注意的動作。"③《元明清文學方言俗語辭典》："點眼，招引別人注意。"④ 任連明《〈五燈會元〉文獻語言研究》釋爲點睛，謂畫龍點睛之義⑤，但放之我們所討論例句，於文意不契。《漢語大詞典》釋爲"哭、落泪"，未確，當補正。

【曬眼】

　　師云："風鳴雨息。"進云："如何是靈樹枝條？"師云："曬眼皮草。"（卷十五《雲門文偃匡真禪師廣録上》）

　　"曬眼"乃曬義，同義複合詞。《廣韻·宕韻》："曬，暴也。"《集韻·宕韻》："眼，暴也。"元王禎《農書》卷九："曬荔法，採下即用竹籬眼曬。"明曹學佺《蜀中廣記》卷八十六："今年雨水多，各宜頻曬眼。"清羅用霖《重修昭覺寺志》卷五《藝文》："扱其殘篇，大半蘚蝕被蟫魚之所咂啖，就日曬眼，編其字號。"《昭通方言疏證》第281條："眼，俗稱曝物曰曬晾。應作此字。音浪，即晾之別字。"⑥《漢語大詞典》未收。

① 宋協周、郭榮光：《中華古典詩詞辭典》，濟南：山東文藝出版社，1991年版，第839頁。

② 許寶華、［日］宮田一郎：《漢語方言大詞典》，北京：中華書局，1999年版，第4058頁。

③ 陸澹安：《小説詞語匯釋》，上海：上海古籍出版社，1964年版，第814頁。

④ 岳國鈞：《元明清文學方言俗語辭典》，貴陽：貴州人民出版社，1998年版，第1060頁。

⑤ 任連明：《〈五燈會元〉文獻語言研究》，四川大學博士學位論文，2014年，第260頁。

⑥ 姜亮夫著，姜昆武校：《昭通方言疏證》，上海：上海古籍出版社，1988年版，第111頁。

【害】

咬著帝釋鼻孔，帝釋害痛。（卷十六《雲門文偃匡真禪師廣録中》）

"害"，方言詞，遭受義。《漢語方言大詞典》"害冷"條："冀魯官話、膠遼官話、中原官話：發冷。'害飢困'，肚子餓。"[1]《山東省莒南縣地方史志》："害餓、害渴，餓了，渴了……害的組合能力較强，可以帶表示身體感覺的詞語，如：害肚子疼、害頭疼、害熱、害冷等，身體某部位疼痛皆可以説害……疼。"[2]《青州民間文化系列（六）·青州民歌》："喝了俺那鯉魚湯，那時也無妨，我有一根小魚刺紮在你的嗓子上，不叫你害疼哎，光叫你害癢癢哎。"[3] "害"的遭受義來源於近代漢語。《西遊記》第五十八回："你一個幫住一個，我暗念緊箍兒咒，看那個害疼的便是真，不疼的便是假。"《金瓶梅詞話》第三十二回："狄賓梁夫婦空只替他害疼，他本人甘心忍受。"《醒世姻緣傳》第四十五回："狄周媳婦問説：'醒了怎麽樣著？他説害疼來没？'"《漢語大字典》未收此義項，當補。《漢語大詞典》釋爲得病，當詳補。

【使煞】

師云："橫擔拄杖登霄漢，使煞農夫煮粥人。"（卷八《汝州首山省念和尚語録》）

"使煞"，累死、累壞。"使"在方言中具有"累"義。《金瓶梅詞話》第一回："使的這漢子，口里兒自氣喘不息。"《醒世姻緣傳》第五十四回："有活我情愿自己做，使得慌，不使得慌，你別要管我。"《漢語方言大詞典》"使"條："形容詞，勞累，累；疲勞。冀魯官話。山東壽光：'幹了一天的活，使得飯也不想吃。'山東：'幹了一天的活，真使得慌。'"[4]《濟南老民謡集錦》："'不怕天熱使得慌。'注解：'使得慌，指累得慌，非

① 許寶華、［日］宮田一郎：《漢語方言大詞典》，北京：中華書局，1999 年版，第 5146 頁。

② 山東省莒南縣地方史志編纂委員會：《山東省莒南縣地方史志》，濟南：齊魯書社，1998 年版，第 84 頁。

③ 崔照忠：《青州民間文化系列（六）》，青島：青島出版社，2010 年版，第 178 頁。

④ 許寶華、［日］宮田一郎：《漢語方言大詞典》，北京：中華書局，1999 年版，第 3430 頁。

常勞累。'"① 又："使煞了，乏煞了。注解：'使煞，指非常的疲勞。'"②
《淄博鄉音鄉俗》："有時所謂病了，實際是由於過於勞累所致，説使著了、
瘦氣，累得難受説使得慌。"③《齊魯文化大辭典》："歷城方言'使得慌，
很累。'"④《中國民間小戲選》："'使煞我來累煞我，使煞累煞爲閨女。'
注：'使煞我，即累煞我，如幹活累得慌也叫使得慌。'"⑤《俗説濟南話》：
"打罷一頓又一頓，使的老身没了法。（住下）（白）哎呀，可使煞我咧，
光給這個賤人治氣啦，忘了燒午時香啦。"⑥《臨清民諺民謡》："掌櫃的叫
我去耙地，我把兩個大牛給使煞。掌櫃的叫我去耪地，我把苗耪了草留
下。"⑦《漢語大字典》《漢語大詞典》均未及此義，當補。

【擺捎】

> 問："寶劍未出匣時如何？"師云："大洋海底澄心鏡。"僧云：
> "出匣後如何？"師云："天外吒沙獨擺捎。"（卷八《汝州首山省念和
> 尚語録》）

"擺捎"，同義複合詞，搖動。《正字通·手部》："擺，持而搖振之
也。"《廣韻·宵韻》："捎，搖捎，動也。"《廣雅·釋詁一》："捎，動也。"
唐慧琳《一切經音義》卷六十四"掉捎"："徒吊反，'掉'，搖也、振也。
下所交反，'捎'，動也。"山東方言稱"擺弄"爲"捎擺"。《漢語大詞典》
未收，當補。

【罪不重科】

> 上堂問："承古有言，十五日已前用鈎，十五日已後用錐。即今
> 十五日，和尚用什麽？"師云："這一條拄杖，是清化主舍。"云："和
> 尚莫盲枷瞎棒。"師云："罪不重科。"（卷九《石門山慈照禪師鳳岩
> 集》）

俗語，義爲罪責不會再加等，指舊日官府判錯了案也不會承認錯誤，

---

① 董文斌：《濟南老民謡集錦》，濟南：濟南出版社，2013 年版，第 17 頁。
② 董文斌：《濟南老民謡集錦》，濟南：濟南出版社，2013 年版，第 230 頁。
③ 于中：《淄博鄉音鄉俗》，香港：香港華夏文化出版社，2002 年版，第 136 頁。
④ 車吉心：《齊魯文化大辭典》，濟南：山東教育出版社，1989 年版，第 919 頁。
⑤ 張紫晨：《中國民間小戲選》，杭州：浙江教育出版社，1982 年版，第 67 頁。
⑥ 董文斌：《俗説濟南話》，濟南：濟南出版社，2013 年版，第 196 頁。
⑦ 臨清市文化局編：《臨清民諺民謡》，内部資料，1989 年版，第 175 頁。

不會再重新審判案件加罪。"科",等級。《廣雅·釋言》:"科,品也。"《俗語典》引《古今譚概》:"戴袁節推酒令引俗語云:'官無悔筆,罪不重科',這'官无悔笔,罪不重科'就是今天的'有错拿的,没错放的。'"①《元明清文學方言俗語辭典》:"'官無悔筆,罪不重科'指官府案要慎重,一旦寫下就不能更改。"②《漢語大詞典》未收,當補。

【合煞】

> 日頭恰正午,笑破土地口。是你不問話,山僧没合煞。(卷二十三《汝州葉縣廣教歸省禪師語録》)

"合煞",合上、閉上。《河北方言詞匯編》"閉住嘴"條:"合住嘴(邯:雞),合煞嘴(石:棗)(天:橋)。"③《莒縣方言志》:"合煞嘴(閉嘴)。"④ 亦可説"合煞眼"。《聊齋俚曲集·寒森集》第四回:"才合煞眼,忽見三官進來,相公便拉著哭。"⑤《一個黃昏》:"我的眼一夜没合煞。"⑥《莒縣方言志》:"閉嘴,閉煞嘴、合煞嘴。"⑦ 又"結束、歸結"義。《古尊宿語録》卷四十三《寶峰雲庵真净禪師住金陵報寧語録》:"上堂:'臘月二十八,一年將合煞。'"明顧起元《客座語·方言》:"南都方言事之有隙曰'窟寵'。其有歸著曰'撻煞',曰'合煞',曰'與結'。"⑧ 日本無著道忠《葛藤語箋》云:"合殺,舞曲將終之名,而今無合殺首尾失度之曲,乃比大悟端的也。"⑨

第三節 《古尊宿語録》禪林行業詞研究

每個社團都會産生用於内部交際的行業詞,禪宗社團也不例外。禪林

---

① 馬國凡、馬淑駿:《俗語典》,呼和浩特:内蒙古人民出版社,1997年版,第100頁。
② 岳國鈞:《元明清文學方言俗語辭典》,貴陽:貴州人民出版社,1998年版,第1002頁。
③ 李行健:《河北方言詞匯編》,北京:商務印書館,1995年版,第586頁。
④ 石明遠:《莒縣方言志》,北京:語文出版社,1995年版,第182頁。
⑤ 蒲先明整理、鄒宗良校注:《聊齋俚曲集》,北京:國際文化出版公司,1999年版,第303頁。
⑥ 臧克家:《今昔吟》,濟南:山東人民出版社,1979年版,第145頁。
⑦ 石明遠:《莒縣方言志》,北京:語文出版社,1995年版,第182頁。
⑧ 岳國鈞:《元明清文學方言俗語辭典》,貴陽:貴州人民出版社,1998年版,第647頁。
⑨ [日]無著道忠:《葛藤語箋》,京都:日本花園大學禪文化研究所,1992年版,第68頁。

行業詞是禪宗内部使用的專門詞語，也可以稱爲禪林行話。關於禪林行話的定義、形成原因及方式，周裕鍇、于谷、雷漢卿等前輩學者已多有論述，可詳參。此不贅述。

作爲内部行業語言，禪宗除了自創一部分禪林術語外，還沿用了一部分佛教及世俗文獻詞語使其沾染禪意。此外，在"不立文字"語言觀的背景下，禪宗始終處於説"不可説"的矛盾中，因此其語言往往言在此而意在彼，這就出現了大量具有雙重意義的詞語。

一、禪林行業詞的來源

作爲一個社團，禪宗具有完整的僧職制度。隨著禪宗語言全面本土化的展開及禪宗自證自悟的宗教實踐，禪林宗門形成了一套自己的農禪話語系統。這些名物稱謂詞及修禪作務的禪事術語詞大多是禪宗内部自創的。

（一）禪林内部自創詞

1. 稱謂詞

僧職稱謂如頭首、知事、住持、板頭、園頭、飯頭、火頭、柴頭、菜頭、磨頭、堂頭、監寺、僧正等，還有一些特殊的稱謂。褒義的稱謂有善知識（境界很高的禪師）、道流（參禪者）、作家（傑出的禪師）、禪和子（禪僧）、禪和家（禪僧）、白拈賊等，貶義的稱謂尤其豐富，如擔板漢、鈍根、皮袋、漆桶等，前輩学者已多有论述，恕不一一列举。

【耆年】

> 師云："僧排夏臘，俗列耆年。"（卷二十三《汝州葉縣廣教歸省禪師語録》）

俗人的年歲。僧人出家的年數爲夏臘，常人稱年齡爲耆年，或曰春秋。南北朝迦葉摩騰《大智度論》卷二十二："亦不以威德，又不以耆年。"《宋高僧傳》卷十六："大中七年，宣宗幸莊嚴寺禮佛，牙登大塔，宣問耆年乃賜紫衣。""問耆年"即問年齡。北宋睦庵善卿《祖庭事苑》卷六："渠伊切，老也。一曰至也，至於老鏡。又云指也，謂指事於人不自執役也。"皆於義無取。《禪宗大詞典》未收，《漢語大詞典》缺"年齡"義，當補。

【三門頭】

　　佛殿裏裝香，三門頭合掌。（卷六《睦州道踪和尚語録》）

　"三門頭"義即"三門"，指寺院的大門。《佛祖歷代通載》："佛殿如太極殿。三門如端門。"《釋氏要覽·住處》："凡寺院有開三門者，只有一門亦呼三門者，何也?"《漢語大詞典》及《禪宗大詞典》均未收録。

【墜腰石】

　　問："六祖不識字，爲什麽墜腰石上題云'龍朔二年老盧記'?"（卷三十四《舒州龍門清遠佛眼和尚語録》）

　語出慧能禪師負石春糠的故事，即把石頭墜在腰間春米。《六祖壇經》："祖潛至碓坊，見能腰石春米。"《丁福保大德文匯》："六祖慧能，本姓羅。後投五祖忍大師於黃梅，嘗腰石春米，故云負春居士。"①《黃梅槽廠東禪海潮音禪師》："李太守到寺，茶次問：'六祖於此春米得法，有墜腰石一塊，在麽?'"《漢語大詞典》及《禪宗大詞典》均未收録。

【折脚鐺】

　　道雖光明，形則山野，提折脚鐺，住深蘭若。（卷三十《舒州龍門清遠佛眼和尚語録》）

　斷了脚的三角鐺子。"鐺"即鍋。《玉函山房輯佚書·通俗文》："鬴有足曰鐺。"宋蘇軾《送柳宜歸》："折角鐺邊煨淡粥，曲折桑下飲離杯。"禪宗僧侶生活簡樸，三角鐺是基本的器具。《汾陽無德禪師頌古代別》卷中："折脚鐺子常拈掇，各携一耳臂交加。"《圓悟佛果禪師語録》卷十四："向深山茆茨石室，折脚鐺子煮飯喫十年二十年。大忘人世，永謝塵寰。"《大慧普覺禪師住江西雲門庵語録》卷七："但將飯向無心碗，自有人提折脚鐺。"清王船山《歌行》："折角鐺中水不腐，煮爛煩彌將芥補。""折脚鐺，斷脚鍋。"②《漢語大詞典》及《禪宗大詞典》皆未收録。

【蓮花社】

　　詩句清新已出塵，西來祖道更能親。雖然頭戴烏紗帽，心是蓮花

---

① 丁福保：《丁福保大德文匯》，北京：華夏出版社，2012年版，第37頁。
② 朱迪光：《王船山先生詩稿校注》，湘潭：湘潭大學出版社，2012年版，第272頁。

社裏人。（卷四十五《寶峰雲庵真净禪師偈頌》）

寺院的雅稱。因寺院裏净池多種白蓮，一些文人在寺院結社念佛，願求蓮邦之社團，故稱"蓮花社"。宋釋道潜《參寥子集》卷六《次韻元翁見寄》："何時却入蓮花社，軟語重焚栢子香。"黄庭堅《東林寺二首》："白蓮種山净無塵，千古風流社裏人。禪律定知誰束縛，過溪詁酒見天真。"

【丹竈】

丹竈懶添火，雲庵懶著關。别應修有術，七十見朱顔。（卷四十五《寶峰雲庵真净禪師偈頌》）

寺院裏陳設煉丹的火爐。本是道教修煉成仙煉丹的爐子，禪院用來生火或作他用。如《虚堂和尚語録》卷七："海上多幽迹，尋碑始得名。仙成丹竈冷，霞暖地花生。"《雜毒海》卷四："岩下寒泉曲有聲，洞中丹竈紫霞生。現成門户入不得，白日茫茫把火行。"《南岳總勝集》卷中《上清宫》："紫蓋雲密二峰，皆高五千餘丈而雲密。有禹治水碑，皆蝌蚪之字。碑下有石壇，流水縈之，最爲勝絶。而紫蓋常有鶴集其頂，而神芝靈草生焉。下有石室，有香鑪、杵、臼、丹竈。祝融峰上有碧玉壇，方五尺。"

2. 禪事禪理詞

【賮錢】

問僧："甚處來？"僧云："赴齋來。"師云："將賮錢來。"（卷十八《雲門文偃匡真禪師廣録下》）

僧徒參加法事，齋家所施的錢或財物。《玉篇·貝部》："賮，音櫬，賮錢。"《字彙·貝部》："賮，供齋下賮禮。"唐慧琳《一切經音義》卷九十："《文字集略》云：'賮，施也。或從口作噡。'"《正字通·貝部》："賮，《舊注》：'音櫬，供齋下賮禮。'《玉篇》：'賮錢。'按：梵書作噡，通作櫬，詳口部噡。"寒山子《寒山詩》第一百五十九首："封疏請名僧，賮錢兩三樣。"唐釋道世《法苑珠林》卷一百一："受法竟，賮錢一萬，蜜二器，辭别而去。"清翟灝《通俗編》卷二十三"儭錢"條："《齊書張融傳》：'殷淑妃薨，建齋灌佛，僚佐儭者，多至一萬，融獨注儭百錢。'按：

作佛事者，給僧直曰儭，而前人用字各不同。"①《漢語大詞典》及《禪宗大詞典》均未收録。

【裝腰】

> 師到徑山，裝腰上法堂見徑山。徑山方舉頭，師便喝。徑山擬開口，師拂袖便行。（卷五《臨濟義玄慧照禪師語録之餘》）

"裝腰"乃在腰間裝束行李包裹。有异文，如《曇芳和尚杭州路徑山興聖萬壽禪寺語録》："濟到逕山，裝腰包，直上法堂。徑山纔舉頭，濟便喝。山擬開口，濟拂袖便行。""裝腰"即"裝腰包"。腰包則是行李包裹。元釋德輝《敕修百丈清規》卷三："古人腰包頂笠，到山門首下笠，入門炷香，有法語。就僧堂前解包。屏處濯足。取衣披搭，入堂炷香，聖僧前大展三拜，參隨人同拜。"又卷五"裝包"條："古者戴笠，笠内安經文茶具之類。衣被束前後包。插裀部筒戒刀。今則頂包裝包之法，用青布袱二條。先以一條收拾衣被之屬，仍用油單裹於外，復用一條重包於外，四角結定用小鎖鎖之。仍繫包鈎於上，度牒有袋懸胸前。袈裟以帕子縛定，入腰包繫於前。下裳鞋襪有袋繫於後。右手携主杖。途中雲水相逢，彼此叉手朝揖而過。如遊山到處將及門，下包捧入且過。安歇處解包取鞋襪，濯足更衣，搭袈裟與知客相看。"

《禪林重刻寶訓筆説》卷下："凡所到處放下腰包，便來扣請師家。""放下腰包"即放下包裹。王勇指出"腰包""裏肚""盤囊""纏袋"諸詞的理據均與古人將錢物盛入囊袋中繫於腰間的習俗有關②，但是原文的"裝腰"是宗門語，不是裝錢物，而是專門裝衣物。《漢語大詞典》及《禪宗大詞典》均未收，當補。

【打躬】

> 師驀起打躬叉手。（卷十三《趙州從諗真際禪師語録並行狀卷上》）

"打躬"即曲躬，乃僧禮。作揖打躬本是世俗常人禮節。如明郭應聘《郭襄靖公遺集》卷十五："往來拜訪，登輿乘馬時，賓主一揖爲別，及升階入門各止，舉手不必打躬。"施沛《南京都察院志》卷二十六《儀注陞

---

① 陳志明編校：《通俗編》，北京：東方出版社，2013年版，第429頁。
② 王勇：《近代漢語方俗詞理據研究》，四川大學博士學位論文，2015年，第164頁。

堂常儀》："本院事簡每遇一三五八日辰時進院，二門內下轎，行至月臺中，三司官於東西兩廊下站立打躬，兩堂舉手。有雨，至中堂下轎，三司官免打躬。"后專用於禪門僧禮。《海鹽靈祐曹水源禪師》："晚參，厨庫對僧堂打躬，佛殿與山門鬥額。"

【因脚】

上堂，舉龍牙云："天下名山到因脚，年深辛苦與轆著。而今老大不能行，手裏把柄破木杓。白雲即不然，脚也不能著草鞋，手亦不能把木杓。"（卷二十一《舒州白雲山海會演和尚語録》）

"因脚"即行脚，《漢語大詞典》及其他辭書均未收録。僧侣爲求法巡遊四方稱"行脚"，亦名"因脚"。原文"天下名山到因脚"猶言"天下名山苦行脚"。

"因脚"，徒步到處行走，非常辛苦，故有下文的"年深辛苦與轆著"。又《宗鑒法林》卷六十三："天下名山在雙脚，辛苦窮途無襪著。而今思憶轉傷神，手裏空空無木杓。""天下名山在雙脚"猶言"用雙脚行走天下名山"。《五燈全書》卷七十三《潭州龍牙雲曳住禪師》："雖然養家一般，要且道路各別。到遍名山不動脚，遠近高低步步著。"此處"不動脚"即言没有行走，是反語，既然没行走，遠近高低又步步踏著，這正是禪宗"反常合道"的語言表達方式。

【兩道行纏】

問："如何是會佛法底人？"師云："兩道行纏。"（卷三十八《襄州洞山第二代守初禪師語録》）

"行纏"，裹脚布。"兩道行纏"指纏繞兩層裹脚布。因行脚非常辛苦，僧侣們用皮或布把脚纏起來以防磨破，故曰"行纏"。《阿吒薄俱元帥大將上佛陀羅尼經修行法儀軌》卷中："象頭皮作行纏，脚著履蹈二藥叉。"《大慧普覺禪師宗門武庫》："舜一日上堂云：'黄昏後脱襪打睡，晨朝起來旋打行纏。'"《四分律行事鈔資持記》下一："褌謂短袴，行縢即行纏。"唐慧琳《一切經音義》卷五十九"行縢"條："徒登反。《禮記》注云：'幅，行縢也。江南廝役者有此物，亦謂之行纏。'《釋名》云：'以裹脚可跳騰輕便也。'"原文師用"兩道行纏"回答學人"如何是會佛法底人"，意謂要勤苦遊方，積累廣博的佛學知識方能會佛法。

【赴齋】

師來日又同普化赴齋。問："今日供養何似昨日？"普化依前踏倒飯床。（卷四《鎮州臨濟慧照禪師語録》）

"赴齋"，即僧人外出參加供養主所設的素齋。《筠州洞山悟本禪師語録》："雲居結庵於三峰，經日不赴堂。師問：'子近日何不赴齋？'居云：'每日自有天神送供。'"《法演禪師語録》卷中："臻便出門首，見一青衣童鞠躬云：'東海龍王請伴諸羅漢齋。'臻遂往赴齋，迴得數顆如意珠。"《漢語大詞典》及《禪宗大詞典》均未收録。

【門户】

僧云："如何是賓中主？"師云："莫謾窺門户。"（卷二十六《舒州法華山全舉和尚語要》）

"門户"即門第。本指世俗門庭，禪林借指禪林宗門。漢劉向《説苑》卷二十："天子祭天地、五嶽、四瀆，諸侯祭社稷，大夫祭五祀，士祭門户，庶人祭其先祖。"揚雄《揚子雲集》卷二："恢其門户以御寇虜。測曰：'恢其門户，大經營也。'"《中華親屬辭典》："門户，即門弟，家門。《三國志・蜀書・張裔傳》：'恭之子息長人，爲之娶婦，買田室産業，仗立門户。'"① 清翟灝《通俗編》卷二十四"門户"條："《魏書・曹爽傳》注：'桓范謂曹羲曰：於今日卿等門户倒矣。'《晉書・王敦傳》：'我兄老婢耳，門户衰矣。'《周覬母李氏傳》：'我曲節爲汝家作妾，門户計耳。'《南史・孝義傳》：'孫棘妻寄語，屬棘君當門户，豈可委罪小郎。'古詩：'健婦持門户，亦勝一丈夫。'杜詩：'鼎食分門户，詞場寄國風。'《唐書・宰相世系表》：'有爵爲卿大夫，世世不絶，謂之門户。'"② 《汾陽無德禪師歌頌》卷下："受人天之瞻敬，承釋梵之恭勤。忖德業量來處，將何報答爲門户。"《漢語大詞典》未收，《禪宗大詞典》收"門庭"未收"門户"。

【朱點窄】

臨濟云："三要印開朱點窄，未容擬議主賓分。"（卷七《汝州南

---

① 劉超班：《中華親屬辭典》，長沙：武漢出版社，1991 年版，第 119 頁。
② 陳志明：《通俗編》，北京：東方出版社，2013 年版，第 443 頁。

院慧顒禪師語要》）

"朱點窄"即悟性低。朱點，本義指公文中用朱筆點過的文字，是公文中的關鍵部分。清李漁《十二樓》卷二《奪錦樓》："逐個細看一番，把硃點做了記號。高低輕重之間就有尊卑前後之別。"禪宗喻指印證學人悟性高低。原文句意爲主客相見便有言論往來，用三玄三要來印證，悟性低的學人很容易就被識破。在禪機對接中，誰是主誰是客，是"客看主"（學人落機鋒）、"主看主"（學人跟禪師相當）還是"客看客"（禪師水平與學人相當）便很容易區分開來。《漢語大詞典》釋爲"校讀書記等時用朱筆圈點"，似猶可補。《禪宗大詞典》未收。

【龍門客】

　　不是龍門客，切忌遭點額。那個是龍門客，一齊點下。（卷十《汾陽善昭禪師語録》）

本義爲高門上客，禪宗喻指達到禪悟境界的禪僧。語出鯉魚跳龍門的故事。南北朝酈道元《水經注》卷四："《爾雅》曰：'鱣鮪也，出鞏穴，三月則上渡龍門，得渡爲龍矣，否則點額而還。'"原文句意爲："如果還沒有達到禪悟的境界，切不可到禪師這裏來印證。"《佛果圜悟禪師碧巖録》卷六："清凉疏序云：'積行菩薩，尚乃曝腮於龍門。大意明華嚴境界，非小德小智之所造詣。獨如魚過龍門，透不過者，點額而回。困於死水沙磧中，曝其腮也。'雪竇意道：'既點額而回，必喪膽亡魂拈了也。'"《汾陽無德禪師語録》卷上："如今還有人入得門麼？快須入取，免得辜負平生。不是龍門客，切忌遭點額。那個是龍門客，一齊點下。"《禪宗大詞典》未收。

（二）來自方言口語詞

禪林行業詞中，有一部分語詞来自方言俗語，禪僧們用來喻指禪理或表達禪意。

【水牯牛】

　　師云："水牯牛安樂麼？"僧云："及時水草。"［卷八《汝州首山（省）念和尚語録》］

本指公水牛，江淮官話、湘語、贛語。禪宗用以指自心自性，心性自由。如《金剛經注解》卷四："養就家欄水牯牛，自歸自去有來由。"

【定盤星】

> 徒云："臨行一句，請師指示。"師云："莫錯認定盤星。"（卷八）

本指稱的起點，西南官話、吳語、湘語。唐樞《蜀籟》卷四："錯認定盤星。"禪宗喻指禪旨本源。

【拔本】

> 大眾，山僧被他一句，直得無言可對，無理可伸。還有人爲山僧道得麼？昨日那裏落節，今日者裏拔本。（卷二十《舒州白雲山海會法演和尚初住四面山語録》）

本義爲撈回本錢，翻本。《四川方言詞源》："扳本兒，翻本。禪宗文獻這個意思作'拔本'。"① 日本無著道忠《葛藤語箋》："拔本，用商賈語落節，失利也。拔本，拔得財本也。"② 禪宗喻爲言語上占先機，斗機鋒中反敗爲勝。《笑隱訢禪師語録》卷二："達磨祖師忌，拈香：'八百年前，向者裏落節，却贏得一著。八百年後，向者裏拔本，却輸了一著。'"此例中，"落節，却贏得一著。拔本，却輸了一著"，正是禪宗反語的表達。《漢語大詞典》釋爲"逐步拔回本錢"，書證爲清平步青《霞外攟屑·時事》，時代較晚，可提前。

【瞞昧】

> 師云："夫上代諸德，莫非求實，不自瞞昧。"［卷三十五《大隨開山（法真）神照禪師語録》］

"瞞昧"，冀魯官話。《漢語方言大詞典》："隱瞞，閩語。"元關漢卿《五侯宴》第四折："他身單寒腹內飢，他哭啼啼擔著水，你將來瞞昧者。"

【刻剥】

> 山僧病多諳藥性，年老變成精。不是刻剥古人，免見互相埋没。（卷二十八《舒州龍門清遠佛眼和尚語録》）

"刻剥"，貶低。《漢語方言大詞典》："刻剥，閩語。比喻剥削或搜

---

① 蔣宗福：《四川方言詞源》，成都：巴蜀書社，2014 年版，第 10 頁。
② ［日］無著道忠：《葛藤語箋》，京都：日本花園大學禪文化研究所，1992 年版，第 53 頁。

刮。"引申爲苛刻地貶低。《禪林寶訓》卷一："遠公曰：'住持之要莫先審取捨。取捨之極定於内，安危之萌定於外矣。然安非一日之安，危非一日之危，皆從積漸不可不察。以道德住持積道德，以禮義住持積禮義，以刻剝住持積怨恨，怨恨積則中外離背。禮義積則中外和悦，道德積則中外感服，是故道德禮義洽則中外樂，刻剝怨恨極則中外哀。""刻剝住持積怨恨"，即言語上貶低別人則生怨恨之心。《禪林寶訓音義》："刻剝，削害於人也。"

　　　師浴出，僧問："三身中那身澡洗?"（卷九《石門山慈照禪師鳳岩集》）

"澡洗"，即洗澡。現代漢語祇用"洗澡"一詞，而"澡洗"僅存於方言中。《漢語方言大詞典》："澡洗，洗澡。冀魯官話。"

【潑狼潑賴】

　　　上堂云："日可冷，月可熱。眾魔不能壞真説。大眾，作麼生是真説？潑狼潑賴，若信不及，白雲爲你道。"（卷二十《舒州白雲山海會法演和尚初住四面山語録》）

俗語，指狼狽、破落之人。禪宗喻指不明禪意、濫竽充數之人。《漢語大詞典》及其他各大辭書均未收録。"潑狼"，狼狽不堪。"潑狼潑賴"又可作"潑狼潑籍"。如《觀濤奇禪師語録》卷二："苟若踐踏他古道不著，饒你橫擔豎夯，未免處處潑狼潑籍。""潑賴"，醜陋、破落。明僧大韶《千松筆記》："這個潑賴，没些頰顋。常在街頭，慣爲乞丐。個大肚皮，唯餘臭穢。"此猶言"這個破落户，不要臉面"。《淮海和尚語録》："者般潑賴閑家具，好彩兒孫不用渠。""潑賴閑家具"即"破舊閑家具"。"潑狼潑賴者"乃今言破落户。《續燈存稿》卷一："赤骨律穷挨得入，潑狼潑賴是生涯。懸羊頭，賣狗肉。喫官酒，卧官街。笑倒籬根破草鞋。"

（三）借用日常名物詞

禪宗出於對語言遮蔽（周裕鍇稱之爲"遮詮"）[1] 的目的，往往借助日常事物表達禪理。揭示日常事物名稱所藴含的禪理禪意，是讀懂禪籍文獻、掃清語言障礙的前提。

---

[1]　周裕鍇：《禪宗語言》，杭州：浙江人民出版社，1999 年版，第 246 頁。

【太末蟲】

故云聖體無名不可説，如實理空門難凑。喻如太末蟲處處能泊，唯不能泊於火焰之上。眾生亦爾，處處能緣，唯不能緣於般若之上。（卷一《南嶽懷讓大慧禪師》）

雷漢卿將"太末蟲"列入"待考録"。其實"太末蟲"是指極其微小的蟲，即今細菌。"末"，微小。《禮記·檀弓上》："末之卜也。"鄭玄注："末之猶微哉。""太末"乃極其微小。

古時候醫療用火來消毒，以滅細菌。故言"太末蟲處處能泊，唯不能泊於火焰之上"。明袁宏道《廣莊·齊物論》："天下之人，頭出頭没，於是是非非之中，倚枯附朽，如太末蟲之見物則緣，而狂犬之聞聲則吠。"禪宗喻指眾生之心，處處能緣，則不能理解般若。因爲般若是空，凡是情識所見，意識知解都不是般若。《漢語大詞典》與《禪宗大詞典》均未收録，當補。

【無影樹】

日月照臨無影樹，不勞把住遠街行。（卷九《石門山慈照禪師鳳岩集》）

"無影樹"指日光下没有影子的樹。禪宗用"無影樹"這種虛幻的事物來打破常人知見。元釋行秀《從容庵録》卷一："千年無影樹，今時没底靴。""無影樹""無底靴"皆是不可能存在的事物。禪宗善於用荒謬的詞語把客觀存在一概否定。明曹學佺《蜀中廣記》卷八十四："休戀寒潭無影樹，且看六月雪花飛。"此處"無影樹"與"六月雪花飛"都是反常合道的語言，打破了世人對所謂真理和定見的執著。

【無縫塔】

問："如何是無縫塔?"師云："頭不梳面不洗。"問："如何是出家人?"師云："緊裹頭。"（卷二十三《汝州葉縣廣教歸省禪師語録》）

本指没有縫隙的塔。禪宗用來作爲與"本來面目"相類的喻象，以此象徵澄明的本心，本心圓滿。《慧文正辯佛日普照元叟端禪師語録》卷四：

"無縫塔中雲匼匝，不萌枝上月團圓。"《禪宗大詞典》"無縫塔"條[①]釋義可商。

【狗來腮】

> 盡道親曾相見來，依前還是狗來腮。好將大棒驀頭榈，貴得盲人便眼開。（卷四十七《東林和尚雲門庵主頌古》）

本義是指狗的腮部只有腮骨没有肉。禪宗喻指心存惡念的樣子。北方諺語："猴頭狗腮，三扁二圓。兩腮無肉，骨刮奸詐。"原文句意爲："見面之後看到還是心有俗念的樣子，但願能得到明眼禪師當頭棒喝，使其醒悟就好了。"《兀庵和尚語録》卷中："臘八，上堂：'夜夜明星現，時時兩眼開。如何臘月八，特地嘆奇哉。引得隨邪逐惡者，至今一味狗來腮。'"此猶言"隨邪逐惡，到如今還是心有惡念，没有任何改變"。《漢語大詞典》及《禪宗大詞典》未收。

【鼈鼻蛇】

> 雪峰示眾云："南山有一條鼈鼻蛇，你等諸人切須好看。"（卷三十九《智門光祚禪師語録》）

能讓人喪命的一種毒蛇。禪宗喻爲機鋒險峻，學人必須具有弄蛇的手段，當機活用。如果不善於把玩，則會喪失機鋒。《汾陽無德禪師歌頌》卷下："陽寨下有作家，個個能提鼈鼻蛇。將頭作尾能施展，本色衲僧薩普吒。"

【樺來唇】

> 上堂云："三世諸佛口掛壁上，天下老和尚作麽生措手？你諸人到諸方作麽生舉？山僧恁麽道，也是久日樺來唇。"（卷二十六《舒州法華山全舉和尚語要》）

雷漢卿將"樺來唇"列入"待考録"。"樺來唇"本義爲樺樹、來樹皮開裂。樹皮開裂之形貌似嘴唇張開。禪宗喻指那些滔滔不絶説禪的禪僧，唇開而不合。"樺"即樺樹。《本草綱目·木部·樺樹》："《集解》藏器曰：'樺木似山桃，皮堪爲燭。'宗奭曰：'皮上有紫黑花勻者，裹鞍、弓、

---

① 袁賓、康健：《禪宗大詞典》，武漢：崇文書局，2010年版，第429頁。

鐙。'時珍曰：'樺木生遼東及臨洮、河州、西北諸地。其木色黃，有小斑點紅色。能收肥膩。其皮厚而輕虛軟柔，皮匠家用襯鞾裏，及爲刀靶之類謂之暖皮。胡人尤重之，以皮卷蠟，可作燭點。'"①

"來"，樹名，亦名椋子木。"楝"的同音借字。元胡古愚《樹藝篇》木部卷："七月其木楝，楝实鳳凰所食者。"日本無著道忠《葛藤語箋》："《字典》曰：'楝，音來。'《廣韻》：'楝，木名，亦作來。'唐本草注：'葉似柿，兩葉相當，子細圓如牛李子，生青熟黑。其木堅重，煮汁赤色。'"又："來汁赤色以比唇赤乎。樺來唇者，蓋樺皮久歷日乾則反曲，如朱唇開，故云樺來唇乎。"②《漢語大詞典》及《禪宗大詞典》均未收。

【花藥欄】

> 問："如何是清净法身?"師云："花藥欄。"進云："便與麼會時如何?"師云："金毛師子。"（卷十五《雲門文偃匡真禪師廣錄上》）

"花藥欄"乃指花籬，即花篱。入矢義高指出："花藥欄本是滿開在庭院柵欄里面的芍藥花。"③ 此論可商。據明焦竑《焦氏筆乘》卷四《杜詩誤》："李正己曰：'園庭中藥欄。'藥音義與籧同。藥即欄，欄即藥也，'乘興還來看藥欄'，與王右丞'藥欄花徑衡門里'，則誤爲花藥之欄。"④ 清杭世駿《訂訛類編》卷六《植物》："藥欄，今之園外籬笆曰圍援。"⑤ 另據馬天祥考證："'藥欄'中的'藥'字是個通假字，其所通之字爲'籧'，'籧欄'構成一個並列復合詞。"⑥

"花藥欄"是六朝至唐代寺院中常見的景觀。如《景德傳燈録》卷十一《潞州淥水和尚》："僧問：'如何是祖師西來意?'師云：'還見庭前花藥欄麼?'"此是用日常事物境來截斷學人思維的手段。《萬松老人評唱天童覺和尚拈古請益録》卷一："雲門答花藥欄，權實並舉。道金毛師子，

---

① [明]李時珍：《本草綱目全本》，喀什：喀什維吾爾文出版社，2002年版，第1033頁。

② [日]無著道忠：《葛藤語箋》，京都：日本花園大學禪文化研究所，1992年版，第146頁。

③ [日]入矢義高：《禪語散論——"乾屎橛""麻三斤"》，蔡毅、劉建譯，載於《俗語言研究》，1995年第2期，第9頁。

④ 李劍雄點校：《明清筆記叢書·焦氏筆乘》，上海：上海古籍出版社，1986年版，第121頁。

⑤ 陳抗點校：《學術筆記叢刊·訂訛類編·續編》，北京：中華書局，1997年版，第205頁。

⑥ 馬天祥：《"藥欄"本義探頤發覆——兼析歷代學者之詮釋誤釋》，載於《西北大學學報》（哲學社會科學版），1994年第2期。

褒貶雙行。"

禪門對"花藥欄"的一般解釋是厠所除臭的木犀、木槿之類的樹籬。似有不妥。入矢義高對此種解釋提出了自己的看法："對關於清净的問題，却用不潔來回答。這種解釋就是預先設定的'不净'，再以'不净對净，以反對正'的模式。"① 周裕鍇説："入矢義高的這種解釋方法，首先從確認'花藥欄'的語義以及它表現的實物入手，而不取一切先入之見，固定模式和隨意曲解。"②

禪宗在言語交際中善於利用情景語境，即日用現場語境，如"庭前柏子樹"和"麻三斤"公案，即是以現場實物作答，所以我們認爲"花藥欄"乃禪師用庭院中的實物喻指清净法身無處不在的禪理。正如《大慧普覺禪師普説》卷十五所云："青青翠竹，盡是法身。郁郁黄花，無非般若。"《續傳燈録》卷五《南康軍雲居文慶海印禪師》："月白風恬，山青水緑。法身現前，頭頭具足。"《雲溪俍亭挺禪師語録》卷一："花藥欄，一株松，庭前柏樹，夢裏牡丹，黄花翠竹，青嶂碧岩。憶江南，三月裏。重陽九月菊花新，一把柳絲收不住，馬蹄何處避殘紅。"這正是禪宗所倡導的恢復原本澄明境界的一切現成。

【當門齒】

　　師云："你爲什麽打落當門齒？"無對。師便打云："學語之流。"
（卷十八《雲門文偃匡真禪師廣録下》）

中間的兩顆門牙。《漢語大詞典》未收。《水滸傳》第三回："再復一拳，打下黨門兩個牙齒。"《臨桂兩江平話研究》："門牙，當門齒。"③ 宋劉克莊《念奴嬌·丙寅生日》："跛子形骸，瞎堂頂相，更折當門齒。"禪宗喻以阻擋多言的手段。禪理"不可言説""開口即失""開口失命"，所以用"當門齒"來喻"無言説"。如果無當門齒，則口無遮攔，説了"不可言説"的禪理，違反禪宗旨意。如《禪宗頌古聯珠通集》卷六："面壁無言説，争奈當門齒露風。"《嘉泰普燈録》卷八《蘄州五祖法演禪師》："四面有時擬爲你吞却，只被當門齒礙。擬爲你吐却，又爲咽喉小。且道

---

① ［日］入矢義高：《禪語談片》，蔡毅譯，載於《俗語言研究》，1996 年第 3 期，第 30 頁。
② ［日］周裕鍇：《禪宗語言研究入門》，上海：復旦大學出版社，2009 年版，第 147 頁。
③ 梁金榮：《臨桂兩江平話研究》，南寧：廣西民族出版社，2005 年版，第 118 頁。

還有爲人處也無?" 又如《五燈會元》卷十九《金陵保寧仁勇禪師》:"滿口是舌,都不能説。碧眼胡僧,當門齒缺。""當門齒漏風""當門齒缺"似俗語"嘴巴没有把門的",即説了不該説的話。此處"被當門齒礙",意謂因爲有當門齒遮攔,故没有開口説禪。《漢語大詞典》及《禪宗大詞典》未收。

【沿臺盤】

> 連此三回露拴索,咄這沿臺盤乞兒。(卷四十七《東林和尚雲門庵主頌古》)

"臺盤"乃桌面。《四川方言詞典》:"狗肉包子——上不了臺盤。字面上指不能上桌子。"① "沿臺盤"本義爲圍著飯桌轉。禪宗喻指因循之人。北宋睦庵善卿《祖庭事苑》卷七: "沿臺盤,沿當作緣。與專切,因循也。"

【香象】

> 情量不盡,二障二愚,所以見河能漂香象。(卷十二《池州南泉普願禪師語要》)

香象,發情交配期的大象。因其力氣大,渡河時容易堵塞河流,致使水流不暢。禪宗言外之意指那些没有慧根的僧人被常規知見束縛,悟道不透徹。《續刊古尊宿語要》第五集:"香象渡河,截流而過。或擒或縱,或卷或舒。"《雪關禪師語録》卷七:"又曰:'見河能漂香象,蓋見不透脱。所以日用應酬或簾纖搭滯有黏皮綴骨之病,或偏枯滲漏無掣電奔雷之機,或直遂欠回互之作,或輕脱乏沈毅之用。'"

【結角處】

> 便與拶一拶,逼一逼,趕教走到結角處便好。(卷二十二《黄梅東山法演和尚語録》)

本指編織螺紋收尾時綫頭打結之處。《列祖提綱録》卷二十:"打成一片時札劄不入,羅紋結角處綫路難尋。"亦言"結角頭",字形或作"結交頭",引申爲終結之處。如《密庵和尚語録》:"年窮歲盡時,或笑或顰眉。

---

① 王文虎、張一舟、周家筠:《四川方言詞典》,成都:四川人民出版社,2014年版,第494頁。

飽者終日飽，飢者終日飢。唯有衲僧家，不耕而食，不蠶而衣。孜孜矻矻，如愚如痴。忽聽忠言逆耳，便見心動神疲。禪和子，禪和子，不須疑。或去或住，總是父母未生時。山僧恁麼告報，未免鳳林吒之。復舉頌云：‘一年三百六十日，今宵正是結交頭。移身換步無多子。六合清風來未休。’”此言一年的終結之處。

禪宗喻爲禪悟的最高境界。《圓悟佛果禪師語録》卷十六：“自見工夫到下梢結角頭，自然如懸崖撒手，豈不快哉。”《宗範》卷上：“剗去浮塵知見，大徹悟，始能超軼。與老禪德抗行踐履，到臨合殺結角頭，自解撒手，克證大解脱，豈小事哉！”

【幔天網】

　　上堂，拈起拄杖云：“山僧有時一棒，作個幔天網，打俊鷹俊鷂。有時一棒，作個布絲網，撈蝦撈蜆。”（卷四十六《滁州琅琊山慧覺和尚語録》）

本義爲漫天大網。言外之意是禪師布置假象，設下禪機，让學人落入窠臼，以印證學人。《禪林類聚》卷一：“月庵果云：‘雲門大師張幔天網撈龍打鳳，這僧不覺入他陷阱中，落他絓纜裹。’”亦寫作“漫天網”。丁福保《佛學大辭典》“張漫天網”條：“令一人亦不得逃脱；禪林中比喻師家接化學人周到縝密。”

【無孔笛】

　　無孔笛子毡拍板，五音六律皆普遍。（卷二十《舒州白雲山海會法演和尚初住四面山語録》）

“無孔笛”，没有孔的笛子。“無孔笛”本没有音律發出，禪宗爲剷除學人虛妄情識，促使學人聆聽無孔笛無音律發出的五音六律，以期讓學人超越一切對立。如《天童山景德寺如净禪師續語録》所記載：“師因岳林瑩公致問云：‘新豐雪曲如何得和？’師云：‘無孔笛撞著版上，莫道更無音響曲。’瑩云：‘是什麼曲調？’師云：‘一任他雪曲，始得瑩禮拜。’”

【狂象】

　　狂象無鈎，將何制勒。若制勒不住，莫教犯他苗稼。（卷三十九《智門光祚禪師語録》）

"狂象"，發狂的大象。佛經中也稱"惡象""醉象"。禪宗以"狂象"喻爲瘋狂迷亂之心。禪宗修行，最根本的是要調伏迷亂的心性。制勒狂象即是調伏妄心。

【鎮州蘿蔔】

> 問："如何是古佛心？"師云："鎮州蘿蔔重三斤。"（卷八《汝州首山省念和尚語録》）

鎮州之地所産的蘿蔔。《禪林類聚》卷十八："'鎮州有菜名蘿蔔，濟却飢瘡幾萬千。'雪竇顯云：'鎮州出大蘿蔔，天下衲僧取則。'"原文中，禪師用看似平淡無味的答語，旨在塞斷人口，剿絶情識，言外之意在於明心見性，回到本初。這是以物宜本土來象征禪宗的明心見性宗旨。《禪關策進》："鎮州蘿蔔，皆是自家所用之物，更不須別求神通聖解也。"

【螺髻】

> 僧問："古人借問田中事，插鍬叉手意如何？"師云："袈裟浮渌水，螺髻拂青雲。"（卷四十六《滁州琅琊山慧覺和尚語録》）

本指婦女盤起的螺狀髮髻。禪師用現實生活隨處可見的"袈裟"和"螺髻"來回答學人的發問，目的是啓發學人，佛法不在別處，而是蘊含在日常事物中，即佛法無處不在的禪理。

（四）借用文獻典故

【鞭屍屈項】

> 問："不施寸刃便登九五時如何？"師曰："鞭尸屈項。"（卷七《汝州南院慧顒禪師語要》）

義爲鞭撻死者。"鞭尸屈項"出自《史記・伍子胥列傳》："乃掘楚平王墓，出其尸，鞭之三百，然後已。"與上文"不施寸刃"構成反義。禪宗喻指衝破世俗規則的束縛。《天童弘覺忞禪師語録》卷十七《興化存奬禪師》："梁山頌子醻旻德，屈項鞭尸戰法場。莫道雲居曾靠倒，髻珠親手下君王。"

【鍾馗解舞】

> 張公吃酒李公醉，鍾馗解舞十拍子。（卷二十六《舒州法華山全舉和尚語要》）

"鍾馗"乃民間傳説中能除鬼消魔的神。"鍾馗舞"語出宋沈括《夢溪筆談・象數一》："慶曆中，有一術士姓李，多巧思。嘗木刻一'舞鍾馗'，高二三尺，右手持鐵簡，以香餌置鍾馗左手中，鼠緣手取食，則左手扼鼠，右手用簡斃之。"禪宗用"鍾馗解舞"來表達自性當機大用，善於把玩禪機而達到機鋒險峻，從而實現認知上的突破。

【羚羊掛角】

譬如人將三十貫錢，買得一只獵狗，只解尋得有踪迹。忽遇羚羊掛角時，莫道踪迹，氣息也覓不著。〔卷四十六《滁州琅琊山（慧）覺和尚語録》〕

"羚羊掛角"出自宋嚴羽《滄浪詩話・詩辨》："盛唐諸人唯在興趣，羚羊掛角，無迹可求。"羚羊夜宿，掛角於樹，脚不著地，以避禍患。舊時多比喻詩的意境超脱。代指玄妙空靈而不露痕迹的語言。

二、禪林行業詞的構詞方式

（一）同義複合式

【格則】

師到曹山，山示眾云："諸方盡把格則，何不與他道一轉語，教伊莫疑去。"（卷十八《雲門文偃匡真禪師廣録下》）

"格則"即準則。《字彙・木部》："格，格樣，法則也。"《後漢書・傳燮傳》："朝廷重其方格。"李賢注："格，猶標準也。"則，法則。《爾雅・釋詁上》："則，常也。"《廣韻・德韻》："則，子德切，法則。"《禪門鍛鍊説》："然天下主法者，固守成規。樂其簡易，以爲禪門格則，如是定矣。"《嘉泰普燈録》卷十《江州圓通圓機道旻禪師》："其略曰：'至道虛寂，迥脱根塵。光境俱忘，靈機絶待。真常任運，寧屬去來。應用無方，不存格則。牢關敲磕，電激難通。直須鐵眼頓開，可以死生無間。"《漢語大詞典》及《禪宗大詞典》未收。

【挨拶】

上堂云："第一句道得，石裏迸出。第二句道得，挨拶將來。第三句道得，自救不了。"（卷九《石門山慈照禪師鳳岩集》）

"挨拶"，同義復合詞，緊密挨排。"挨"，接連、靠近。《正字通·手部》："挨，今俗凡物相近謂之挨。""拶"，逼近。《集韻·曷韻》："拶，逼也。"又《希麟音義》"相拶"條引《考聲》："拶，排也。"杜甫詩"楊花雪落覆白蘋"，宋蔡夢弼箋："此言觀宴者挨拶，頭上花落狼藉覆地也。"此處"挨拶"即接近、靠近。再由具體的身體、物體的"接近"引申爲抽象意義上的答案接近。禪宗喻爲參悟出禪道。《圓悟佛果禪師語録序》："正緣五祖老師有個見成公案，對眾舉揚，有不惜性命底，試出挨拶看。"《虛堂和尚語録卷四》："若挨拶不透，則孤負行腳大事。若挨拶得透，如白衣拜相慶快平生。"

【諂曲邪僞】

> 無量劫來，凡夫妄想，諂曲邪僞，我慢貢高。（卷一《南岳懷讓大慧禪師》）

"諂曲邪僞"同義並列，指一切邪惡的思想。《説文·言部》："諂，諛也。"《玉篇·言部》："諂，恨也。"《易·繫辭下》："君子上交不諂，下交不瀆。"諂曲者，奸佞不直也，枉也。如《解脫道論》卷一："諂曲者，如其心念，虛相推舉。善言稱讚，販弄好惡爲調要利，排諧相悦引利自向，此謂諂曲。"《佛本行經》卷七："正法建善事，邪僞者虛欺。"《聯燈會要》《天聖廣燈録》"諂曲邪僞"皆用"謟曲邪僞"，"謟"應是"諂"。

（二）附加式

用"子""老""打""頭"等構詞成分构成的禪林行業詞。如：

【參禪子】

> 問："春來萬物秀，石頭爲什麼不生芽?"師云："爲報迢方參禪子。"〔卷二十三《汝州葉縣廣教（歸）省禪師語録》〕

"參禪子"指參禪者。

【禪和子】

> 若一一明得，便是有地頭底禪和子。〔卷二十九《舒州龍門（清遠）佛眼和尚語録》〕

"禪和子"指明禪悟道的參禪者。

【真師子】

進云："十方世界盡是學人行履處"。師云："真師子兒。"

"真師子"指遵循正確的方式修禪悟禪的禪師。

【打轎】

外云："達磨乘蘆渡龍慶江，和尚打轎又且何妨。"［卷二十六《舒州法華山（全）舉和尚語要》］

"打轎"，坐轎，乘轎。

【打破】

坐臥應須監者知，却被明師全打破。［卷二十六《舒州法華山（全）舉和尚語要》］

"打破"即点明禪機。

【打撲不辦】

上堂云："大眾集定，現成公案。也是打撲不辦。"

"打撲不辦"，處理不好，體悟不明。

【老宿】

玄沙示眾云："諸方老宿盡道接物利生，忽遇三種病人，作麼生接?"［卷二十五《筠州大愚（守）芝和尚語録》］

"老宿"即禪僧。

【老僧】

异口同音致百千問難，不消老僧彈指一下。［卷二十五《筠州大愚（守）芝和尚語録》］

"老僧"即老禪師。

（三）縮略式

【漆突】

眼似漆突，口如楄簷。（卷四《鎮州臨濟慧照禪師語録》）

"漆突"，是點漆突出的縮略。清秦偶僧《王孫經補遺》"眼"條："眼黑如點漆，突出於額角者，爲上品。若兩眼向前，生於當面門者，尤爲貴相。眼角起者，其性必烈。"日本無著道忠《葛藤語箋》："突，竈囱也。漆，謂黑。所謂墨突不得黔。今比眼睛之定不動。"①"眼似漆突"即"眼珠不動"，此爲不動念思量之貌，"口如楄簷"即閉口之貌，喻禪宗的閉口不言。"眼似漆突""口如楄簷"乃禪宗"擬言即差、動念即乖"的形象比喻。《漢語大詞典》未收。

【肌尩】

> 喪時光，藤林荒。圖人意，滯肌尩。[卷十五《雲門（文偃）匡真禪師廣録上》]

"脊尩"乃"傴脊尩肋"的縮略。"肌尩"之"肌"是'脊'的同音借字。"脊尩"，本指佝僂病駝背和胸突疾病。《法苑珠林》卷八十四："口氣腥臭、矬短擁腫、大腹凸臗、脚復繚戾、傴脊尩肋、費衣健食、惡瘡膿血、水腫乾痟、疥癩癰疽、種種諸惡，集在其身。"《吕氏春秋·盡數》："苦水所多尩與傴人。"高誘注："尩，突胸仰向疾也。"《説文·人部》："傴，僂也。"《晋書·山濤傳》："（山淳·山允）並少尩病，形甚短小。"

三、禪林行業詞的内容

（一）行爲活動類

【掩彩】

> 慧云："你甚處見趙州?"答云："莫瞌睡。"慧打一竹篦云："只恁麽做工夫。"答云："莫掩彩。"（卷四十七《東林和尚雲門庵主頌古》）

"掩彩"乃愚弄、作弄。《緇門警訓》："恁麽行脚，掩彩殺人，鈍致殺人。若是個漢，一劃劃斷，多少自由自在。"《西山亮禪師語録》："者般説話，掩彩兒孫。"《如净和尚語録》："三拜起來澆惡水，謾將掩彩當殷勤。"《古林和尚語録》卷四："而此尊宿，不知古人舌頭落處，將謂麻字便能發圓悟之機。至舉話時，只舉一麻字，遞相印證，直是好笑，掩彩殺人，如此敢稱宗匠。"《斷橋和尚住臨安府净慈報恩光孝禪寺語録》："小參：'遊南方一遭，主丈未曾撥著會佛法底，掩彩煞人。'"《漢語大詞典》及《禪

---

① [日]無著道忠：《葛藤語箋》，京都：日本花園大學禪文化研究所，1992年版，第47頁。

宗大詞典》均未收録。

【捂駁】

斬蛇機峻祖令重行，鶻眼龍睛亦遭捂駁。（卷四十五《寶峰雲庵真净禪師偈頌》）

“捂駁”，撒網捕獲。禪宗喻爲鈍置。《漢語大詞典》及《禪宗大詞典》未收，當補。《古尊宿語録》卷四十三《寶峰雲庵真净禪師住金陵報寧語録二》：“任是鶻眼龍睛，也須遭伊縶絆。”《内紹禪師語録》卷二：“饒汝俊鷹快鷂，栖泊無從；鶻眼龍睛，覷捕莫及。所以山僧有時一喝全鋒敵勝，有時一喝八面玲瓏，有時一喝佛祖罔知，有時一喝從空放下。”《山鐸真在禪師語録》：“鶻眼龍睛，斷不受人籠絡，還會麼？”“縶絆”“捕”“籠絡”皆與“捂駁”義同。

【撮摸】

云：“你道什麽？遂却喜歡，蓋爲有個撮摸處。”（卷三十二《舒州龍門清遠佛眼和尚普説語録》）

“撮摸”，本義揉搓，禪宗喻爲思量。《玉篇·手部》：“撮，子活、士活二切。三指取也。”《佛果克勤禪師心要》卷上《示宗覺禪人》：“所以從上護惜個一著子，同到同證，無你撮摸處。”亦可寫作“撮摩”。南北朝鳩摩羅什《維摩詰所説經·方便品》第二：“諸仁者，如此身明智者所不怙，是身如聚沫，不可撮摩，是身如泡，不得久立。”宋饒節《祝大夫解房州印過山有頌次韻》：“若詢擊竹家風事，休把虛空更撮摩。”《漢語大詞典》未收。《禪宗大詞典》收“撮摩”，但釋爲觸摸，且未及禪意，當補正。

【定省】

罵時解嗔痛時能忍，作麽生不屬，你得議定省看。（卷三十一《舒州龍門清遠佛眼和尚小參語録》）

冷静思考。《爾雅·釋詁下》：“定，静定。”《廣韻·静韻》：“省，察也；審也。”《資治通鑒·漢紀》四十六：“不經御省。”胡三省注：“省，猶今言省審也。”《大慧普覺禪師書》卷二十九：“逆境界易打，順境界難打。逆我意者，只消一個忍字，定省少時，便過了。順境界直是無儞回避處。”“定省少時”即冷静思考片刻。禪籍中習見“定省精神”，意爲安定心神，平心静氣。《漢語大詞典》僅釋爲“晨昏定省”義與探望問候親長義。未及冷静思考，當補。

【著忖】

> 上堂，良久曰：“夫行脚禪流，直須著忖，參學須具參學眼，見地須得見地句。”（卷二十三《汝州葉縣廣教歸省禪師語録》）

“著忖”即體悟。《玉篇·心部》：“忖，倉本切。思也。”《説文新附·心部》：“忖，度也。”“著”本義附著。雷漢卿指出：“禪籍中‘著’的意義更加泛化，具有很强的構詞能力。”① 禪宗用以指自證自悟，體悟禪機。《薦福承古禪師語録》：“仁者直須著忖，莫受塗糊。但據當人事，是何道理？珍重！”《漢語大詞典》與《禪宗大詞典》皆未收，當補。

【當荷】

> 一問一答，住汝當荷，夾差一問來，作麽生當荷？（卷十七《雲門文偃匡真禪師廣録中》）

“當荷”即領悟。《字彙·田部》：“當，承也。”“荷”，承當。漢張衡《東京賦》：“荷天下之重任。”“當荷”同義並列復合詞，本義爲承受、承擔。南北朝陸修静《太上洞玄靈寶授度儀》：“道重人輕，非臣臭骨所可當荷，辜負天官。”此猶言“非臣臭骨所可承擔”。繼而引申爲“領悟”。《景德傳燈録》卷十八：“上堂。良久，謂衆曰：‘還有人相悉麽？若不相悉，欺謾兄弟去。只今有什麽事莫有窒塞也無？復是誰家屋裏事不肯當荷，更待何時？’”“不肯當荷”即“不肯領悟”。元釋念常《佛祖通載》卷十七：“若不是個脚手，才聞人舉，便當荷得，早落第二機。”猶言“才聞人舉，便能領悟”。《漢語大詞典》及《禪宗大詞典》未收，當補。

【咂啖】

> 白雲嵌枯老漢，要吃無皮酸餡。典座取巧安排，一任衆人咂啖。
> （卷二十一《舒州白雲山海會演和尚語録》）

“咂啖”本義用舌頭品嘗滋味，引申爲品評。宋洪邁《夷堅志》載蔡主簿治寸白：“其頭向上可用藥攻打，餘日則頭向下，縱有藥皆無益。蟲

---

① 雷漢卿：《禪籍方俗詞研究》，成都：巴蜀書社，2010年版，第443頁。

聞肉香，起啞唻之意，故空群争赶之，覺胸間有萬箭攻鑽，是其候也。"
《五燈會元》卷十七《隆興府兜率從悦禪師》："直須擺動精神，著些筋骨，
向混沌未剖已前薦得，猶是鈍漢。那堪更於他人舌頭上啞唻滋味，終無了
日。"元佚名《梨園按試樂府新聲》卷下《酒》："付與觥籌，頻頻到口。
輕輕啞唻，少過咽喉。"此處是指品嘗酒香。明曹學佺《蜀中廣記》卷八
十三："'如何是和尚妙藥？'師曰：'不離衆味。'曰：'喫者如何？'師曰：
'啞唅看。'"猶言"品評看"。《漢語大詞典》及《禪宗大詞典》未收，
當補。

【鞾裏動指】

> 一正一邪，一倒一起。文遠趙州，鞾裏動指。（卷四十七《東林
> 和尚雲門庵主頌古》）

字面意思即在靴子里指手畫脚，擺動手指。禪宗喻指斗機峰的過程中
暗地里較量。《大慧普覺禪師住徑山能仁禪院語録》卷一："南泉云：'江
西馬祖説即心即佛，王老師不恁麽道。不是心不是佛不是物，恁麽道，還
有過麽？'趙州禮拜而出。時有僧隨問趙州云：'上座禮拜了便出，意作麽
生？'州云：'汝却問取和尚。'僧上問云：'適來諗上座意作麽生？'泉云：
'他却領得老僧意旨。'師云：'兩個老漢雖善鞾裏動指頭，殊不知傍觀
者醜。'"

【一狀領過】

> 問："如何是佛法徑截？"師云："三人兩人不問。"進云："便請
> 和尚道。"師云："三人一狀領過。"（卷六《睦州道踪和尚語録》）

本義爲一張狀紙承伏領罪。日本無著道忠《葛藤語箋》："眾人罪同，
故不用各別狀，一紙狀之也。領者，罪人承伏領其罪也。過者，助詞，如
抹過，道過也。"[①] 禪林中用來比喻眾弟子一起印可。如《雲門匡真禪師
廣録》卷上記載："時有三僧一時出禮拜。師云：'一狀領過。'"

---

① ［日］無著道忠：《葛藤語箋》，京都：日本花園大學禪文化研究所，1992年版，第177
頁。

（二）禪悟狀態類

【麻迷】

啞子得夢與誰説，起來相對眼麻迷。（卷四十七《東林和尚雲門庵主頌古》）

麻迷，本指眼睛模糊不清，禪宗喻爲渾渾噩噩，不能證悟禪機。《金聖嘆評點唐詩六百首》："柳只是依舊柳，草只是依舊草。今遽覺其滿眼麻迷，不可分明者，只爲心頭一人如槎去海。"[①] 明瞿汝稷《指月録》卷二十八："作偈曰：'一句中具三玄門，一玄中具三要路。細看即是陷虎機，忽轟一聲塗毒鼓。偷心死盡眼麻迷，石女夢中毛卓竪。'"《佛光大辭典》："禪林用語。'麻'，與'癡'同義，即無感覺之意；迷爲眯，即砂等异物進入眼中，以致無法見物。禪林中，常以'麻迷'一詞形容模糊看不清楚之狀態；或貶指無眼目之人。"又寫作"麻彌"。《禪林類聚》卷二："水出高源也大奇。禪人不會眼麻彌。"日本無著道忠《葛藤語箋》例舉"麻迷"乃與"麻彌""麻眉""麻眛""迷麻""眯眛""糜麻"義同[②]，其言是。《禪宗大詞典》及《漢語大詞典》均未收。

【快利】

宿召座主，主回首。宿云："是什麽？"主便開悟。兄弟，看他快利麽？（卷十二《池州南泉普願禪師語要》）

"快利"，聰明、伶俐，悟性高。《五燈會元》卷七《鼓山神晏國師》："五湖四海來者，向高山頂上看山玩水，未見一人快利，通得個消息。"《供養儀式》："有眾多聰明快利弟子應作廣壇。若其施主乏少，無七寶上妙供具，亦無眾多聰明快利弟子，應作略法。"此處"聰明"與"快利"同義連用。《法華經演義》："諸根利鈍，利即快利，鈍即遲鈍。"此言慧根聰明與遲鈍。《漢語大詞典》未及此義。《禪宗大詞典》未收。

【廉纖】

你未入門來時，脚跟下已與你三十棒了也，更來者裏揚眉動目，

---

① ［清］金聖嘆：《金聖嘆評點唐詩六百首》，杭州：浙江古籍出版社，1985 年版，第 297 頁。

② ［日］無著道忠：《葛藤語箋》，京都：日本花園大學禪文化研究所，1992 年版，第 48 頁。

彈指拂袖，便出去道："我勿廉纖、無話會。"（卷三十一《舒州龍門
清遠佛眼和尚小參語録》）

"廉纖"義爲細細思慮而猶豫不決。禪宗主張"頓悟"，反對思維、猶
豫。當禪機到來時，用心思慮便失去機會。因此有"不涉廉纖""不落廉
纖"之説。無著道忠《葛藤語箋》："廉纖者，心涉微細造作也。"① 此猶
言於細微處思量，此論可從。如萬松老人評唱《天童覺和尚頌古從容庵
録》："直捷便與不涉廉纖，争奈諸方已被葛藤絆倒也。"此處"直捷"便
是"不涉廉纖"的注解。《五宗原》序："痛快者翻成跋扈，廉纖者到底纏
綿。纏綿尚有脱時，跋扈終成異路。""痛快者"與"廉纖者"反義對舉，
"廉纖"即猶豫。《禪林重刻寶訓筆説》卷下："與他痛處下一錐，深處用
一札，使纏綿不斷之廉纖一時脱去。"三山來《五家宗旨纂要》："臨濟家
風，全機大用。棒喝齊施，虎驟龍奔。星馳電掣。負冲天意氣，用格外提
持，卷舒縱擒，殺活自在。掃除情見，迥脱廉纖。"《圓悟佛果禪師語録》
卷八："中秋，上堂云：'只恁麼透得，已是涉泥水。何堪更廉纖，没頭又
没嘴。到個裏也須是個似大死底人却活始得，還委悉麼？棒頭能取證，喝
下絶承當。'"《佛果圓悟禪師語録》卷五："頭頭無向背，一一絶廉纖。"
北宋睦庵善卿《祖庭事苑》卷一"帘纤"條："上當作廉，下正作纖。廉
纖，猶檢斂細微也。""檢斂細微"猶言"思慮微細之處"，義同猶豫不決。
《漢語大詞典》釋義爲"細小、細微"，未及"猶豫"之義，當補。《禪宗
大詞典》釋爲"言句囉嗦"②，似不及"猶豫不決，子細思慮"精當。

【惝狂】

若怕臨終之時惝狂不得自由，即須如今便自由始得。只如今於一
一法，都無愛染，亦莫依住知解，便是自由人。（卷一《南岳懷讓大
慧禪師》）

"惝狂"，義爲彷徨。《玉篇·心部》："惝，之羊切。惝惶也。"又：
"惶，胡光切。惶也，恐也。"《集韻·陽韻》："惝，惝惶，懼也。"《廣
雅·釋詁三》："狂，癡也。"

原文"惝狂"與"愛染""依住"相對應。"愛染"即貪戀，《佛説大

---

① ［日］無著道忠：《葛藤語箋》，京都：日本花園大學禪文化研究所，1992 年版，第 68 頁。
② 袁賓、康健：《禪宗大詞典》，武漢：崇文書局，2010 年版，第 259 頁。

乘隨轉宣説諸法經》：“於諸塵境妄想執著，便生愛染造種種業。”“依住”即依附。《大方廣三戒經》：“如來今所演説如是等經，趣向菩提正眼之處，推求索之，依附依住，是人福聚倍多勝彼。”

懼怕、癡狂之心必然“彷徨不安”。因此，原文“憧狂不得自由”猶言彷徨之心惴惴不安不得自由。清卞永譽《式古堂書畫匯考》卷十七：“始憶吾前者十三年之憧狂，懵惑如醉者之乘車。幸而不墮於一落千丈之不可測也。”此例“彷徨”義顯而易見。楊守敬《湖北金石志》卷七：“一輪皓色光，三界八識憧狂。”亦可寫作“偟惶”。清翟灝《通俗編》卷十五：“《楚辭·九思》：遶偟惶兮驅林澤。注：偟惶，驚恐貌。一作章惶。《文選·羽獵賦》：章惶周流。注：猶彷徨。”①《漢語大詞典》未收。《禪宗大詞典》收“憧惶”，未收“憧狂”。

【翥翼】

> 良久云：“鶴有九皋難翥翼，馬無千裏謾追風。”（卷四十《雲峰文悦禪師初住翠岩語録》）

高飛。禪宗喻爲達到禪悟之最高境界。《説文·羽部》：“翥，飛舉也。”《方言》卷十：“翥，舉也，楚謂之翥。”郭璞注：“翥，謂軒翥也。”《廣雅·釋詁三》：“翥，飛也。”“翥翼”，本義爲“舉翼”，喻高飛。唐釋道宣《廣弘明集》卷二十九下：“業風息吹，六塵弗起。祥雲四舒，靈禽翥翼。”北宋睦庵善卿《祖庭事苑》卷六：“翥翼，上章恕切，飛舉也。”元釋清珙《石屋禪師山居詩》卷四：“天空鵬翥翼，霧重豹添斑。”《漢語大詞典》及《禪宗大詞典》均未收。

【穿窗透牖】

> 諸方盡道拈槌豎拂，瞬目揚眉，曲爲中下之流。山僧即不然，山僧拈起者拄子，也不爲上上之人，亦不爲中下之者。且道尋常用處作麼生？若知得一竅，方解穿窗透牖，動地摇天。若也未然，且向天臺看華頂，却來南岳度石橋。（卷四十六《滁州琅琊山慧覺和尚語録》）

字面意義爲光綫等穿透窗户。宋吳芾《和蔣無退詠雪》：“憶昔讀書燈火少，喜穿窗牖映吾廬。”釋惠洪《石門文字禪》：“此軒初不然，風日穿

---

① 陳志明編校：《通俗編》，北京：東方出版社，2013年版，第266頁。

窗牖。"禪宗喻爲獲得禪悟的啓發。《翼庵禪師真如語録》卷三："小參，僧問：'目前無法，意在目前時如何？'師曰：'穿窗透牖，動地搖天。'僧拜起，師曰：'站者邊著。'師良久，乃曰：'目前無法，意在目前。穿窗透牖，動地搖天。會得年年歲歲，不會歲歲年年。'"

【皮下有血】

師便喝云："當時若有人出來，下得這一喝，塞却老胡咽喉，豈不天下肅静、四夷蕩蕩。而今放開了也，是你諸人，還皮下有血麼？"（卷四十《雲峰文悦禪師初住翠岩語録》）

字面意義爲皮膚下面流淌血液。"皮下有血"指活著的人。禪宗喻指那些能一下參透禪機的伶俐人。日本無著道忠云："舊説皮下無血不識羞也，死人也。死人不識羞。餘由謂能識羞者，遇可羞事則面發紅，是皮下有血也。不識羞者，雖遇可羞事，紅不發面，是皮下無血也。"① 《黄龍慧南禪師語録》："不思善，不思惡。鬼神不能尋其迹，萬法不能爲其侶。地不能載，天不能蓋。雖然如此，須是眼裏有睛，皮下有血。眼若無睛，何異瞎漢。皮下無血，何異死人。"《禪宗大詞典》釋爲"有骨氣"②，未爲允當。

【目機銖兩】

示衆云："大衆，函蓋乾坤，目機銖兩，不涉春緣作麼生承當？"代云："一鏃破三關。"（卷十七《雲門文偃匡真禪師廣録中》）

字面意義爲不需用秤來稱，用眼睛一看就能知道物體的重量。"目機"，用眼睛打量。銖和兩皆爲古代重量單位。銖爲古代極小的重量單位，二十四銖爲一兩。《漢書·律曆志》："權者銖、兩、斤、鈞、石也。一龠容一千二百黍，重十二銖兩之爲兩，二十四銖爲兩，十六兩爲斤，三十斤爲鈞，四鈞爲石，而五權謹矣。"日本無著道忠《葛藤語箋》云："目機者，一見知物輕重，不假秤子。"禪宗喻爲禪悟者聰慧靈利，一點即悟。《漢語大詞典》及《禪宗大詞典》未收，當補。

---

① ［日］無著道忠：《葛藤語箋》，京都：日本花園大學禪文化研究所，1992 年，第 168 頁。
② 袁賓、康健：《禪宗大詞典》，武漢：崇文書局，2010 年版，第 318 頁。

【一槌便成】

　　問："一槌便成時如何?"師云："不是性躁漢。"(卷三十六《投子大同和尚語録》)

　　字面意義爲只須敲一錘便成器。語出"王索寶器,一鎚便成"。《重編曹洞五位》卷中:"大師云:'如王索寶器,一鎚下便斷痕縫始得,又還假第二鎚否?'"《智覺心賦》:"如王索一椎之器,言下全通。"《注心賦》卷二:"王索寶器,須是一鎚便成。第二第三鎚成,皆不中進。此喻一言之下,便契無生。不須再問,落於陰界。"禪宗喻爲稍加點撥即能開悟。

【尅尤叵耐】

　　師見新到來參云:"克尤叵耐。"僧罔測,一邊立。師云:"什麼處得這一隊打野�漢。"(卷六《睦州道踪和尚語録》)

　　雷漢卿列入"待考録"。我們認爲,"尅尤叵耐"本義爲尤其不可奈,猶言非常可惡。强調事之難以忍受。張相《詩詞曲語辭匯釋》:"又有叵耐一辭,叵爲不可之切音,耐即奈也。本爲不可奈何之義,引申之而成爲詈辭,一如今所云可惡。"① 禪宗喻爲禪悟之境界難以達到。日本無著道忠《葛藤語箋》:"皆言悟處,其境界難堪也。"②

第四節　《古尊宿語録》漢譯佛經詞及歷史漢語文獻詞研究

　　從歷時角度看,《古尊宿語録》詞彙既包含了一部分漢譯佛經詞,也有大量的歷史漢語文獻詞。

一、漢譯佛經詞

　　禪宗是中國化的佛教,其宗教實踐首先是由譯經造論開始的。禪宗語言必然離不開佛經詞彙。解讀禪籍文獻離不開對佛經用語的詮釋。

---

　　① 張相:《詩詞曲語辭匯釋》,北京:中華書局,1954 年版,第 275 頁。
　　② [日]無著道忠:《葛藤語箋》,京都:日本花園大學禪文化研究所,1992 年版,第 160 頁。

【從教】

丈夫當斷不解斷，興化爲人徹底漢。已後從教眼自開，棒了罰錢趁出院。（卷四十五《寶峰雲庵真净禪師偈頌》）

從教乃佛教用語，指入道修佛法。《增壹阿含經》卷十五：“時，諸釋眾聞王教令：‘諸有兄弟二人，當取一人爲道，其不從教，當重謫罰。’”《佛說兔王經》第三十一：“時諸眷屬，歡喜從教，不敢違命。有一仙人，處在林樹，食啖果蓏，而飲山水，獨處修道，未曾遊逸。建四梵行慈悲喜護，誦經念道，音聲通利，其音和雅，聞莫不欣。”

【阿練若】

經中道：“衲衣在空閑，假名阿練若，誑惑世間人。”（卷十四《趙州從諗真際禪師語録之餘》）

“阿練若”喻空寂。佛經用語。唐釋玄應《一切經音義》卷一“阿蘭挐”條：“女加反。或云阿蘭若，或言阿練若，皆梵言輕重耳。此云空寂，亦云閑寂，閑亦無諍也。”唐慧琳《一切經音義》卷二“阿練若”條：“梵語也。亦云阿蘭若，此譯爲寂静處也。”睦庵善卿《祖庭事苑》：“練若，亦云蘭若，又云阿蘭挐。此云空寂，亦云閑寂，閑亦無諍之義也。”

【慈氏宮】

含元殿上更覓長安，慈氏宮中願生内院。（卷二十八《舒州龍門清遠佛眼和尚語録》）

“慈氏宮”即菩薩的住所。慈氏本是彌勒菩薩的名號，其居所被稱爲“兜率天宮”或“慈氏宮”。《大乘本生心地觀經》卷三：“彌勒菩薩法王子，從初發心不食肉。以是因緣名慈氏，爲欲成熟諸眾生。”《菩薩略修愈誡念誦法》：“若欲現在，不舍色身，速證慈氏宮，同會說法，得大悉地者，若依此愈誡念誦，必獲無上大悉地。”

【瓔珞】

解得三乘教，善得瓔珞莊嚴具，得三十二相窟宅，覓佛即不得。（卷四《鎮州臨濟義玄慧照禪師語録》）

“瓔珞”，珠寶等裝飾物，后專指佛珠。《正字通·玉部》：“瓔珞，頸飾也。”唐慧琳《一切經音義》卷七十八“瓔珞”條：“上益盈反，下郎各反。《考聲》：'頸飾也。從玉，形聲字。'"南北朝佛陀耶舍共竺佛念等《四分律》卷三："持汝頸下珠瓔珞與我來，並爲説偈：'我今須如此，頸下珠瓔珞。汝以信樂心，施我嚴好珠。'"釋僧祐《釋迦譜》卷一："不忍違於太子敕令，即便長跪受取寶冠、明珠、瓔珞及嚴飾具。"

【出息、入息】

快與快與，時不待人，出息不保入息。（卷十五《雲門文偃匡真禪師廣録上》）

梵語安那、般那。唐慧琳《一切經音義》卷二十六"阿那波那"條："此云數息觀也。阿那云入息，波那云出息是也。"安般，梵文音譯，全稱"安那般那"，意譯出息、入息。玄奘《瑜伽師地論》卷二十七："入息出息念，是名阿那波那念。"張中行《禪世界文學名著精品·外説禪》："數息也叫安般，安（安那）是入息，般（般那）是出息，即静坐默數呼吸，使心止於一處。"

【除遣】

問："疑情未息如何除遣？"師云："碓搗東南磨推西北。"（卷二十三《汝州葉縣廣教歸省禪師語録》）

佛教術語。除掉、遣去。《佛説尼拘陀梵志經》卷下："時佛如來，正以一心，善爲開説，決定如應，除遣所疑。"《佛説大乘菩薩藏正法經》："心得清净，除遣魔事。"《瑜伽師地論略纂》："除遣諸惡，五盡解脱。"《漢語大詞典》及《禪宗大詞典》皆未收録。

【憶持】

若如是憶持，即已後始不奈何。（卷十二《池州南泉普願禪師語要》）

佛教用語，指於法記憶受持而不忘失。晋佛陀跋陀羅共法顯《摩訶僧祇律》卷二十："諸比丘諍訟時，默然立聽彼；有説者，我當憶持作是因緣。"南北朝迦葉摩騰《大智度論》卷二十八："一切諸佛所説法，皆能憶持，復爲他人講説。"《梁皇懺法》卷十："信聽受正法，離諸疑網。憶持不忘净身口業，心常安住勝妙善根，永離貧乏七財。""憶持""不忘"相對應，可知憶持，具有記憶不忘之意。唐實叉難陀《大方廣佛華嚴經》

卷七十九："會一切佛事，憶持不忘，通達無礙。"《漢語大詞典》及《禪宗大詞典》均未收録。

【披搭】

　　問："在塵爲諸聖説法，總屬披搭。"（卷十三《趙州從諗真際禪師語録並行狀卷上》）

"披搭"特指禪僧"穿僧衣"。《漢語大詞典》及《禪宗大詞典》均未收録。如《律學發軔》："律制亡僧衣、鉢，不許亡僧自授。亡，佛許與看病人。若看病人已有，可眾中白二羯磨分散。但衣須從人受過，方可披搭也。近日師家，多謂亡僧衣不可搭，乃教懸之樹上，任其爛壞，大與律違。況佛謂衣，雖極破不可搭，亦不可輕弃。"元释德煇《敕修百丈清規》卷三："古人腰包頂笠，到山門首下笠，入門炷香，有法語。就僧堂前解包。屏處濯足。取衣披搭，入堂炷香，聖僧前大展三拜，參隨人同拜。掛搭已，到佛殿拈香，有法語，大展三拜。"由此例可推斷，僧人未正式入寺，入堂聽法時臨時"披搭"袈裟禮拜聖僧。

"披搭"與"掛搭"是兩個不同的入寺程序。《禪宗詞典》收録"掛搭"條："指正式進入某寺院，與大眾一起修習。"[1] 又可寫作"掛褡"。《水滸傳》第五十四回："首座便道：'師兄，你不省得，你新來掛褡，又不曾有功勞，如何做得都寺？'"

"披搭"可重疊爲"披披搭搭"。雷漢卿釋："本指披衣（袈裟）。引申指僧人在寺院修行。"[2] 我們認爲"披搭"指入院聽法，但没有正式修行。如《重刻趙州祖師語録·序》："問：'在塵爲諸聖説法，總屬披搭。未審和尚如何示人？'""在塵説法"即在塵世間説法，没有正式入院修行。"披搭"由"穿衣"引申爲"入院聽法説法但没有正式入院參禪修習"。

【交脚】

　　於三祇劫中終歸生死，不如無事向叢林中床角頭交脚坐。（卷四《鎮州臨濟慧照禪師語録》）

"交脚"即盤脚，坐禪的一種坐姿。《四分戒本如釋》卷十一："僧祇

---

① 袁賓：《禪宗詞典》，武漢：湖北人民出版社，1994 年版，第 263 頁。
② 雷汉卿：《禪籍方俗詞研究》，成都：巴蜀書社，2009 年版，第 505 頁。

律云：'不得抱膝坐，不得交脚坐。交脚者，髀著髀上，膝著膝上，腨腸著脚脛上，脚著脚趺上。'"《增壹阿含經》卷二十三："我六年之中勤苦求道而不剋獲；或臥荊棘之上；或臥板木鐵釘之上，或懸鳥身體遠地，兩脚在上而頭首向地；或交脚蹲踞；或養長鬚髮未曾揃除。"《漢語大詞典》《禪宗大詞典》均未收録。

【摩㝹】

> 或云："摩㝹顯正，過在什麼處？"（卷十七《雲門文偃匡真禪師廣録中》）

"摩㝹"，佛教語，外道女人眷屬名字。《雜語》譯曰："摩㝹，人意；人類也。初爲外道所言劫初魔女之名。"唐玄應《一切經音義》卷一"摩㝹"條："奴侯反，正言摩奴末那。此云意生身，言諸天等從意化生也。星衍曰：'此字未詳。'依奴侯音當是穀字，《說文》云：'乳也。'"又卷二十二："梵本云：'末奴沙，舊經名。'摩㝹沙，此云人亦言有意，以多思義有智慧，故名爲人也。鬼畜無此，何得名？"釋道世《法苑珠林》卷八："論云：'何故人道名摩㝹沙？此有八義：一聰明故；二爲勝故；三意微細故；四正覺故；五智慧增上故；六能別虛實故；七聖道正器故；八聰慧業所生故。說人道爲摩㝹沙，又新婆沙論。'"清文廷式《純常子枝語》卷十九："《小乘涅槃論》云：'外道女人眷屬論。師說摩醯首羅天作八女人，一名阿提，生諸天；二名提，生阿修羅；三名蘇羅婆，生諸龍；四名毗那多，生諸鳥；五名迦毗羅，生四足；六名摩㝹，生人；七名伊羅，生一切穀子；八名歌頭，生一切蛇蝎蚊蠅咬蚤蚰蜓百足等。'"

【新殃】

> 但隨緣消舊業，更莫造新殃。（卷三《黃檗希運斷際禪師宛陵録》）

佛教語，新罪孽。《三壇傳戒正範》卷二："豈但内欺於心，外欺於師。抑且欺誑十方諸佛菩薩，諸天善神。而舊罪不除，新殃更積。"《省庵法師語録》卷下："世間唯有苦人多，自造新殃可奈何。"《介庵進禪師語録》卷十："新殃不作，舊孽自除。"以上各例"新殃"與"舊業""舊罪""舊孽"相對舉，可知"新殃"即新的罪孽。

【優鉢花】

觀音妙智慈悲力，荆棘林生優鉢花。（卷四十七《東林和尚雲門庵主頌古》）

梵語音譯。又名優曇花、優鉢羅花。佛教以爲優曇鉢開花是佛的瑞應，稱爲祥瑞花。《佛説十善業道經講記》："現在所説的優鉢花，中國譯爲青蓮花，不但在諸花中，就是在蓮花中，也是最極清净最極芬芳的一種香，一點混濁的氣氛亦没有。"《阿摩昼经》卷二十："譬如優鉢花、鉢頭摩華、拘頭摩花、分陀利花，始出淤泥而未出水，根莖枝葉潤漬水中，無不周遍。"《妙法蓮華經譯文》卷上："優鉢羅華有三種异，一赤色，二白色，三不赤不白色。形似泥慮鉢羅華也，言泥慮鉢羅華從牛糞種生極香，所謂目如青蓮者是也。然則優鉢羅中有不赤不白似泥慮鉢羅者，故下文呼殟鉢羅爲青蓮華，地獄名亦爾也。亦有赤色者，故下此文呼優鉢羅爲紅蓮華。玄範云：'優鉢羅此云紅蓮華，或云青蓮華，正與此同。'"

【蒼蔔】

上堂："北郁正中宵，閻浮即當晝。輪迴如未惺，蒼蔔何曾覬。"（卷四十《雲峰文悦禪師初住翠岩語録》）

栀子花。梵語 Campaka 的音譯。又譯作瞻蔔伽、旃波迦、瞻波等。晋佛陀跋陀羅共法顯《摩訶僧祇律》卷三："虚空物者，所謂庵羅樹、蒼卜樹、閻浮樹、椰子樹、只波羅樹、龍花樹、吉祥果樹，乃至一切諸花果樹。"唐崔致遠《桂苑筆耕集》卷十五："春露灑琉璃之境，曉風吹蒼卜之香。"段成式《酉陽雜俎》卷十八："栀子諸花少六出者，唯栀子花六出。陶真白言：'栀子翦花六出，刻房七道，其花香甚。'相傳即西域蒼卜花也。"北宋睦庵善卿《祖庭事苑》卷六："蒼蔔，此云黄色花，其香甚，盛花似此方栀子。"

【黄華】

但不被有情改變，喻如翠竹。無不應機無不知時，喻如黄華。（卷一《南岳懷讓大慧禪師》）

又名瞻卜花，西域之樹名。《法華經疏》："瞻卜者，此云黄華，亦曰金色華。"《法華經文句輔正記》："經云：'瞻卜者，具存。梵音名瞻博。迦，此云黄華，西域多林，華小而香。"《翻梵語》："瞻波，比丘譯曰黄華。"《仁王經疏法衡鈔》:"羯尼迦树者,黃華树也。似此方槐而非是槐,其华大小量如手指,堪作涂身香油者是也。"佛經用以喻無情。《景德傳燈録》卷六《慧海禪師》:"迷人不知法身無象,應物現形,遂唤青青翠竹,總是法身;郁郁黃華,無非般若。黃華若是般若,般若即同無情;翠竹若是法身,法身即同草木。"

【紅蓮舌】

　　南無觀世音菩薩,補陀岩上紅蓮舌。(卷四十七《東林和尚雲門庵主頌古》)

"紅蓮舌"即舌如紅蓮。語出"生前勤頌《法華經》,死後舌如紅蓮不壞爛"之説。據宋志盤《佛祖統紀》卷十六記載:"法師從進,妙年聰辯,爲學早成,久依超果,具得其道。出主德藏,講訓有法。學者歸之,多迷教義發明所得,作《楞嚴經解》尤稱離妙。示寂之日,留龕月餘,容色不變,及從火焫,舌根不壞,若紅蓮華。"白居易《遊悟真寺》:"身壞口不壞,舌根如紅蓮。"釋宗曉《樂邦文類》卷二:"仰願慈尊,舒紫金手,撫摩我頂。啓紅蓮舌,密授我記。"《法華經頌》:"白玉齒邊流著舍利,紅蓮舌上放著毫光。"明賈仲明《對玉梳》第二折《滾绣球》:"紅蓮舌是斬郎君古定刀,青絲發是縛子弟降魔索。""紅蓮舌:妓女舌頭。紅蓮,蓮之一種,常用作妓女名。"①

【奢摩】

　　所以奢摩不能明瞭。(卷十二《池州南泉普願禪師語要》)

"奢摩",佛教用语,指心静。南北朝僧伽婆羅《解脱道論》卷四:"有四種疑:一者奢摩他難;二者毗婆舍那難;三者二俱難;四者於諸非難。"曇無讖《大般涅槃經》卷三十:"見佛性者名爲捨相;奢摩他者名爲能滅;能滅一切煩惱結故又奢摩他者,名曰能調;能調諸根惡不善故又奢摩他者,名曰寂静。"唐實叉難陀《大方廣佛華嚴經》卷六十九:"最初寂静幢其次奢摩他。"釋慧琳《一切經音義》卷一:"奢摩他,梵語,此譯爲止心寂静也。"

---

　　① 徐征、張月中、張聖潔、奚海主編:《全元曲》,石家莊:河北教育出版社,1998 年版,第 5585 頁。

【散位】

若逢緣遇境，或一言半句，才念動心起作解，俱在散位也。（卷三十三《舒州龍門清遠佛眼和尚普説語録》）

一種思想意識，佛經用語。散位、定位、夢位三種意識構成獨行意識。"獨行意識"又名五識。《俱舍論記》卷四："若説一切有部宗輕安通六識，五識相應唯有漏。唯散位意識相應。"唐玄奘《八識規矩通説》："然意識有五種，緣境不同。五種，謂明瞭意識、散位獨頭意識、定中獨頭意識、夢中獨頭意識、散亂獨頭意識。"明大惠《成唯識論自考》卷三："約定散身受明有异熟心。定位無思慮，身心寂静，後有怡適之樂。散位有思慮，身心掉亂，後有勞損之苦。"

【布雨】

問："萬仞龍門，今朝透過時如何？"師云："全存霹靂聲。"僧云："恁麼則全承布雨去也。"（卷七《汝州南院慧顒禪師語要》）

"布雨"即施雨。比喻法術高明。《大方廣佛華嚴經疏》卷六："莫不勤力興雲布雨，令諸眾生熱惱消滅。"明無名氏《南極登山》第二折："小聖東海龍神是也，奉上帝敕令，管領著江河淮濟，溪洞潭淵，興雲布雨，降福消灾，濟渡眾生。"元盧琦《圭峰集》卷上："開籠放鶴橫江去，持鉢降龍布雨還。"《西遊記》第四十六回："隨時布雨求晴，即便天晴。這才是：'有靈有聖真龍象，祥瑞繽紛繞殿庭。'"

【解脱漿】

問："如何是解脱漿？"師云："苾蒭滲血，籃物不多。"（卷七《汝州南院慧顒禪師語要》）

本義爲粥。佛經用以指解脱之瓊漿。宋葉廷珪《海録碎事》卷十三下"解脱漿"條："甘露法之食，解脱味爲漿。"清董誥《全唐文》卷七百十八："四生蠢蠢，三界茫茫。飡禪悦食，飲解脱漿。咸臻覺道，速詣真場。"《維摩詰所説經新注》："羅什説味有四種：'一、出家離五欲；二、行禪離憒鬧；三、智慧離妄想；四、涅槃離生死。'具此四味即得解脱，故喻爲漿。"劉紹義《寒冬自有粥米香》："古時候粥有'水飯''法乳'

‘雙弓米’‘溥沱飯’‘解脱漿’等稱呼。"①《漢語大詞典》未收，當補。

【思憶】

> 師云："祖與佛古人道了也，如何是思憶不及處？"（卷十三《趙州從諗真際禪師語録並行狀卷上》）

考慮、思考。南北朝佛陀耶舍共竺佛念等《四分律》卷五十三："但説妨道法，説王事、賊事、鬥戰軍馬事、大臣事、騎乘事、園觀出入事、卧起事、女人事之服飲食事、親里事、國土事、思憶世間入大海事，斷除如是一切妨道之業。"陶弘景《周氏冥通記》卷二："又諸記中往往有黯易字，當是受旨時匆匆，後更思憶改之，昔楊君迹中多如此。""思憶改之"猶言考慮改之。唐釋一行《大毗廬遮那成佛經疏》卷二："若行者晝日雖有所聞，誦習昏憒，不得其善巧，至暗夜思憶所爲之事，重復籌量，便得明瞭。"《漢語大詞典》僅釋"想念"義，當補正。

【鎖子】

> 男兒鎖子黃金骨，苦痛無明墮污泥。（卷二十八《舒州龍門清遠佛眼和尚語録》）

"鎖子"即指鎖子骨。《醫宗金鑒·刺灸心法》之《周身名位骨度篇》云："柱骨者，膺上缺盆之外，俗名鎖子骨也，内接橫骨，外接肩解也。"② 原文本是"觀音黃金鎖子骨"，語出"金沙灘頭馬郎婦"典故。《觀世音持驗紀》序："元和十二年，忽有美女，挈籃鬻魚，人競欲娶之。女曰：'有一夕能誦《普門品》者，則吾歸之。'黎明能誦者二十餘輩。復授以《金剛般若》，能誦猶十人。乃更授《法華全經》，期以三日通徹。獨馬氏子能之，乃具禮迎歸。入門，女稱疾，求止別房，須臾便死。體即爛壞，遂瘞焉。數日，有紫衣老僧至葬所，命啓視。惟黃金鎖子骨而已。謂眾曰：'此觀音大士，憫汝輩障重，故垂方便示現，以化汝耳。'"《南岳繼起和尚語録》卷七："堯峰耆舊柏泉入塔，諸弟子請上堂：'男兒鎖子黃金骨儘你拋撒，亦不狼藉。'"《漢語大詞典》僅釋爲"鎖鏈"，缺"鎖子骨"義，當補。

---

① 劉紹義：《寒冬自有粥米香》，載於《綠化與生活》，2014年第2期。
② ［清］李璋煜原編、韋以宗校：《續增洗冤録辨證參考》，北京：北京科學技術出版社，2012年，第293頁。

【曩劫】

　　三衣覆體，曩劫修來。四事供須，非從今日。（卷三十五《大隋開山法真神照禪師語録》）

　　"曩劫"指过去前世的劫运。《爾雅·釋詁下》："曩，久也。"郝懿行義疏："曩者，《釋言》云：'曏也。'《説文》：'曩，不久也。'今按：對遠日言，則曏爲不久也。對今日言，則曏又爲久。故《廣雅》云：'曏，久也，曩也。'曩與曏同。"《緇門警訓》卷一《潙山大圓禪師警策》："曩劫徇塵未嘗返省，時光淹没歲月蹉跎。"唐實叉難陀《大方廣佛華嚴經》卷五："佛於曩劫爲衆生，修習無邊大悲海。"《陀羅尼雜集》卷三："誦此陀羅尼，曩劫所作極重惡業，皆悉消滅無有遺餘。"

【累垂】

　　上堂，僧問："牛頭未見四祖時如何?"師云："頭上戴累垂。"（卷二十《舒州白雲山海會法演和尚初住四面山語録》）

　　"累垂"本義爲果實連接成串下垂貌。宋惠洪《石門文字禪》卷十："霜菊後屋頭，千樹橘累垂。"蕭立之《蕭冰崖詩集拾遺》卷上："江梅累垂壓枝重，三年空作吞江夢。"

　　引申爲飾物。明王世貞《弇州四部稿》卷七《詩部》："頭上倭髻，珍珠累垂。"此言珍珠下垂。清樊增祥《樊山續集》卷十二《西京酬唱集》："肩上累垂髩底磨，耳神安樂有行窩。"此處即指頸飾磨觸鬢髮。

　　又特指"瓔珞"。"瓔珞"，又名"華鬘"，最早是佛教頸間的飾物。起源於印度，梵語稱爲"積由羅"。據風約湘裙描述："這種頸物的形製極繁，通常是項圈上懸掛各種華貴的串飾，自頸至於胸累垂滿滿，有的還會一直垂至足部，甚至要臂飾相連，華麗繁雜至極。"[①]《法苑珠林》卷六："首冠華鬘，身著天衣。"《佛五百弟子自説本起經·須鬘品》："頭上戴傳飾，耳著須鬘花。"引例中"頭上戴累垂"喻指坐禪修行。牛頭未見四祖時"頭上戴累垂""百鳥銜花獻"，説明牛頭法融禪師外在表象上的修行，連鳥都知道。見後則"青布遮前""百鳥不銜花獻"，見到四祖之後則達到

---

　　① 風約湘裙：《世間女子最相思·最美古詩詞裏的閨情春怨》，武漢：長江文藝出版社，2013 年版，第 101 頁。

了"超聖入凡"的境界。《漢語大詞典》釋義僅爲"下垂",未及其引申義。

二、歷史漢語文獻詞

《古尊宿語録》雖由僧人用口語所記載,但是其間經過多次私人刊補和歷代官府刊刻,其語言成分表現出古今並存、雅俗共賞的特點。本書所考察的歷史漢語文獻詞是指出現在《古尊宿語録》中,根據《漢語大詞典》和"中國基本古籍庫檢索系統"檢索,首例早於唐五代的詞。爲節省篇幅,恕不進行窮盡性考察。

(一) 先秦兩漢詞

【管解】

藥病相治學路醫,扶籬摸壁小兒戲。幽谷不語誰人測,管解師承執不知。(卷十五《雲門文偃匡真禪師廣録上》)

見識短淺,一知半解。義同管見。語出《漢書·東方朔》:"以管窺天,以蠡測海。"北宋睦庵善卿《祖庭事苑》卷一:"管解,古語。持蠡酌海,握管窺天。"原文是雲門禪師對那些不講師承,道聽途説,一知半解的禪僧的批評語:如同一知半解的江湖郎中,雖有察言觀色的本領,但是當幽谷不語時,他們便不知所措。《漢語大詞典》未收。

【攸濟】

如亡津梁,如失舟檝,莫知攸濟。(卷三十四《舒州龍門清遠佛眼和尚語録》)

攸濟,濟渡。"攸",助詞,用在動詞前,相當於"所"。《詩經·大雅·靈臺》:"王在靈囿,麀鹿攸伏。"鄭玄注:"攸,所也。文王親至靈囿,視牝鹿所遊伏之處。"《廣韻·霽韻》:"濟,渡也。"《尚書》:"予惟小子,若涉淵水,予惟往求朕攸濟。"孔傳:"往求我所以濟渡。"唐陸贄《翰苑集》卷三:"緬懷前烈,致于昇平。予心浩然,罔知攸濟。"宋程俱《北山小集》卷二十七:"虜衆大入,孤城不支。玉石俱焚,罔知攸濟。"《漢語大詞典》未收。

【税駕】

二王税駕觀焉。(卷十三《趙州從諗真際禪師語録並行狀卷上》)

“税駕”猶解駕，休息。《史記・李斯列傳》:“上者可謂富貴極矣，物極則衰。吾未知所税駕也。”司馬貞索隱:“税駕，猶解駕，言休息也。李斯言己今日富貴已極然，未知向後吉凶，止泊在何處也。”李白《行路難》:“李斯税駕苦不早。”宋蔡夢弼《杜工部草堂詩箋》:“‘舊丘豈税駕’，‘舊丘’，故里也，‘税駕’，言得止息也。”晉陸機《招隱》:“富貴苟難圖，税駕從所欲。”又《吊魏武帝文》:“雖光昭於曩載，將税駕於此年。”《文選・潘岳〈西征賦〉》:“余乃越平樂，過街郵，秩馬皋門，税駕西周。”此猶言“解駕西周”。《漢語大詞典》未收，當補。

【繡絪】

一言才出口，地上繡絪開。(卷二十《舒州白雲山海會法演和尚初住四面山語録》)

“繡絪”乃五彩墊褥。《漢語大詞典》未收。《説文・糸部》:“繡，五彩備也。”《周禮・考工記・畫繢》:“五彩備謂之繡。”“絪”同“茵”。《説文・艸部》:“茵，車重席。”《漢書・丙吉傳》:“此不過污丞相車茵耳。”顔師古注:“茵，蓐也。”《後漢書・祭祀志》:“帳中坐長一丈，廣六尺繡絪，厚一尺，著之以絮四百斤。”清張雲章《樸村詩集》卷五:“玉山朗鑒秉銓衡，鶴髮高堂記繡絪。”吴士玉《駢字類編》卷一百七十三《器物門》二十六:“繡絪，茵、裀俱同。”

【紵麻】

蕩蕩隨緣去，湖南出紵麻。(卷二十三《汝州葉縣廣教歸省禪師語録》)

“紵麻”，麻的一種。《漢書・地理志下》:“男子耕農種禾稻、紵麻。女子桑蠶織績。”漢劉珍《東觀漢記》卷十五《茨充》:“充令屬縣教民益種桑柘養蠶桑織履，復令種紵麻，數年之間，人賴其利，衣履温暖。”《三國志・魏書》:“婦人被髮，屈紒作衣如單被穿其中，央貫頭衣之。種禾稻、紵麻、蠶桑，緝績出細紵縑緜。”唐慧琳《一切經音義》卷七十六:“紵木，除吕反。《周禮》云:‘紵麻，草之物也。’鄭注云:‘白而細曰紵。'《説文》：'從糸宁聲，宁音同上。'"宋陳耆卿《（嘉定）赤城志》卷三十六《風土門》一："布有葛、紵、麻三種，皆續其皮爲之。《史記》以紵爲纑。"宋梅堯臣《二月五日雪》："有夢皆蝴蝶，逢衣只紵麻。"《漢語大詞典》未收，當補。

【居肆】

> 到汝分上，喚作百工居肆，各遂營生。（卷十二《池州南泉普願禪師語要》）

居肆，安於常業。"肆"，店鋪。《論語·子張》："百工居肆，以成其事。"邢昺疏："肆，謂官府造作之處也。"皇侃義疏："百工者，巧師也。言百者，舉全數也。居肆者，其居常所作物器之處也。言百工日日居其常業之處，則其業乃成也。"宋程遇孫《成都文類》卷七："民事農耕，士就學，商販工居肆。""居肆"當專指工商業者居於常業。葉夢得《石林家訓》："治生不同，出作入息，農之治生也；居肆成事，工之治生也；貿遷有無，商之治生也。"元胡祇遹《紫山大全集》卷十五："即下令曰：'敢虐民者，當以法繩之。工賈居肆者，各成其市門。户開朗，安生樂業，無驚疑恐懼。爲農者，各安畎畝，趨時力田無苟且。'"此言手工業者及商人安生樂業。《漢語大詞典》未及此義，當補。

【蟄户】

> 師云："洪雷一震，蟄户無私。仁者作麼生？"（卷三十七《鼓山先興聖國師神晏和尚法堂玄要廣集》）

"蟄户"即蟄蟲的洞穴。《禮記·月令》："仲春之月，雷乃發聲，始電，蟄蟲咸動，啓户始出。"《後漢書·馬融列傳》："罿終葵，揚關斧。刊重冰，撥蟄户。測潛鱗，躧介旅……罿亦揮也。"南北朝庾信《庾子山集》卷三："春柳卧生根，早雷驚蟄户。"唐駱賓王《幽繫書情通簡知己》："覆盆徒望日，蟄户未驚雷。"《漢語大詞典》未收該詞，當補。

【九鞫】

> 師拈云："臨濟可謂冰淩上度過九鞫，劍刃上拾得全身。"（卷四十六《滁州琅琊山慧覺和尚語録》）

"九鞫"，乃九次審問，言審問次數之多。鞫，審問。《廣韻·屋韻》：

"鞠，推窮也。"《漢書·刑法志》："父子悲恨，朕甚傷之。今遣廷史與郡鞠獄，任輕禄薄。"如淳注："廷，史廷尉史也。以囚辭決獄事爲鞠，謂疑獄也。"李奇曰："鞠，窮也，獄事窮竟也。"《史記·李斯列傳》："於是群臣諸公子有罪，輒下趙高，令鞠治之。"《文選·任昉〈齊竟陵文宣王行狀〉》："未嘗鞠人於輕刑。"吕向注："鞠，問也。"唐慧琳《一切經音義》卷八十七："鞠，張戩《考聲》云：'鞠，窮罪人也。'"

引例中"冰淩上度過九鞠"即度過九次拷問。明黄道周《黄石齋先生文集》卷二《感恩疏》："臣自北司過刑部又一伏臘矣。九鞠四栲不敢言冤，萬死一生不敢言創。"此處"九鞠四栲"即言多次拷問。《漢語大詞典》未收，當補。

【罔測】

　　師見新到來參云："克尤叵耐。"僧罔測，一邊立。（卷六《睦州道踪和尚語録》）

"罔測"，疑惑，茫然不知所措。本義爲猜測、預測。漢揚雄《揚子雲集》卷二："初一始務無方，小人亦用。罔測曰：'始務無方，非小人所理也。'"五代劉崇遠《金華子雜編》卷下："一旦，有諸野禽飛集，俄而漸衆梁棟之上，栖息無空隙，不復畏人。厨人饋食於堂，俄手中盤饌皆被衆禽搏撮，莫可驅趕，其家老人罔測灾祥。"唐歐陽詹《歐陽行周文集》卷六："天道冲融，變化無窮，發祥布象時，异始而同終。神理閟密，吉凶罔測，示形告兆亦同。"引申爲茫然疑惑。宋李燾《續資治通鑑長編》卷三百七十三："於上權勢不分，於下幸甚又言。執政用事，舊人未免尚懷欺罔。援引非類，排闢正人，寬當罪之誅，回已行之令，人心罔測，爲之不安。"《漢語大詞典》未收。

【橐鑰】

　　大道本無元，卷舒由橐鑰。（卷二十《舒州白雲山海會法演和尚初住四面山語録》）

"橐鑰"，風箱。古時候冶煉時用來鼓風的氣囊。橐，以牛皮製成的風袋；鑰，吹口管樂器。《道德經》："天地之間，其猶橐籥乎？虚而不屈，動而愈出。"王弼注："橐，排橐也。籥，樂籥也。橐籥之中空洞無情無爲，故虚而不得窮屈，動而不可竭盡也。"唐慧琳《一切經音義》卷四十七"橐籥"條："上湯各反。《集訓》云：'橐，小囊也。'又云：'無底囊也。'下陽削反，《考聲》：'鍵器也。'"柳宗元《解崇賦》："風雷嗁嗁以爲橐籥兮，回禄煽怒而喊呀。"《漢語大詞典》未收。

（二）魏晋六朝詞

【良由】

> 明月照見夜行人，良由不是他家事。（卷四十二《寶峰雲庵真净禪師住筠州聖壽語録一》）

"良由"，因爲，緣由。晋杜預《春秋左傳正義》附《釋音春秋左傳注疏》卷五十六："《正義》曰：'昭十三年，南蒯以費叛，連年伐而不克。十年侯犯以郈叛，一年再圍而不克，良由其城險固，家臣數以背叛。'"劉勰《文心雕龍·聲律》："今操琴不調，必知改張。摘文乖張而不識所調，響在被弦。乃得克諧聲，萌我心更失和律，其故何哉，良由外聽難爲聰也。"唐張鷟《遊仙窟》卷四："所以研難竟，良由水太多。"明逍遥子《逍遥子導引訣》："顔色憔悴，良由心思過度勞碌不謹。"《太平御覽》卷九十六《皇王部》二十一："弃所大以資人，掩其小而自托，爲天下笑，其故何哉？良由失慎於前，所以貽患於後。"《漢語大詞典》未收，當補。

【今現】

> 學云："和尚爲什麼自隱去？"師云："我今現共你語話。"（卷十三《趙州從諗真際禪師語録並行狀卷上》）

"今現"即如今，現在。南北朝僧祐《出三藏記集序》卷九："今現已有十三品作四十卷爲經文句。"佛陀耶舍共竺佛念等《四分律》卷十三："長者語言云：'何言不爾，汝今現與同道行。'"隋吉藏《中觀論疏》卷十五："若無則不應破，破，故則不應無。今現見汝破，故知不無。"清陳端生《再生緣全傳》卷十八："京得梁相一門通宵不睡，今現告假在家。"《漢語大詞典》未收。

【竹弗】

> 上堂："舉昔日天台國清寺因炙茄次，有拾得以竹弗向維那背上打一下，維那叫直歲：'你看這風顛漢！'"（卷四十二《寶峰雲庵真净禪師住筠州聖壽語録一》）

烤肉用的竹签。《集韻·産韻》："弗，燔肉器。"《集韻·陌韻》："鏼，鐵弗。箓，竹弗。"南北朝賈思勰《齊民要術》卷九《膞炙豘法》："小形豘一頭，膞開去骨，去厚處，安就薄處。令調取肥豘三斤，肥鴨二斤，合細琢魚漿汁三合，葱白二升，薑一合，橘皮半合，和二種肉著豘上，令調平。以竹弗弗之，相去二寸下，弗以竹箬著上，以板覆上重物迮之，得一宿。明旦微火炙，以蜜一升合和，時時刷之，黄赤色便熟，先以雞子黄塗之，今世不復用也。"《漢語大詞典》未收。

【孤邈】

有講華嚴經大師，節行孤邈。若歲大旱，咸命往臺山祈禱，大師未回，甘澤如瀉。（卷十三《趙州從諗真際禪師語録並行狀卷上》）

孤傲高遠。《漢語大詞典》未收。南北朝江淹《江文通集》卷十："淹，字文通，濟陽考城人。幼傳家業，六歲能屬詩，十三而孤邈過庭之訓。"《舊唐書》卷九十一《列傳》第四十一："故練而慨然者，蓋悲慕之懷未盡，而踴擗之情已歇；祥而廓然者，蓋哀傷之痛已除，而孤邈之念更起。"明方孝孺《遜志齋集》卷二十三："志大固難售，心孤邈誰親。"

【葛衫】

只待置個葛衫，準備來年夏熱。（卷四十五《寶峰雲庵真净禪師偈頌》）

"葛衫"，粗麻裁製的夏季汗衫。《北史·袁充列傳》："其父黨至門，時冬初，充尚衣葛衫。客戲充曰：'袁郎子絺兮綌兮，凄其以風。'充應聲曰：'唯絺與綌服之，無斁以是。'"此言袁冲在冬初尚穿葛衫，並答客戲言曰："粗葛、細葛，穿在身上不厭倦。""絺"，細葛。"綌"粗葛。袁冲之語出自《詩經·周南·葛覃》："爲絺爲綌，服之無斁。"毛傳："精曰絺，粗曰綌。"

宋陸游《鳥啼》："葛衫麥飯有即休，湖橋小市酒如油。""著葛衫，吃麥飯"乃麥收之後，立夏時節。又如明王同軌《耳談類增》卷三十七《雅謔篇》："時二月已著葛衫，故知立夏早也。"文翔鳳《皇極篇》卷一《伊書詩伊川草一》："近塞常如秋未闌，葛衫五月畏朝寒。"

"葛衫"，又名"絺綌"。據宋佚名《釋常談》卷上"絺綌"條："葛衫謂之絺綌，《論語》曰：'當暑縝絺綌，必表而出之。'注曰：'單著葛衫而出非禮也，必表者，須著上蓋也。'"明袁中道《珂雪齋集》前集卷三：
"常見汝葛衫粗似水田衣。"清徐寶善《壺園詩鈔選》卷八《還瀛集》"葛
衫"條："采葛復采葛，非云弃絲麻，白日憺炎暑，深夢通蒼葭。蕭蕭秋
風起，恐有任西華。"

因爲"葛衫"是清貧人士的衣服，故爲清貧的象征。清王初桐《奩
史》卷十四《眷屬門》一："陶侃貧時，冬日著敝葛。及貴，母恒於公服
袖口内縫一片，曰：'汝當作佳官，勿忘著葛衫時也。'"陸錫熊《篁村集》
卷二《秋夜懷張大奕蘭因呈東皋諸子》："同學諸君愧相訊，葛衫潦倒舊磯
頭。"《漢語大詞典》未收，當補。

【白氎】

> 问："忽遇大闡提人来还相为也无？"師云："西天出白氎。"（卷
> 二十三《汝州葉縣廣教歸省禪師語録》）

"白氎"，本指草名，可用以織布。南北朝迦葉摩騰《大智度論》卷二
十九："如菩薩初生七日之中，裹以白氎示諸相師。"清楊倫箋注《杜詩鏡
銓》卷三："'光明白氎巾'，《後漢書》注：'外國傳曰諸簿國女子織作白
氎花布。'"唐樊綽《蠻書》卷十："男子多衣白氎，婦人當頂爲高髻，以
金銀真珠爲飾，著青婆羅裙。"唐慧琳《一切經音義》卷四"白氎"條：
"氎，徒頰反。西國草名也，其草花絮堪以爲布。"北宋睦庵善卿《祖庭事
苑》卷一："白氎，徒葉切，草名也。出高昌國，採其花織以爲布。又出
婆利國，粗者，名古具，細者，名白氎。"《四分律名義標釋》："白氎，徒
協切。音牒。細布也。西國織氎。闊二肘，乃至三肘。長五肘，乃至九
肘。橫被爲服。《南史》：'高昌國有草實如繭，繭中絲如細纑，名曰白氎，
安子國人，取織以爲布。甚軟白（纑，音盧，布縷也。繭，音繭）。'"《漢
語大詞典》未收。

【棘欒】

> 對云："不封不樹，大眾會廢？若不會，重下注脚去也。不封不
> 樹以棘欒。"（卷二十六《舒州法華山全舉和尚語要》）

"棘欒"，荆棘和木欒，泛指野外草木。《爾雅·釋木》："棘，小棗叢
生者。"郝懿行義疏："棘，終牛棘。"《銀雀山漢墓竹簡·孫臏兵法·地
葆》："五草之勝曰：'藩、棘、椐、茅、莎。'"《説文·木部》："欒，木似

欄。《禮》：'天子樹松、諸侯柏、大夫欒，士楊。'"《廣雅・釋草》："曲枅謂之欒。"南北朝庾信《傷心賦》："藤緘轊檟，栰掩虞棺，不封不樹，惟棘惟欒。"晋郭璞《山海經傳・大荒南經》第十五："有雲雨之山，有木名曰欒。禹攻雲雨，有赤石焉生欒。黄本赤枝青葉，群帝焉取藥。"宋曾豐《緣督集》卷一《元集祀鹽先》："人以鹽兮爲衣，鹽以桑兮爲糧，柞樗、棘欒豈無葉兮可食之？"《漢語大詞典》未收。

【黄茅瘴】

火裏蝍蟟吞大蟲，去年不似今年窮。直得黄茅瘴氣發，雪壓桃花處處紅。（卷四十五《寶峰雲庵真净禪師偈頌》）

一種瘴氣。晋嵇含《南方草木狀》卷上："芒茅枯時，瘴疫大作，交廣皆爾也。土人呼曰'黄茅瘴'，又曰'黄芒瘴'。"隋巢元方《諸病源候總論》卷十一《瘴氣候》："夫嶺南青草黄茅瘴，猶如嶺北傷寒也。南地暖，故太陰之時草木不黄落。伏蟄不閉藏，雜毒因暖而生，故嶺南從仲春訖仲夏行青草。"唐李商隱《爲濮陽公陳情表》："以久處炎荒，備薰瘴毒。"徐炯注引《番禺雜編》："嶺外二三月爲青草瘴，四五月爲黄梅瘴，六七月爲新水瘴，八九月爲黄茅瘴。"《漢語大詞典》未收，當補。

【白癩】

陝府鐵牛白癩，嘉州大象耳瞆。（卷四十七《東林和尚雲門庵主頌古》）

"白癩"乃麻風病。雷漢卿列入"待考録"。據筆者所見，前輩學者尚未論及。晋葛洪《肘後備急方》卷五《療白癩》條："苦參五斤，酒三斗，漬飲，勿絶。並取皮根末服，效驗。"唐慧琳《一切經音義》卷三十"白癩"條："下，來帶反。《文字集略》云：'癩病也。'《説文》：'作癘，惡疫也。'《文字典説》：'從疒頼聲也。'"明王肯堂《證治准繩》卷一百十五"白癩"條："夫白癩病者，其語聲嘶鳴，目視不明，四肢頑疼，身體大熱，心中驚恐，手脚緩縱，臂臗拘急，内如針刺，或生瘟疹而起，往往正白在皮肉裏，鼻有息肉，目生白珠當於瞳子，視無所見，名白癩也。"朱橚《普濟方》卷一百十一《諸風門白癩論》："夫白癩之候，語聲嘶嘎，目視不明，四肢痿痺，闕熱痛如火燔灼，脊膂拘急内如刀劈，手足頑弱，身體瘟疹，鼻生息肉，目生白珠，肉如針刺或生瘟疹而色斑白，故謂之白癩也。"《漢語大詞典》未收，當補。

第五節 《古尊宿語録》新詞新義

新詞是指"爲了適應文化發展和社會生活變化的需要而新造的那些詞"①。本書依據董志翹的觀點，所謂新詞新義，既包括那些新造的詞，也包括那些固有的語言形式在詞彙發展的過程中獲得了新的意義的詞。②

根據《古尊宿語録》的成書時間，我們把《古尊宿語録》的新詞新義定位於唐宋時期。由於《古尊宿語録》中的詞彙新詞新義非常豐富，本書只擇取具有代表性的且《漢語大詞典》和《唐五代語言詞典》未收録的一部分詞加以考察。具體做法是：利用 2.0 光碟版《漢語大詞典》和江藍生、曹廣順《唐五代語言詞典》爲參照，結合"中國基本古籍庫""漢籍全文檢索"和《電子佛典》語料庫檢索系統，考察詞語詞形的首見時代以及文本中使用義項的時代。凡首例見於《古尊宿語録》及以後者，不管是禪籍語録還是世俗文獻，都是本書的書證範圍。

一、新形新義詞
【當鞅】

又問："如何是人境俱奪?"曰："躡足進前須急急，促鞭當鞅莫遲遲。"（卷七《汝州南院慧顒禪師語要》）

"當鞅"，乃當駕前行。《説文·革部》："鞅，頸靼也。"《集韻·陽韻》："鞅，馬頸革。"《釋名·釋車》："鞅，嬰也，喉下稱嬰，言瓔珞之也。"《集韻·漾韻》："鞅，馬駕具。"遼希麟《續一切經音義》："鞅，《切韻》云：'牛項索也。'"《文選·謝朓〈京路夜發〉》："行矣倦路長，無由税歸鞅。""當鞅"，即當駕，手抓馬頸靼當駕前行。"促鞭當鞅莫遲遲"即策馬揚鞭快快前行，與前文"躡足進前須急急"相對應。"躡足"，急行。

---

① 張永言：《詞彙學簡論》，武漢：華中理工學院出版社，1982 年版，第 87 頁。
② 董志翹：《〈入唐求法巡禮行記〉詞彙研究》，北京：中國社會科學院出版社，2000 年版，第 90～91 頁。

《漢語大詞典》未收"當鞅"一詞，當補。

【當情】

> 師因出外，見婆子插田，云："忽遇猛虎作麼生？"婆云："無一法可當情。"（卷十三《趙州從諗真際禪師語録並行狀卷上》）

"當情"，當前、當面。唐元稹《放言五首》："孫登不語啓期樂，各自當情各自歡。"五代釋延壽《宗鏡録》卷十一："立即是取，遣即是捨，今無遣無立，道自玄會矣，豈有真妄當情乎？"《圓悟佛果禪師語録》卷八："無一法當情，無一物附心。蕩蕩無拘自然，如水上按葫蘆相似，觸著便轉捺著便動。"李彌遜《筠溪集》卷十七《與公曄飲西山坐上再和前韻》："了無一物可當情，休數行年問丙丁。"清沙琛《點蒼山人詩鈔》卷六："理鍛終朝忘暑，撫琴得趣非聲。道人看經遮眼，閑客遊山當情。"《西遊記》第八十九回："孫黃獅頓首百拜：'才子，那妖精敗陣，必然向他祖翁處去會話。明辰斷然尋我們報仇，當情與你掃蕩乾净。'"《漢語大詞典》未收，當補。

【提獎】

> 若也照用不同時，提攜嬌兒，拊憐愛子。（卷四十六《滁州琅琊山慧覺和尚語録》）

"提獎"，提携。宋黃震《黃氏日鈔》卷六十五《讀文集》："數十年，先生君子但用文章提獎後生，故華而不實。"李昉《文苑英華》卷六百七十三："提獎之恩，已別昔時。"馬令《南唐書》卷十三："喜提獎後進，每見一文可采，者輒自繕寫。"釋贊寧《宋高僧傳》卷十八："願以慈悲手，提獎共西行。"明張蕑《寶日堂初集》卷十五："念當日先輩提獎，不覺潸然，因記其末。"《漢語大詞典》未收，當補。

【欠少】

> 洞山代云："什麼劫中曾欠少。"（卷十六《雲門文偃匡真禪師廣録中》）

不足、缺減。唐慧琳《一切經音義》卷七"缺減"條："字書云欠少也。"王梵志詩《有錢惜不吃》："只得紙錢送，欠少元不知。"五代釋延壽《宗鏡録》卷九十八："臨濟和尚云：'如今諸人與古聖何別爾？且欠少什麼?"宋李之儀《姑溪詩集》:"本來無欠少,强自起攀緣。"居簡《北磵文集》卷八:"雖百堵未足,爲多只有五通,那一通何曾欠少?"《景德傳燈録》卷六《越州大珠慧海禪師》:"一切具足,更無欠少。"《漢語大詞典》未收。

【旌幢】

> 師云:"映輝明寶燭,炎赫爍旌幢。"(卷十《汾陽善昭禪師語録》)

"旌幢",同義復合詞,旗子的總稱。《爾雅·釋天》:"注旄首曰旌。"郭璞注:"載旄於竿頭,如今之幢,亦有旈。"《説文新附·巾部》:"幢,旌旗之屬。"《漢書·韓延壽傳》:"建幢棨,植羽葆。"顏師古注:"晋灼曰:'幢,旌幢也。棨,戟也。'師古曰:'幢,旄也。'"宋洪邁《夷堅支志》辛卷二《洞天真人殿》:"又有張高蓋乘大馬,傳呼而至,前後旌幢簇列。"程大昌《演繁露》卷十一《鼓角》:"至界首,衙仗前引,旌幢中行,大將打珂,金鉦鼓角隨後右出。"《漢語大詞典》未收,當補。

【臺旆】

> 僧問:"世尊拈花,迦葉微笑。臺旆光臨於法席,願師方便爲宣揚。"
> (卷二十二《黄梅東山法演和尚語録》)

宋代對軍中將領的尊稱。宋王冲《續寄一章》:"遥知臺旆行春暇,起作元鈞輔弼人。"樓鑰《攻媿集》卷六十六:"赴官永嘉,才聞臺旆造朝已復還山,後知起鎮臨漳。"朱熹《晦庵別集》卷五:"已托徐丞遣人見報,日今未至而來使,及門則云:'臺旆已從東路而上矣。'"清曹煜《繡虎軒尺牘》二集卷七:"明年夏秋臺旆入,都不知能復過我西窗。"曾國藩《曾文正公書札》卷八:"臺旆親統各營,攻破神塘河賊壘,直搗無爲州城。"《漢語大詞典》未收,當補。

【拊憐】

> 若也照用不同時,提獎嬌兒,拊憐愛子。(卷四十六《滁州琅琊山慧覺和尚語録》)

"拊憐",愛撫。《詩經·小雅·蓼莪》:"父兮生我,母兮鞠我,拊我畜我,長我育我。"《爾雅·釋詁下》:"憐,愛也。""拊憐",同義並列復合詞。宋洪邁《夷堅志》卷八:"小兒過焉,認以爲母,眷戀不忍去,婢

亦拊憐之。"黄庭堅《山谷外集》卷五："少小長母家，拊憐輩諸童。"劉
克莊《後村集》卷一百四十："不分生死，君尤拊憐弗責。"《漢語大詞典》
未收，當補。

【捶栲】

　　讀盡百王書，未免受捶栲。（卷七《汝州南院慧顒禪師語要》）

拷打。"捶"，敲打。《説文·手部》："捶，以杖擊。"《廣雅·釋詁
三》："捶，擊。"唐慧琳《一切經音義》卷十五"栲掠"條："上音考。
《考聲》云：'捶也，打也。'""栲"爲"拷"之借音。《太平廣記》卷二百
六十九《酷暴》三："微不勝其捶拷而死，後屢見思微，遂設齋，轉經。
俄見思微止於庭曰：'汝陷我，今來取汝。'"《漢語大詞典》未收録"捶
拷"和"捶栲"。

【捺伏】

　　後人不明古人意，了去那裏閉眉合眼，捺伏身心，堆堆地坐了等
悟。（卷三十三《舒州龍門清遠佛眼和尚普説語録》）

"捺伏"即按耐。宋釋惠洪《林間録》卷下："示衆曰：'若是此事最
是急切，須是明取始得。若是明得，時中免被拘繫，便得隨處安閑。亦不
要將心捺伏，須是自然合他古轍去。'"又指按住身體降服。清佚名《綠牡
丹》第十五回《悔失信南牢獨劫友》："才待動身要起，早跑過十數個人捺
伏身上，那槐杖鐵尺似雨點打來。"張岱《夜航船》卷七《政事部》："帝
令宣謝主，宣不拜，帝令捺伏，宣以手據地不伏。"《漢語大詞典》未收。

【寡拙】

　　石門後輩，諸事寡拙。（卷九《石門山慈照禪師鳳岩集》）

淺薄笨拙。《唐故河西硯府君邈真讚並序》："余以寡拙，邈敢不
徒。"[①] 宋吕南公《灌園集》卷十六："暮凌兢憂，未逃於責察；智能寡
拙，敢非望於提携。"周紫芝《太倉稊米集》卷五十三："伏念臣受性顓
蒙，謀身寡拙，平生塞巇，嗟志意之先衰。"明雷禮《鐔墟堂摘稿》卷三
序："惟修者詎止予之寡拙已也。"清胡聘之《山右石刻叢編》卷十二：

---

① 《法藏》27/105A）P. 2482（2），引自劉釗《出土文獻與古文字研究》第3輯，復旦大
学出版社，2010年版，第414頁。

"大學英仁希不笑於寡拙。"《漢語大詞典》未收。

【曲獎】

　　謝西州和尚，遠發緘封，曲獎卑能，悚惕無盡。（卷二十三《汝州葉縣廣教歸省禪師語録》）

　　褒獎。宋陳思《書苑菁華》卷十五："則知乃神乃聖包衆智而同歸，多藝多材摠群方而兼善。諒天機之獨運豈凡識之能窺，臣等才浮瓶筲，任叨衡石。器滿之誡，每切於愚心；棟隆之吉，實慼於明代。而天慈曲獎，乾造不遺。"此謂天降慈恩加以褒獎。李昉《文苑英華》卷五百七十九："通秘笈於龍廷之中，枉仙輿於鳳樓之下。殊私曲獎，以日而系年；縟禮崇徽，誇今而邁昔。"清董誥《全唐文》卷二百四十五："雖殊恩曲獎，惠澤實浸於肌膚而妨公害私，謗訕恐盈於道路。"此言殊遇恩慈和獎賞。《漢語大詞典》未收，當補。

【蹩躃】

　　師與僧行路次，因見死人，僧便問："車在這裏，牛在什麽處？"師云："你蹩躃行。"（卷二十三《汝州葉縣廣教歸省禪師語録》）

　　"蹩躃"指行不正，跛行。唐柳宗元《種仙靈毗》："及言有靈藥，近在湘西源。服之不盈旬，蹩躃皆騰騫。"此言"行不正者皆仕途得意"。明李萬實《崇質堂集》卷六《詩部》："勃率見客羞，蹩躃倚童扰。"清張塤《竹葉庵文集》卷三十《八歸·明御史郭本墓》："碑陰處，紙鳶初斷。拍手兒童，迷藏爭蹩躃。"意即兒童玩捉迷藏、模仿跛行的遊戲。沈學淵《桂留山房詩集》卷四："惜無秦皇力士鞭，叱咤昂昂走千里。脚難濟勝神不王，蹩躃歸來坐惆悵。下山覓得寒驢行，猶作據鞍顧盼狀。"《漢語大詞典》未收，當補。

【鈴槌】

　　師云："廣教不問你，來日吃鈴槌。"（卷二十三《汝州葉縣廣教歸省禪師語録》）

　　"鈴槌"即鐵錘。宋李之儀《姑溪詩集》："聞君奮鈴槌，喝下分華戎。"韓淲《澗泉集》卷十二："隨身竿木初無地，到手鈴槌亦信天。""竿木"與"鈴槌"對舉。明黄元吉《净明忠孝全書》卷六："真净妙明之心學，若凡夫肉眼，當時自見有許多鬼工現前，鈴槌鑪鞲靡所不有。"黄淮《省愆集》卷下："降魔神力歸禪定，破鈍鈴槌屬鉅公。""鉅公"乃"巨匠"，此猶言："降魔的神力歸禪定，破鈍的鐵錘屬巨匠。"《漢語大詞典》未收。

【黏綴】

> 虛空本來無大、無小，無漏、無爲、無迷、無悟，了了見無一物，亦無人亦無佛，絶纖毫的量，是無依倚無黏綴，一道清流是自性。（卷三《黄檗希運斷際禪師宛陵録》）

"黏綴"乃連接、相合。《説文·黍部》："黏，相箸也。"唐慧琳《一切經音義》卷六十一"相黏"條："下躡廉反。《蒼頡》篇云：'黏合也。'《説文》：'黏，相著也，從黍占聲。'"《廣韻·祭韻》"綴，連綴，陟衛切。"《説文·糸部》："綴，合箸。"《廣雅·釋詁四》："綴，連也。""黏綴"亦可寫作"粘綴"。馮贄《雲仙雜記》卷五《挼花浸酒》："楊恂遇花時，就花下取藥，粘綴於婦人衣上，微用蜜蠟兼挼花浸酒，以快一時之意。"元釋行秀《從容庵録》卷五："凡物有圭角即不能圓轉。欲要活卓卓，無粘綴，無依倚，但向肯不肯處著眼。"《漢語大詞典》未收，當補。

【孤翾】

> 虛白何虛白，廣教揚孤翾。（卷三十《舒州龍門清遠佛眼和尚語録》）

"孤翾"乃孤鳥。唐韓愈《送無本師歸范陽》："芝英擢荒榛，孤翾起連荻。"此猶言"芝英生於荒野棘叢，孤鳥從蓮荻飛起"。宋李流謙《代送陳都大赴召》："飄零孤翾得廣廈，晨啄暮栖方竊庇。"鄭剛中《北山集》卷十二《贈周希父》："海風九月寒，孤翾相次起。"元袁桷《清容居士集》卷五《送陳仲剛歸番易》："孤翾誰爲群，重柳積翠霧。"

【保頭】

> 師咄云："這扶籬摸壁漢，三家村裏保頭也不能作得。"（卷六《睦州道踪和尚語録》）

"保頭"是宋代爲貧户作擔保的富户。據安開學考證，宋代王安石推行青苗法，變賣庫存的常平倉糧，以所得現金貸給農民，一年後歸還，收息兩分。一般每年借貸兩次，借貸金額按户等有差别，户等越高可得貸款越多，貧户借貸則須保頭擔保。保頭必須是第三等户以上有償還能力的富户來充當。① 宋盧憲《（嘉定）鎮江志》卷五《均役》："保頭管夫十名，隊頭管五十名，以本坊之殷實者爲之。"明黄淮《歷代名臣奏議》卷二百四十四："依麥熟時民間價例放六十文，仍令十户結爲一保，各以上等人户充作保頭，連名具狀，遞相保委，請領官錢。"《漢語大詞典》未收，當補。

【黄卷】

> 或云："黄卷赤軸則不問你，衲僧分上一句作麼生道?"（卷三十九《智門光祚禪師語録》）

"黄卷"指書籍。古代寫書用黄紙，故稱。《漢語大詞典》未收，當補。《晋書·列傳》第六十二《文苑》："嘗謂所親曰：'聖賢備在黄卷中，捨此何求?'"唐盧肇《别宜春赴舉》："筵上青樽今日酒，篋中黄卷古人書。"宋蔡夢弼《杜工部草堂詩箋》卷二十二："'黄卷真如律'，言詩書以礼法繩人也。"陳棣《静夜》："静夜披黄卷，青藜照五行。"李廷忠《橘山四六》卷一："'床頭黄卷尚分半壁之燈光'，《顏氏家訓》：'黄卷五經，赤軸三史，晋書褚陶，傳聖賢備在黄卷中，拾此何求?'《狄仁傑傳》：'黄卷中與聖賢對語，遞齋閑覽。'古人以蘗染紙以辟蠹，故謂之黄卷。"

【彩斾】

> 自須蓮社有緣通，曾迎彩斾長松下。（卷四十五《寶峰雲庵真净禪師偈頌》）

彩色的旌旗。《説文·㫃部》："斾，繼旐之旗也，沛然而垂。"段玉裁注："斾爲旗幟之總名。"唐李世民《元日》："彤庭飛綵斾，翠幌曜明璫。"宋李庚《天台集》續集卷下《次韻王似之過天台》："彩斾搖霜宿鳥驚，旋將疾苦問民情。"明沐昂《素軒集》卷三《送周僉憲》："彩斾搖搖見，青驄靡靡行。"此言"紅色的庭院彩旗飄揚，翠色的珠簾照耀著女子耳朵上的明璫"。"綵斾，彩旗。"② 清李嘉樂《仿潛齋詩鈔》卷十三《迎春》："彩斾翩翻映碧岑，東郊人語動歡音。"錢謙益《列朝詩集》甲集前編卷十一《太白醉歸圖》："樂部餘音隨彩斾，仙班小隊下清都。"《唐詩與洛陽》：

---

① 安開學：《中國名人大傳·王安石傳》，北京：北京聯合出版公司，2013年版，第127頁。
② 蕭楓主編：《唐詩宋詞全集》第一卷，北京：中國文史出版社，2001年版，第6頁。

"采眊，彩斾，彩旗。"①《漢語大詞典》未收。

【霶溥】

上堂："春日雨滋霶溥，逐根苗得門戶，甜者甜兮苦者苦。"（卷四十《雲峰文悦禪師初住翠岩語録》）

"霶溥"乃廣泛浸潤。《説文·雨部》："霶，雨霂也。"《詩經·小雅·信南山》："益之以霡霂，既優既渥，既霑既足，生我百穀。"鄭玄箋："益之以小雨，潤澤則饒給。"唐慧琳《一切經音義》卷十四引《通俗文》云："水浸曰漬，合言之則曰霶。"

《説文·水部》："溥，大也。"《詩經·大雅·公劉》："篤公劉，逝彼百泉，瞻彼溥原。"毛傳："溥，大。"鄭玄箋："溥，廣也。"唐歐陽詢《藝文類聚》卷十三《帝王部》三："洪澤滂流，茂化霶溥。"此言"淳美的教化廣泛浸潤。"明倪謙《倪文僖集》卷三十一："觀其鞭笞鬼魅則群邪伏藏，叱咤風雲則甘霖霶溥。"清方濬頤《二知軒詩續鈔》卷十三《喜雨》："醸膏倏然沛，滂沱潤下土。自未雨至晡，甘霖已霶溥。""甘霖霶溥"即言"甘霖浸潤"。《漢語大詞典》未收，當補。

【菑田】

莫待一朝眼光落地。菑田無一簣之功，鐵圍陷百刑之痛。（卷四十一《雲峰文悦禪師初住翠岩語録》）

"菑田"指新開之田。《爾雅·釋地》："田一歲曰菑。"郭璞注："今江東呼初耕地反草爲菑。"《説文·艸部》："菑，不耕田也。從艸、甾。《易》曰：'不菑，畬。'甾，菑或省艸。"《詩經·小雅·采芑》："薄言采芑，於彼新田，於此菑畝。"毛傳："田一歲曰菑。"宋孫應時《燭湖集》附編卷上："況是各承賢父訓，豈容弗肯播菑田。"元李簡《學易記》卷三："耕農之始，穫其成終也。田一歲曰菑田，謂火其田也。二歲曰新田，三歲曰畬田。耕而穫，菑而畬，理之常也。不耕可穫乎？不菑可畬乎？"明曹學佺《石倉歷代詩選》卷四百九十六《石橋》："村村逐芒種，播穀滿菑田。"李裦《宋藝圃集》卷十三："我亦有菑田，相望在阡陌。"《漢語大詞典》未收，當補。

① 王保雙、白高來：《唐詩與洛陽》，瀋陽：白山出版社，2009年版，第54頁。

【闌冬】

報汝速須歸故里，闌冬耕取昔年田。（卷四十一《雲峰文悦禪師初住翠岩語録》）

"闌冬"即深冬之别稱。《廣韻·寒韻》："闌，晚也。"《文選·謝莊〈宋孝武宣貴妃誄〉》："白露凝兮歲將闌。"李善注："闌，猶晚也。"宋李彭《日涉園集》卷五《南至日離同安舟中寄阿弓》："去年闌冬亦戒塗，北風吹雪邽城隅。"明何鏜《古今遊名山記》卷八："予又疑曰：'往何以謂之柱在中流邪？'虞州子曰：'河至秋、闌冬後，則東流倒於西岸，而是柱正當中爾。'""闌冬後"即深冬後。《漢語大詞典》未收，當補。

【合醬】

上堂云："神方秘術子父不傳，山僧有個藥方，黑豆好合醬。"（卷三十九《智門光祚禪師語録》）

製作豆醬。唐韓鄂《四時纂要》卷四："合醬，每斗麵豆黄用水一斗，鹽五升併作鹽湯，如人體。澄濾和豆黄入瓮内，密封七日後攪之，取漢椒三兩，絹袋盛安瓮中。又入熟冷油一斤，酒一升，十日便熟。味如肉醬，其椒三兩月後取出，曬乾調鼎尤佳。"宋蘇軾《物類相感志》："伏中合醬與麵不生蟲。"《景德傳燈録》卷十七《洪州雲居道膺禪師》："師合醬次，洞山問：'作什麼？'師曰：'合醬。'洞山曰：'用多少鹽？'曰：'旋入。'"《五燈會元》卷十八《廣德軍光孝悟初首座》："良久曰：'六月好合醬，切忌著鹽多。'"元魯明善《農桑衣食撮要》卷上《合醬法》："用豆一石，炒熟磨去皮，煮軟撈出。用白麵六十斤，就熱搜麵勻於案上，以箬葉鋪填攤開，約二指厚。候冷用楮葉盛，蒼耳葉搭蓋。發出黄衣爲度，去葉凉一日，次日曬乾，簸净、擣碎，約量用鹽四十斤，無根水二擔，或稀者，用白麵炒熟，候冷和於醬内。若稠者，用甘草同鹽煎水，候冷添之。於火日晚間點燈下醬，則不生蟲。加蒔蘿、茴香、香草、葱椒物件，其味香美。"《漢語大詞典》未收，當補。

【癡憨】

廣教磚庵廓然無邊，隨緣度日任性癡憨。（卷二十三《汝州葉縣廣教歸省禪師語録》）

"癡憨"即呆傻。清黄景仁《除夕述懷》："有兒名一生，廢學增癡憨。"《明清小品叢刊·看山閣閑筆》："獨取其靈慧，不厭其癡憨。"① 此處"靈慧"與"癡憨"對舉。《漢語大詞典》書證爲元張可久《寨兒令·收心曲》，時代較晚，可提前。

【藁薦】

床添新藁薦，一任雪成堆。（卷四十三《寶峰雲庵真净禪師住金陵報寧語録》）

"藁薦"指草席。唐王涇《大唐郊祀録》卷四："五帝以下悉用蒲席藁薦。"孔穎達疏："藁秸者，除其稻粒取其杆藁爲席，循古之意也。"元張國賓《合汗衫》第三折："但得那半片羊皮兒，一頭兒藁薦。"清馮桂芬《（同治）蘇州府志》卷一百十四："忍寒夜績竟凍死，時衣破苧牀無藁薦也。"《漢語大詞典》引例爲元張國賓《合汗衫》第三折，時代較晚，可提前。

【石筧】

上堂："清大師則上人，數年在浙中，緣化石筧供具等。"（卷四十四《寶峰雲庵真净禪師住金陵報寧語録》）

水槽。清錢載《籜石齋詩集》卷十一："蕭蕭行殿裏，其下流泉過。泉流滿寺分，石筧長不涸。"鄧顯鶴《沅湘耆舊集》卷一百十四："石筧咽泉聲，古樹净如沐。"《漢語大詞典》引例爲清徐元文《登尥崱峰》詩："路轉千盤隨石筧，崖臨百丈聳丹臺。"書證時代可提前。

【摧剉】

若不向裏許行履，如何摧剉得五種貪二種欲？（卷十二《池州南泉普願禪師語要》）

"摧剉"義爲消除。《集韻·隊韻》："摧，減也。"《説文·刀部》："剉，折傷也。""摧剉"是由"摧"和"剉"構成的同義並列復合詞，具有減弱、摧折義。進一步引申爲消除。宋徐天麟《西漢會要》卷六十："願盡力摧剉其暴虐，存撫其孤弱。"明陸深《儼山集》卷七十二："處兄弟尤有恩禮，長兄概

氣性嚴，雖摧剉之，無怨也。"《漢語大詞典》釋爲"挫折"。

【覰體】

祖師道："只者明便是暗，明暗覰體不可得。"（卷三十四《舒州龍門清遠佛眼和尚語録》）

"覰體"本義爲親身體驗或親眼所見。《玉篇》："覰，達寂切，見也。"《説文新附》："覰，見也。從見虘聲。"《爾雅·釋詁上》："覰，見也。"明胡直《胡子衡齊》卷七："予入蜀時，先生訓曰：'正甫所言者見也，非盡實也。自朝至暮不漫不執，無一刻之暇而時時覰體，是之謂實。知有餘而行不足，嘗有歉於中而絲毫不盡，是之謂見。'"此例"時時覰體"與"行不足"對舉，可知"覰體"義爲親身經歷或體驗。北宋睦庵善卿《祖庭事苑》卷一："覰，當作覿，對也。"

又引申爲當面。明李材《見羅先生書》卷八："脚跟下無有一片實田地站立，與古人覰體交鋒也。"猶言"面對面交鋒"。隱元《黃檗山寺志》卷六："隱元禪師首入老人之室，即覰體承當，全身擔荷掃去。"大壑《南屏淨慈寺志》卷四《法胤》："問：'淨名丈室容三萬二千獅子座，淨慈丈室容多少？'師云：'一塵不立。'相云：'與麼覰體相違。'"清陸隴其《四書講義困勉録》卷六："夫子於顔淵特提出心字，此正是覰體相呈處。"《漢語大詞典》未收。

【巧黠】

師曰："遮漢，向你道不會，誰論善知識，莫巧黠。"（卷十二《池州南泉普願禪師語要》）

"巧黠"即狡辯。本義爲聰慧，同義復合詞。"巧"，聰明。唐白居易《見小侄龜兒〈詠燈詩〉》："巧婦才人常薄命，莫教男女苦多能。""黠"，聰慧。《廣韻·黠韻》："黠，胡八切，黠慧也。"宋馬令《南唐書》卷二十二："雅性巧黠，應答如流。"進而有了貶義"狡辯、狡猾"。明唐錦《龍江集》卷五碑記："巧黠之徒，莫能爲計。"清王夫之《四書訓義》卷三十"孟子八"："此淳樸者不能而巧黠者能之，則其罪在智焉矣。"《漢語大詞典》未收，當補。

【鞴袋】

氣似鞴袋，令人可愛。（卷二十《舒州白雲山海會法演和尚初住四面山語録》）

皮製的風箱。唐杜佑《通典》卷一百五十二《兵五》："以乾艾一石，燒令烟出，以板於外密覆穴口，勿令烟洩，仍用鞴袋鼓之。"《龍龕手鏡·木部》："橐，音托，無底囊，鞴袋也。"金高守元《冲虚至德真經四解》卷十四："《老子》以爲橐籥，今之鞴袋也。"

二、舊形新義詞

【轉】

師因見僧掃地次，遂問："與麼掃還得净潔也無？"云："轉掃轉多。"（卷十四《趙州從諗真際禪師語録之餘》）

"轉"，程度副詞，"更，愈"。宋蔡正孫《詩林廣記》後集卷十："四月清和雨乍晴，南山當户轉分明。更無柳絮因風起，惟有葵花向日傾。"意即雨後初晴，南山當户更分明。蔡伸《友古詞》："杯深君莫訴，醉袖歌金縷。無奈惜花心，老來情轉深。"此猶言情更深。林尚仁《陳藥房聞人禺谿黄平嶺春日相過分得琴字》："彼此知心久，相看意轉深。"猶言"意更深"。陳思《兩宋名賢小集》卷十二《寇萊公集》："寂寂感離群，前期何足云。人從秦嶺別，蟬向楚江聞。村送孤烟起，山空白日曛。更逢疏葉落，愁緒轉紛紛。"陳應行《吟窗雜録》卷四十六《馬自然杭州登山詩》："秦皇謾作駈山計，滄海茫茫轉更深。"王鍈認爲："轉，是表示程度加深的副詞，相當於文言的'愈''益'，白話的'更''越'。"① 此説甚是。《漢語大字典》未收此義項，當補。

【想計】

想計他從上來行脚，不爲遊山玩水，看州府奢華。片衣口食，皆爲聖心未通。（卷十《汾陽善昭禪師語録》）

"想計"爲猜度語氣副詞"想來""想必"。《漢語大詞典》及其他辭書均

---

① 王鍈：《詩詞曲語辭例釋》，北京：中華書局，2005年版，第401頁。

未收録。宋王欽若《册府元龜》卷九十五《帝王部・赦宥》第十四："契丹節度使麻答,見在定州,自前曾輸款誠,欲來歸順,已降詔諭,想計聞知,當俟傾心,別加殊渥。""想計聞知"即"猜想聞知"。明儲巏《柴墟文集》卷四:"想計郵程殘歲發,陽和隨至海東邊。"李文澤認爲:"作爲表示揣測語氣的副詞'想',是由'思考'意義的動詞'想'虚化而來的。以'想'爲主幹,又可構成'想見''想是''想必'一類的複音詞。"①

【信任】

> 年來是事一時休,信任身心懶拘束。(卷四十二《寶峰雲庵真净禪師住筠州聖壽語録一》)

"信任"具有"隨意""任憑"義。唐魚玄機《夏日山居》:"閑乘畫舫吟明月,信任輕風吹却迴。"宋李昉《文苑英華》卷七十七:"初未爲弦分,信任其舒卷,既比夫矢也。"金譚處端《水雲集》卷下:"愚賢步步清凉路,信任遨遊兀誰知。"《漢語大詞典》未及此義,當補。

【容易】

> 诸兄弟,若是得底人,他家依众遣日。若未得,切莫掠虚。不得容易过时,大须子细。(卷十五《雲門文偃匡真禪師廣録上》)

"容易"乃糊里糊塗、輕率義。唐慧祥《清凉傳》卷上:"若到清凉境内,莫生容易之心,此乃識則不見,見則不識。"此處"莫生容易之心"猶言"莫生糊塗之心"。五代歐陽迥《木蘭花》:"兒家夫婿心容易,身又不來書不寄。""心容易"即"心疏忽"。宋程迥《醫經正本書》:"素問論病精微,九卷是原本經脉,其義深奧,不可容易覽也。"張相《詩詞曲語辭匯釋》:"容易,猶云輕易也;草草也;疏忽也。"②

【因循】

> 莫因循過日。山僧往日未有見處時,黑漫漫地,光陰不可空過。(卷四《鎮州臨濟義玄慧照禪師語録》)

"因循",義爲蹉跎,虚度。唐白居易《自嘆》:"豈獨年相迫,兼爲病所侵。春來痰氣動,老去嗽聲深。眼暗猶操筆,頭班未掛簪。因循過日

---

① 李文澤:《宋代語言研究》,北京:綫裝書局,2001年版,第289頁。
② 張相:《詩詞曲語辭匯釋》,北京:中華書局,1979年版,第526頁。

月，真是俗人心。"韓愈《和歸工部送僧約》："早知皆是自拘囚，不學因循到白頭。汝既出家還擾擾，何人更向死前休。"宋黄庭堅《與韓純翁宣義書二首》："某頓首奉別久未，嘗不懷仰。弃捐漂没，因循度日，故不能作書耳。"《詩詞曲語辭例釋》："因循，又猶言蹉跎，即虚度時光、事業無成之意。"① 可參看。《漢語大詞典》釋爲"輕率，隨隨便便"，稍顯牽强。

【可怜】

幸自可怜生。（卷十二《池州南泉普願禪師語要》）

"可怜"，可愛。雙音節詞"可怜"表示"同情"産生於春秋戰國時期。中古漢語之後，"怜"逐漸引申爲"愛"義，其雙音節詞"可怜"即"可愛"。《詩詞曲語辭匯釋》："可憐，猶云可喜也；可愛也；可羡也；可貴可重也。"② "幸自可怜生"義爲本來挺可愛。"幸自、幸是、幸有"之"幸"義爲本來。《詩詞曲語辭匯釋》："幸，猶本也。正也。杜甫《除架》：'幸桔白花了，寧邪青蔓除。'意言白花正了，青蔓當除也。"③《禪宗大詞典》釋"幸自可憐生"爲"本來挺可愛"之義。"幸自"，本來。"生"，後綴。④

---

① 王鍈：《詩詞曲語辭例釋》，北京：中華書局，2005 年，第 361 頁。
② 張相：《詩詞曲語辭匯釋》，北京：中華書局，1979 年版，第 604 頁。
③ 張相：《詩詞曲語辭匯釋》，北京：中華書局，1979 年版，第 268 頁。
④ 袁賓、康健：《禪宗大詞典》，武漢：崇文書局，2010 年版，第 459 頁。

第三章 《古尊宿語録》禪林語詞語用研究

語境即言語交際的情景，探究語言的意義離不開語境。言語交際過程中，需要交際雙方共同構建和操縱語境，才能保證話語交際的順利進行。"語境的内容要通過交際雙方的認知來把握，並内化爲心理表徵。只有當這些心理表征在具體的交際過程被語境激活成爲相關知識單元，語境的功能才得以實現。"①

禪宗的"佛法大意"不可言说，爲了破除學人對語言文字的執著，禪師常常違背汉语语法逻辑、语法语用规则而使用大量的玄言隱語、禪門行話、機鋒頌褐、無義語、格外句等。語境在消除歧義和語義模糊、確定能指和所指、推導會話含義等方面具有不可替代的功能。

第一節 《古尊宿語録》話語交際語用分析

美國哲學家格賴斯（Grice）在《邏輯與會話》中提出了人類會話活動的一條指導原則，即合作原則（cooperative principle）。合作原則包括四條準則：量的準則（提供的信息適量），質的準則（所説的話盡量真實），關係準則（緊扣主題），方式准則（表達清楚、避免歧義）。《古尊宿語録》作爲語録匯編，主要内容是記録禪僧師徒悟禪機、斗機鋒的過程。從語用學的角度看，大量反常的對話形式表面上違背了言语交際的合作原則。首先，在量的準則上，常常表現爲答語的不足與過量。如卷十三《趙

---

① 孔慶友：《禪宗語境探析》，曲阜師範大學碩士學位論文，2011 年，第 2 頁。

州（從諗）真際禪師語録並行狀卷上》："問：'如何是畢竟?'師云：'畢竟。'學云：'那個畢竟是?'師云：'老僧是畢竟，你不解問者話。'"對於學人提出的問題，禪師並未給出任何答案。由於答語信息的不足，按照常規思維則無法獲知"如何是畢竟"，此次會話似乎違反了量的準則。其次，質的準則要求所説的話真實準確，禪師却善於用反語如"无言童子口吧吧，无足仙人擗胸趨""张公吃酒李公醉""新妇骑驴阿家牵"等手段造成語義模糊，似乎違反了質的準則。此外，從關係準則來看，《古尊宿語録》中大量"格外句""無義語"等答非所問的形式偏離了會話主題。如卷二十六《舒州法華山（全）舉和尚語要》："问：'如何是佛?'穴云：'嘶風木馬緣無絆，背角泥牛痛下鞭。'"問語是"如何是佛"，答語却是"嘶風木馬緣無絆，背角泥牛痛下鞭"，表面上看毫無意義聯繫，違反了話語交際的关系准则。最後，在方式准則上，禪師常常故意用歧義語來回答僧徒的疑問。如卷十四《趙州（從諗）真際禪師語録之餘》："問：'學人有疑時如何?'師云：'大宜小宜?'學云：'大疑。'師云：'大宜東北角。小宜僧堂後。'"在此答語中，學人所説的是"疑問"之"疑"，而禪師故意用諧音"大宜"（大遺、大便）、"小宜"（小遺、小便"）來造成語義上的歧异，似乎違反了話語交際的方式準則。事實上，師僧之間的會話能成功完成，顯然是遵循了合作原則的。如果把會話放置於禪宗"不立文字"語言觀、"平常心是道"、"自證自悟"等語境下分析，這種對話形式恰恰是真正遵循了話語交際的合作原則。下面從語境和意義的層面加以分析：

問："如何是道?"師云："車礫馬踏。"（卷九《石門山慈照禪師鳳岩集》）

這句話中，禪師明知道學人所問的"道"是指佛道，却用"道"的另一個意義"車道馬道"來作答，好像違背了合作原則中的方式準則。但是結合禪宗語境的"日常生活即是道"，禪師的答語正是契合了"道"的本質，顯然是遵循了合作原則。

問："如何是佛法大意?"師云："杏熟來年麥"。進云："不會意旨如何?"師云："棗收當年禾。"[卷二十三《汝州葉縣廣教（歸）省禪師語録》]

此處對話中，面對學人的步步追問，禪師沒有因循常規直接用正式語言宣講佛法，而是把當下語境中的"杏、棗、麥、禾"等個別事物信手拈來作答。這種答非所問的語言形式表面上看違反了會話交際的合作原則，是造成意義理解的主要障礙，但是如果結合語境和意義理論來分析，這恰恰是禪師啓悟學人的有效手段。學人追問的"佛法大意"是脱離當下時空語境的嚴肅、正式、抽象的話題，所求教的是一種淺層的抽象意義。而祖師却用當下時空語境的非正式俗語來回答，是以語境意義來暗示其深層的佛法大意"不能以文字會""佛法在日用中"的真實意圖。如"杏熟來年麥"和"棗收當年禾"，"來年、當年"是時空上的現實語境，"杏、麥、棗、禾"是与其生存有密切关联的具體事物。

> 問："如何是清净法身？"師云："渤土裏雀兒。"問："如何是佛法大意？"師云："三日風五日雨。"〔卷十四《趙州（從諗）真際禪師語録之餘》〕

此處對話，前一答語是反語。既然是"清净法身"，怎麼會象"塵土里的雀兒"一樣污穢呢？後一句答語用當下的天氣變化來回答"如何是佛法大意"，是以答非所問的方式表達"佛在日常生活中，無去來，無動轉"的物不遷思想。

從《古尊宿語録》所記録的會話交際過程來看，禪師利用語言文字的確定性、多義性、含糊性，以打破學人對語言文字的執著，因而故意用反語或者答非所問，使語句産生歧義。學人要理解禪師的旨意，必须了解禪師所遵循的心理語境，然後將字面的抽象意義轉化爲語境意義，只有轉化成功，才可進一步理解禪師的言外之意。如果交際雙方没有"會話隱涵"，即作爲意義傳遞的非邏輯推理（言外之意），則很難達到交際目的。由此可見，歧義的消除有賴於語境。語境在話語交際的過程中形成，是動態的、相互顯映的一系列假設的集合。托馬斯（Thomas）認爲，意義不是詞語本身固有的内在屬性，也不是由説話人或聽話人單方産生的；意義的建構是個動態過程，涉及説話人和聽話人雙方對意義的磋商、説話的語境，以及話語的意義潛能。因此，對"互動意義的研究"（meaning in interaction）是語用學的定義。①

---

① Thomas, Meaning in Interaction, An Introduction to Pragmatic ［M］. London: Longman, 1995（22）.

第二節　《古尊宿語録》禪義語詞言外之意分析

從結構上説，語言是一種能指（形式）和所指（意義）相結合的符號系統。從符號學立場來看，言與意的關係就是能指與所指的關係。由於語言文字的局限性，能指與所指之間往往出現"言不盡意""言意相違"的矛盾。"言不盡意""得意忘言"的言意理論源遠流長。莊子對言意關係的論述主要見於《天道》："世之所貴者，書也。書不過語，語有貴也；語之所貴者，意也。意有所隨，意之所隨者，不可以言傳也。"《外物》："筌者所以在魚，得魚而忘筌，蹄者所以在兔，得兔而忘蹄。言者所以在意，得意而忘言。"《莊子·知北遊》："道不可言，言而非也。"禪宗"不立文字"的語言觀正是傳承了魏晉玄學"言不盡意"和中國古代文論"意在言外"的言意理論。在説"不可説"的壓力下，禪師們常常運用一種語言形式來表達雙重意義，使得"言在此，而意在彼"，而意义的理解离不开语境。"諸佛妙理，非關文字"，所以對於佛理禪義，能指與所指之間的關係就必須是"以手指月，見月忘指""得魚忘筌""得兔忘蹄"。禪師與僧徒答話語的"能指"和"所指"之間缺乏明顯的意義聯繫，其模糊性和非邏輯性成爲禪師印證學人的手段。在語義傳輸的過程中，説話人故意將深層意義隱藏於語表意義之下，接受者一方在接受語言形式的同時，需要跳出傳統語義學的藩籬，結合具體的語境去挖掘深層意義。馬惠玲把這種"言在此，而意在彼"的言意理論稱爲"雙重意義"。[①] 曾文雄説："意義和語境是奠定禪宗的語言哲學宮殿不可或缺的基石。"[②] 關於語境，曾文雄進一步指出："語境，簡而言之，就是言語理解和表達的環境。"[③] 禪林行業詞的理解需要在禪宗思想及文化背景的觀照下加以體會。借用人類學家馬林諾夫斯基的語境理論，我們把《古尊宿語録》中語言的交際語境分爲文化語境和情景語境。

---

① "雙重意義"的名稱借鑒自馬惠玲：《言意關係的修辭學闡釋》，上海：學林出版社，2007年版，第1頁。

② 曾文雄：《語用學的多維研究》，杭州：浙江大學出版社，2009年版，第22頁。

③ 曾文雄：《語用學的多維研究》，杭州：浙江大學出版社，2009年版，第48頁。

一、文化語境

文化語境指的是言語交際人所處的社會文化背景。作爲一個特殊的文化社團，禪宗有著自己深厚的宗教文化知識儲備。既有對佛經教義文化的傳承，又有自己獨創的禪旨禪理。

（一）生活百科知識背景

禪宗産生的特殊社會背景决定了禪宗僧眾新的生活方式，即以勞動吃飯當作行禪的主要活動。其生活並不限於寺院那樣的特定場所，而是貫穿於日常生活全部。禪悟滲透於各種文化活動，這就需要禪僧具有生活百科知識背景。

【挑脚】

> 一字不出頭，十字不挑脚。可惜少林人，端坐無斜酌。（卷四十一《雲峰文悦禪師初住翠岩語録》）

"挑脚"，書法術語，指隸書橫畫出筆之處，即今燕尾。禪宗喻指不執著於語言文字、靈活自如的修禪方式。《建中靖國續燈録》卷十九《饒州妙果院法喜禪師》："問：'如何是佛。'師云：'一字兩頭垂。'僧曰：'學人未曉。'師云：'丁字橫挑脚。'"《漢語大詞典》與《禪宗大詞典》等辭書均未收録，當補。

【單重交拆】

> 師乃云："爲眾竭力，蓋爲袈裟同肩，一處吃飯。莫是人各披一條，同鍋吃飯麽？此是分見。還知道三世諸佛共披一條，所以釋迦身長丈六，留下袈裟與彌勒。彌勒身長千尺，披得恰好。何故如此？蓋爲長者長法身，短者短法身。要得易會麽？古佛與露柱相交，佛殿與天王門額。若也不會，單重交拆。"（卷二十五《筠州大愚守芝和尚語録》）

"單重交拆"爲六爻卜卦術語。指的是六爻中的交重之爻和單拆之爻。《漢語大詞典》《禪宗大詞典》均未收録。搖卦主要看背，一個背單，兩個背拆，三個背重，三個字交。

"單"爲陽爻，是静爻。一個背，兩個字，稱作少陽。"重"爲陽極之像，是變爻。三個背，没有字，稱爲老陽。"交"爲陰極之像，是變爻，變則動，陰極生陽，陽極變陰。三個字，没有背，稱爲老陰。"拆"爲陰爻，是静爻。兩個背，一個字，稱作少陰。禪宗用其"兩動兩静""陰陽交叉"來喻指無情、非情隨其根性而變化。如《古尊宿語録》卷四十《雲峰文悦禪師初住翠岩語録》："有情之本，依智海以爲源。含識之流，總法身而爲體。只爲情生智隔，想變體殊。達本情亡，知心體合。諸禪德，會麽？古佛與露柱相交，佛殿與天王鬭額。若也不會，單重交拆。"《絶岸和尚初住嘉興府流虹興聖禪寺語録》："佛祖眼睛，衲僧命脉。觸境遇緣，單重交拆。"此言根性隨境和緣而變化。

【兩彩一賽】

> 後潙山問仰山："黄檗入僧堂意作麽生？"仰山云："兩彩一賽。"
> （卷五《臨濟義玄慧照禪師語録之餘》）

"賽"爲"簺"之同音假借字，"簺"乃古代博戲的一種。《廣韻·代韻》："簺，格五戲。《説文》曰：'行棋相塞故曰簺也。'"日本無著道忠《葛藤語箋》："博陸戲曰彩戲。彩是穀子所點數目也。賽即穀子也。兩彩一賽者，兩個穀子彩數齊則雖有兩彩同但一賽也。依此義則一彩兩賽亦歸同義。謂雖有兩賽同但一彩也。兩彩一賽者，同時擲。一彩兩賽者，兩度擲。"①《禪宗大德悟道因緣》："彩，比賽中贏得的獎品或賭博中贏得的賭注。'一彩兩賽'（一種可能性賽兩次），也作'兩彩一賽'。兩種可能性一次賽。比喻雖然没有什麽可選擇的餘地，但總會有得勝的機會，因此，即使得了彩頭，也算不得什麽大本事。"② 以上所論皆待商權。其實"兩彩一簺或一彩兩簺"在禪宗語言中就是單指"彩戲"跟"格五戲"兩種賭博遊戲。禪宗倡導不坐禪，禪悟總是在日常生活中。原文句意爲：黄檗入僧堂的意圖也不是修禪坐佛，而是進行賭博娱樂遊戲達到禪悟的境界。

【裨販】

> 一夕訴曰："自至法席，不蒙指示。念歲月飄忽，己事未明，有失出家之利。"語未卒，汾陽叱曰："是惡知識，敢裨販我！"舉杖逐之。（卷十一《石霜楚圓慈明禪師語録》）

---

① ［日］無著道忠：《葛藤語箋》，京都：日本花園大學禪文化研究所，1992 年版，第 181 頁。
② 明光：《禪宗大德悟道因緣》，北京：現代出版社，2006 年版，第 428 頁。

商業術語，本義爲販賣。《昭明·文選》："爾乃商賈百族，裨販夫婦。"薛綜注："坐者爲商行者爲賈。裨販，買賤賣貴以自裨益。裨，必彌切。"李善注："《周禮》曰：'大市日仄而市，百族爲主。朝市，朝時而市，商賈爲主。夕市，夕時爲市，裨販夫婦爲主。'"《説文·衣部》："裨，接益也。從衣卑聲。"桂馥義證："《西京賦》'裨販夫婦'，薛綜注：'裨販，買賤賣貴以自裨益。'《通鑒》：'東昏屐於苑中，立市使宮人販者，共爲裨販'。注云：'裨益也'。買賤賣貴以自裨益，故曰裨販。反聲者。"販賣之中必有欺騙，從而引申爲背叛、欺騙。《六臣注文選》卷二："裨販之人，以善物和惡物欺惑邊遠人。"趙錚艷《〈古尊宿語録〉校勘與疑難詞語考釋》釋爲助賣，禪意爲出賣①，此論欠精當，且缺乏理據支撑。任連明《五燈會元文獻語言研究》："裨販在例句中語境義爲學話、模仿人説話。禪籍中多用爲販賣義。"② 結合上下文語境，此説釋義偏頗。禪宗用以表示欺謾、背叛。

（二）佛教知識文化背景

禪僧問答中常常涉及一些佛經教義和佛經典故。如果沒有一定的佛教知識，便不能領會對方的旨義。交際雙方在掌握一定的佛教知識文化背景下，言語交際才能發生。

1. 佛教思想

下面這些詞語所藴含的深層意義是對佛教思想的揭示。如：

【兔角龜毛】

兔角龜毛敢言有實，孤裘羔袖終愧非宜。（卷二十二《黄梅東山法演和尚語録》）

兔本無角，龜本無毛。明明沒有的東西，就不能强説有。"兔角龜毛"是人們的自心妄想所生。該詞表面意義之下隱藏著"妄想皆不實，萬法本無根"的深層含義。禪宗傳承了《楞嚴經》的"三界唯心，萬法唯識"理論，用"兔有角，龜有毛"的虛妄來批判那些執著於妄想自性的人。如果沒有"唯識論"佛教思想的知識儲備，學人很難獲得其中的含義。

---

① 趙錚艷：《〈古尊宿語録〉校勘與疑難詞語考釋》，廈門大學碩士學位論文，2010年，第44頁。
② 任連明：《五燈會元文獻語言研究》，四川大學博士學位論文，2014年版，第227頁。

【灰頭土面】

　　問：“如何是清净法身？”師云：“灰頭土面。”（卷二十四《潭州神鼎山第一代洪諲禪師語録》）

本是佛教語，指菩薩爲了度化眾生，隨時呈現各種混同凡俗的化身。佛教喻指凡俗之人。原文學人問如何是清净法身，禪師却用“灰頭土面”來解釋，這種答語表達了禪宗“無對立”的哲學思想。

【寒灰枯木】

　　羅山問石霜云：“起滅不停時如何？”霜云：“直須寒灰枯木去，一念萬年去，函蓋相應去，純清絶點去。”（卷四十八《佛照禪師奏對録》）

本指燒盡的柴灰及乾枯的木。因爲“寒灰枯木”可能是假象，有“死灰復燃”和“枯木生花”的可能。枯木寒灰的假空是參禪的大忌。禪宗常用“寒灰煨人”和“枯木生花”來表現佛教“空”的虚幻。禪宗認爲，妄念滅盡之後，需要顯示佛的真空。禪悟時真正空明的心境，是修禪的根本。這是佛教“般若真空”的思想。《頻吉祥禪師語録》卷二：“一念萬年，寒灰枯木，俱是静沉死水。電捲雷轟，精光透露，不异捏目生花。”

2. 佛教典故

來自佛教典故的詞語寓意深刻，禪師常常用來启發或告誡學人。如：

【蘆芽穿膝】

　　問：“如何是佛？”師云：“蘆芽穿膝。”（卷二十六《舒州法華山全舉和尚語要》）

“蘆芽穿膝”出自《觀佛三昧海經》：“爾時，菩薩坐於樹下，入滅意三昧。三昧境界名寂諸根，諸天啼泣，泪下如雨，勸請菩薩當起飲食。作是請時，聲遍三千大千世界，菩薩不覺。有一天子，名曰悦意，見地生草穿菩薩肉，上生至肘。告諸天曰：‘奇哉男子，苦行乃爾。不食多時，喚聲不聞，草生不覺。’”禪宗用“蘆芽穿膝”的典故告誡學人佛法不是苦坐修成的。《釋門正統》第一：“蘆芽穿膝，蛛網挂眉，未見所出。若鶴巢安頂，蛇虺纏身，乃世尊行因故事，非今日苦行也。”

【鵝王擇乳】

一句語中須具三玄，一玄中須具三要。古人恁麼道，意在於何？鵝王擇乳素非鴨類。（卷二十六《舒州法華山全舉和尚語要》）

"鵝王擇乳"出自《正法念處經》卷六十四《身念處品》："譬如水乳同置一器，鵝王飲之，但飲其乳汁，其水猶存。"① 即把水跟乳混合后，鵝王能够把乳撿擇出來，只把乳汁喝掉，而把水留下來。鵝王喻指菩薩。禪宗用這個典故告訴諸人：勝義諦離不開世俗諦，凡夫俗子混淆不清，而菩薩有能力作出判斷。警示學人學佛就要超越生死大海，像菩薩一樣具有判斷是非的能力。

【陽焰止渴】

陽焰何曾能止渴，畫餅幾時充得飢。勸君不用栽荆棘，後代兒孫惹著衣。（卷四十七《東林和尚雲門庵主頌古》）

"陽焰止渴"的佛教典故喻眾生妄想不實，亦如陽焰。《楞伽經》二："譬如群鹿，爲渴所迫，見春時焰，而作水想，迷亂馳趣，不知非水，水不可得，渴愛因緣，妄起此想。"禪宗用以勸戒學人不要心生妄想，迷亂情識。

【舍父逃走】

一心不生，萬緣俱息。如或不然，隨有隨無，落斷落常。譬如舍父逃走也，到者裏實是不教你費一絲毫力，便恁麼會取。（卷三十二《舒州龍門清遠佛眼和尚普説語録》）

出自"貧子舍父逃走"的佛教典故。禪師引用此典故，説明人人皆有佛性，不假外求。其中所滲透的是"背真逐忘，返妄歸真"的佛教思想。

【拋家散宅】

你諸人須是解自作活計始得。你道作個什麼活計？但莫別求，如今人多愛動脚動手。者個不解作活計了也，喚作拋家散宅漂流去。（卷三十二《舒州龍門清遠佛眼和尚普説語録》）

本義爲捨弃自己的宅院，破盡家産，離家漂流。亦可作"破家散宅"，

---

① 《大正藏》第17卷，第379頁下。

是“貧子舍父逃走”典故的另一種表達。“抛家散宅”則如“貧子出家”一樣，捨近求遠，到處尋求佛法。如《應庵和尚語録》卷十：“貧窮者示之無價寶珠，富貴者令之破家散宅。不是平地上干戈，且非孤峻處標格。”禪宗認爲人人皆有佛性，狗子亦有佛性，需要反觀自身，無须向外馳求。

【八斛四斗】

> 僧問：“如何是道？”師云：“八斛四斗。”（卷二十五《筠州大愚守芝和尚語録》）

出自佛典“佛身舍利，八斛四斗”。《注華嚴經題法界觀門頌引》：“方禮足已，如來出示雙趺，而説偈言：‘我法最長子，是名大迦葉。阿難勤精進，能斷一切疑。’偈畢收足，金棺自舉高七多羅樹，遶城數匝還至本處。諸天奉火皆不能然，自化火光三昧而自焚之，得舍利八斛四斗。”“斛”與“斗”皆爲“量器”。北魏酈道元《水經注·河水一》：“王斂舍利，用金作斗，量得八斛四斗，諸國王、天龍神王，各得少許。”禪宗喻謂只要有佛緣，勤精進，就能得禪悟道。如《六道集》卷四：“雖云八斛四斗，然亦出於數量之表。凡有緣求者，皆得之。”《禪宗大詞典》及其他辭書未收。

【機關木人】

> 所以道：“天下忘己者有幾人？如今於一機一境、一經一教、一世一時、一名一字，六根門前領得，與機關木人何別？”（卷三《黃檗希運斷際禪師宛陵録》）

用木楔爲支架製作的木人。出自佛典《佛説國王五人經》第二十四：“應時國王，喜諸技術，即以材木，作機關木人。形貌端正，生人無异。衣服顏色，點慧無比。能工歌舞，舉動如人……則拔一肩楔，機關解落，碎散在地。”大唐沙門慧苑撰《一切經音義》卷二十一“機關木人”條：“韓康注：‘《易》云：樞機制動之主也。’按：機即樞機，用資轉動關鍵義。在密能言，其木人無心，但以闇密繩楔而能運動令。喻業體都無作者而能生起種種果報也。”禪宗比喻那些沒有心性而死心修佛的人，若無有楔身，即離散不能運動。無菩提心，行即分散，不能成就一切。《禪宗大詞典》及其他辭書未收。

（三）禪宗旨意知識背景

禪宗主張 "教外別傳，不立文字。直指人心，見性成佛"，認爲人人佛性具足、道不外求、平常心是道、理事不二等，並提倡不坐禪，佛法就在日用常事中。因此，禪僧在對答中要始終遵守這些宗旨。眾禪僧只有掌握一定的禪旨佛理才能真正悟道。

1. "不立文字" 語言觀

【捏聚】

> 上堂，僧問："不昧當機，請師直道。" 師云："捏聚放開。"（卷二十一《舒州白雲山海會演和尚語録》）

"捏聚" 本義爲攥住、握在一起。宋葛立方《韻語陽秋》卷三："以俗爲雅，以故爲新，百戰百勝。如孫吳之兵棘端可以破鏃，如甘蠅飛衛之射，捏聚放開在我掌握。" 明釋真可《紫栢老人集》卷十一："捏聚放開，卷舒自在。" 此例 "捏聚" 即 "卷"，"放開" 即 "舒"。禪林中用來比喻抓住閑言語不放。如宋釋惠洪《石門文字禪》卷二十九："風偃松竹於一毫端，捏聚古今粲然明了而不可尋。"《五燈會元》卷十六《鎮江府金山善寧法印禪師》："敢問諸禪德，且道與前來是同是別？莫有具眼底衲僧出來通個消息？若無，復爲諸人重重注破，放開則私通車馬，捏聚則毫末不存。" "放開" 和 "捏聚" 對舉。《漢語大詞典》與《禪宗大詞典》未收。

【板齒生毛】

> 問："如何是西來意。" 師云："板齒生毛。"（卷十四《趙州從諗真際禪師語録之餘》）

本義爲門牙上長毛。門牙上本不長毛，禪林中用來強調西來意之不可説，如同板齒生毛是不可能的事。在佛法禪意不可説的宗旨下，面對學人的問禪，禪師常常以此來截斷其妄念。如《建中靖國續燈録》卷二十五《泗州大聖普照禪寺法最禪師》："僧曰：'祇如截斷眾流一句作麼生？' 師云：'板齒生毛則向汝道。'"《禪宗大詞典》及其他辭書未收。

【黃口小兒】

> 如今黃口小兒，向十字街頭説葛藤，博飯吃；覓禮拜。（卷十三《趙州從諗真際禪師語録並行狀卷上》）

"黃口小兒"，本指雛鳥的嘴，借指兒童。兒童常常信口雌黃，禪宗用以批判那些没有恪守禪宗"不立文字"主旨到處説禪的人。

【禍出私門】

> 今日爲衆竭力，禍出私門，笑破衲僧口。然雖如是，也不得草草。（卷四十四《寶峰雲庵真净禪師住金陵報寧語録》）

如同禍從口出。禪宗比喻對於禪理不能言説，多説會露出破綻，受摧剉。《續刊古尊宿語要》第五集："僧問：'世尊拈花、迦葉微笑則不問，馬祖升堂、百丈卷席意旨如何？'師云：'爲衆竭力，禍出私門。'進云：'泊合錯商量。'師云：'漏逗不少。'""禍出私門"與"漏逗不少"義同。

【倒腹傾腸】

> 倒腹傾腸説向君，不知何故尚沉吟。而今便如猛提取，付與世間無事人。（卷四十七《東林和尚雲門庵主頌古》）

字面意義爲把腸腹都傾倒出來，禪宗喻爲苦口婆心説禪。《禪宗頌古聯珠通集》卷十："哭不徹，笑不徹，倒腹傾腸向君説。父子非親知不知，擡頭腦後三斤鐵。""倒腹傾腸"説禪，却無濟於事。

【横説豎説】

> 夫出家人，須知有從上來事分始得。且如四祖下牛頭横説豎説，猶未知向上關棙子。（卷二《大鑒下三世百丈懷海大智禪師》）

啰里啰嗦到處説禪。《大慧普覺禪師法語》卷二十四："天下老和尚横説豎説，直説曲説，讚説毀説，隨俗説顯了説。當甚熱碗鳴聲，嚴禪還信得及麼？莫記吾語。"《續傳燈録》卷二十四《福州西禪慧舜禪師》："上堂：'五日一參，三八普説。千説萬説，横説豎説。忽有個漢出來道，説即不無，爭奈三門頭兩箇不肯。'"此兩例"横説豎説"與"直説曲説""讚説毀説""千説萬説"等同義連文。

【掉棒打月】

> 若恁麼會，大似掉棒打月。既不許恁麼會，又作麼生會。（卷第十一《石霜楚圓慈明禪師語録》）

字面意思是操起棒子打月亮。《禪宗大詞典》釋爲："比喻憑言語解會來尋求佛法。掉：持、握。""掉棒打月"實爲不切實際的舉動，禪宗喻指徒勞无益的痴迷行爲。

2. "平常心是道"

【牽犁拽杷】

> 僧問："從上諸聖向什麼處行履？"師云："牽犁拽杷。"（卷八
> 《汝州首山省念和尚語録》）

字面意義爲耕田中扶犁拽杷的勞作過程。禪宗喻爲禪法不在別處，就在日常勞作中。從上諸聖修禪、悟道皆在"牽犁拽杷"中，體現了禪宗的農禪話語系統。《觀濤奇禪師語録》卷四："壽昌者裏從來家風樸素，人人牽犁拽杷，從不論因計果。寒山踢碓，拾得挨磨。普賢搬柴，文殊著火。"

【背角泥牛】

> 問："如何是佛？"穴云："嘶風木馬緣無絆，背角泥牛痛下鞭。"
> （卷二十七《舒州龍門清遠佛眼和尚語録》）

字面意義爲牛角背對著犁，勤勤懇懇在泥田裏耕作的牛。"背角泥牛"因被控制和束縛，即使遭受鞭打也不能像嘶風木馬那樣無牽無絆自由前行。禪宗喻指那些苦修坐禪之人，身心被情識知見束縛，雖然辛苦，却不能得道。

【舌拄上腭】

> 問："不施寸刃便登九五時如何？"師云："七縱八橫。"云："與
> 麼則簾卷扇開去也。"師云："舌拄上腭。"（卷九《石門山慈照禪師鳳
> 岩集》）

本義爲把舌頭抵住上腭。禪宗喻指坐禪時湛然不動的樣子。如《古尊宿語録》卷四《鎮州臨濟慧照禪師語録》："大德，山僧説向外無法，學人不會，便即向裏作解，便即倚壁坐。舌拄上腭，湛然不動。取此爲是祖門佛法也，大錯。"

【入海算沙】

> 吾早年來積學問，亦曾討疏尋經論。分別名相不知休，入海算沙
> 徒自困。（卷四十六《滁州琅琊山慧覺和尚語録》）

進入海裏數沙，禪宗喻指那些執著於皓首窮經，泥古不化的禪僧。禪宗認爲人人本性具足，眾生本自有覺悟之心，個個圓成，討疏尋經徒勞無

功。《五燈會元續略》卷三上《臨安府徑山虛堂智愚禪師》："己眼未明底因甚麽將虛空作布袴著？畫地爲牢底因甚透者個不過？入海算沙底因甚向針鋒頭上翹足？"

3."佛法無處不在，不必馳求"

【美食不中飽人餐】

　　進云："國師辜負侍者，意旨如何？"師云："美食不中飽人餐。"

字面意思是即使是美食，對於吃飽飯的人來説也不想吃。比喻自心是佛，各人佛性本身具足，不必再向外馳求。

【填溝塞壑】

　　師云："南泉只解步步登高，不解從空放下。"僧云："如何是步步登高？"師云："香積世界。"僧云："如何是從空放下？"師云："填溝塞壑。"（卷十六《雲門文偃匡真禪師廣録中》）

字面意義是填塞溝溝壑壑。言外之意爲禪法無處不在，普遍存在於世俗生活的方方面面。《列祖提綱録》卷二十三："令教普天匝地填溝塞壑，使天下衲僧無出氣處。"《嘉泰普燈録》卷四《建康府保寧仁勇禪師》："上堂：'恁麽來，傾湫倒嶽。恁麽去，填溝塞壑。總不恁麽。'"

【擔簦負笈】

　　擔簦負笈苦勞心，從門入者非家寶。（卷四十一《雲峰文悦禪師初住翠岩語録》）

簦，古代有柄的笠，形似傘。笈，書箱。"擔簦負笈"即扛著笠，背著書箱，到處奔走求學。唐玄應《一切經音義》卷三"負笈"條："奇急反，《風土記》云：'笈，謂學士所以負書箱如冠箱面卑者也。'謝承《後漢書》云：'負笈，隨師是也。'"慧琳《一切經音義》卷九十"負笈"條："下儉劫反，《考聲》云：'盛書篋也。'占今正字從竹及聲。背上笈也。"宋任廣《書叙指南》卷十六："行齎長柄笠曰擔簦。"李昉《文苑英華》卷六百九十："擔簦負笈，鏘鏘接袵。方領矩步，濟濟成林。"劉辰翁《須溪集》卷七："擔簦負笈共知古學之入官，毀瓦畫墁自愧童蒙之求。"劉克莊《後村集》卷一百六十一："囊螢映雪不以家衡慮賢郎得，擔簦負笈不以貧輟學。"談鑰《（嘉泰）吳興志》卷十六："四方學者擔簦負笈，不可勝數。"

"擔簦負笈"或寫作"負笈擔簦"。宋孔延之《會稽掇英總集》卷十七:"先是中朝名士在野遺人,或負笈擔簦來投霸府,或坼襦爲袴而詣軍門。"王欽若《册府元龜》卷八百八十八:"負笈擔簦以遊萬乘之國,約車憑軾以行諸侯之間。"《漢語大詞典》及《禪宗大詞典》皆未收,當補。

4. "自證自悟"

【敗種焦芽】

> 説法如雲如雨,不是時人不聞。又非不善其語,如斯一味靈通,過了幾多寒暑,縱逢敗種焦芽,方便一時救取。(卷二十九《舒州龍門清遠佛眼和尚語録》)

本謂敗壞的種子枯焦的幼芽。敗壞的種子不能發芽,枯焦的幼芽不能生長,禪宗喻指那些不能萌生道心的人,没有慧根,不可造就。《續刊古尊宿語要》第四集:"從上佛祖,無一念心。要做大漢,生死大事,方得了辨。然後大漢自然而至,始謂之釋迦種草也。若有一念,馳求成佛作祖之心,此謂之敗種焦芽,無復發生也。"《蔗庵範禪師語録》卷四:"梵音響處,雷震晴空。法語宣時,雨傾大地。便見三艸二木,意氣揚揚。敗種焦芽,生機勃勃。"此例與所引原文句意相當,强調佛法之功力,即使"敗種焦芽"也能生機勃勃。

【扶籬摸壁】

> 藥病相治學路醫,扶籬摸壁小兒戲。幽谷不語誰人測,管解師承孰不知。(卷十五《雲門文偃匡真禪師廣録上》)

字面意義爲扶著籬笆摸著墙壁前行。扶籬摸壁,如同瞎漢。禪宗喻指那些不懂自證自悟,沿襲因循,一味模仿、依傍別人的僧侣。《佛果圜悟禪師碧岩録》卷三:"若是未了底人,扶籬摸壁,依草附木。"正如吳言生所言:"因爲扶籬摸壁摹擬沿襲,缺乏真參實悟的優孟衣冠,不能自作主宰的盲禪,只能導致禪悟慧命的喪失。"①

【劈腹開心】

> 劍良胳膊從他鬧,劈腹開心始是明。(卷十《汾陽善昭禪師語録》)

---

① 吳言生:《吳言生説禪·經典頌古》,北京:商務印書館,2013年版,第9頁。

字面意思是劈開腹、剖開心。禪宗喻指由於眾生本性的喪失而不能自悟，需要把心劈開，清理五臟六腑，把世俗之心拿走，回歸真心本性。義同"劈腹剜心"。《雨山和尚語録》卷十四："上堂，問：'三不是是個甚麼？'師云：'劈腹剜心。'問：'如何是本來面目？'師作掩耳勢，云：'莫污我耳。'"

5."不可能"事物喻

【雞鵝舞道】

> 問："大用不逢人時如何？"師云："雞鵝舞道，引入千峰。"（卷七《汝州南院慧顒禪師語要》）

字面意義爲雞和鵝引領行人到達千山萬峰。雞和鵝領道是現實中不可能的事。禪宗用這種反常合道的語言喻指進入禪悟的境界並非難事。聰慧之人只要稍加點撥即可達到很高的境界。

【石上栽花】

> 半夜烏雞室裏鳴，海底然燈光世界，石上栽花長枝靈。（卷十一《石霜楚圓慈明禪師語録》）

字面意義指在石頭上栽花，是禪師慣用的反常語，禪宗喻指世間不可能之事。《景德傳燈録》卷十四《澧州藥山惟儼禪師》："石頭有時垂語曰：'言語動用勿交涉。'師曰：'不言語動用亦勿交涉。'石頭曰：'遮裏針札不入。'師曰：'遮裏如石上栽華。'"華、花古今字。在此語境中，"針劄不入"指禪機縝密無縫隙。"石上栽華"乃指禪機堅固。但是陳家春《〈景德傳燈録〉文獻語言研究》將此例亦釋爲："石上栽華，禪宗喻指不可能的事。"[①] 未確。禪林行業語中，同一詞語在不同語境中會有多種意義，必須結合語境體會詞語的語用義。

【石女生兒】

> 後念即聖，聖不能知。鐵牛過海，石女生兒。（卷三十《舒州龍門清遠佛眼和尚語録》）

石女，也稱爲石芯子，指先天無法進行性行爲的女性。《大方廣佛華

---

① 陈家春：《〈景德傳灯録〉文獻語言研究》，四川大學博士學位論文，2015 年，第 155 頁。

嚴經隨疏演義鈔》卷四十五："如問石女生兒爲白爲黑，應捨置記。謂石女本自無兒，何得論其白黑？"既然是石女，就不能生育。在此語境中，禪師用"石女生兒"這種不可能發生的事，以這種反常合道的手段來斬斷學人妄念，打破學人的慣性思維。禪宗還常常用"露柱懷胎""石女生兒"這種超乎邏輯知性的問題來象征佛法絕對的空及相對意識的生起。在絕對澄明中，生起各種生命現象，這是一種絕對與相對的哲學思想。如《護國啓真誠和尚語録》卷一："秉拂陞堂，定要露柱懷胎，石女生兒爾列坐。天王也當捧鉢面前，鐵樹也要開花。"

【木伎機】

> 師云："好諸兄弟，还知真实相为处麽？山僧不惜眉毛为诸人说破。只如諸人尋常有雙眼，又何曾見來？有雙耳，又何曾聞來？有片舌，又何曾説來？既無説無聞無見，何處有色聲香味來？雖然如是，又能有幾人到者般田地？所以道：'木伎機，石女兒。三冬陽氣盛，六月降霜時。有語非幹舌，無言切要詞。'"（卷二十七《舒州龍門清遠佛眼和尚語録》）

木偶戲中操作小木人肢體部件的機關。"木伎"沒有言语动作，其表演需要操縱者掌控。元脱脱《金史·禮久》："皷止，竿木伎人四人緣繩争上竿取雞。所衔絳幡展示訖，三呼萬歲。"禪宗用"木伎機"和"石女儿"這些只有表象的人物來强調"見月忘指、取鱼忘筌"的禪理。

6."理事不二"

【刁刀莫辨】

> 佛法門中，可謂刁刀莫辨，魚魯難分。（卷四十三《寶峰雲庵真净禪師住金陵報寧語録》）

"刁刀莫辨"與"魚魯難分"皆用來比喻佛法中諸事圓融，超越一切意念情識和一切分別心。"刁"與"刀"、"魚"與"魯"字形相近，容易混淆，但在佛門中不需要明辨。北宋睦庵善卿《祖庭事苑》："刁刀魚魯，古語云：'筆久厭勞，書刁成刀。事歷終，古寫魚爲魯。'"禪宗喻指佛法縝密，稍有不慎即會領會錯誤。《明覺禪師語録》卷三："師云：'奇怪諸禪德，如今列其派者甚多，究其源者極少。總道百丈於喝下大悟，還端的也無？然刁刀相似，魚魯參差。若是明眼漢，瞞他一點不得。'"《了庵和尚語録》卷一："上堂：'拈一放一，本分宗師。蓋地蓋天，罕逢作者。刁刀相似，魚魯参差。任是鶻眼龍睛，未免錯認驢鞍橋。'"

【藥病相治】

　　藥病相治學路醫，扶籬摸壁小兒戲。（卷十五《雲門文偃匡真禪師廣録上》）

本義爲藥病相互制約，相互作用。禪宗喻指凡夫的相對知見。依照佛法之"不二法門"，應破除相對，達到超越一切對立的境界。

【鋸解秤錘】

　　問："如何是佛？"師云："鋸解秤錘。"（卷二十五《筠州大愚守芝和尚語録》）

字面意思是用鋸把鐵錘解開。秤錘是鐵，鋸也是鐵，難以解開。況且秤錘沒有一點縫隙，難以下手。即使解開了，裏面和外面無別，依舊是鐵。禪宗把"秤錘"比作公案。解秤錘喻爲分析公案。努力去分析公案，結果毫無意義。因爲佛法是不二法門，執著於相對觀念就會受到遮蔽。禪宗主張超越一切對立，將分別心、相對念截斷。《宗鑒法林》卷三十："鋸解秤錘無縫罅，風吹日炙朝復夜。"

【厨庫三門】

　　問僧："新羅國與大唐國，是同是別？"代云："僧堂佛殿，厨庫三門。（卷十七《雲門文偃匡真禪師廣録中》）

"厨庫三門"，指的是寺院裏的食堂與寺院的大門。如《楊岐方會和尚後録》："佛殿對三門，僧堂對厨庫。""佛殿""僧堂""厨庫""三門"皆是寺院的房舍。禪師信手拈來，目的在於告訴學人："新羅國與大唐國無別，就像寺院里的各房舍。"禪宗喻指本心的超越。

7. 返本觀源

【傍鑊求餅】

　　志公曰："我見世間之人，各執一般异見。只知傍鑊求餅，不解返本觀面。餅則從來是面，造作由人百變。"（卷二十八《舒州龍門清遠佛眼和尚語録》）

"傍鑊求餅"字面意義是守在鑊邊求餅。每個人的悟性不同，對佛法禪理的理解也不同。正如原文所言："餅則從來是面，造作由人百變。"
"傍鐵求餅"是指責那些禪修之人被常人知見束縛，一味因循求現成，不
解返本觀源，自證自悟。根據上下文義，"不解返本觀面"就是對"傍求
鐵餅"最好的注脚。陳家春《〈景德傳燈録〉文獻語言研究》釋爲："在烙
餅的鏊邊還向別人要餅吃，禪宗喻指不懂見性成佛而向外馳求的行爲。"①
此論有失原意，可商榷。

【澗眼】

> 師云："臨崖看澗眼，特地一場愁。"（卷四十《雲峰文悦禪師初
> 住翠岩語録》）

"澗眼"即"泉眼（流出泉水的洞穴）"，《廣韻·姥韻》："澗，水
岸。"《爾雅·釋水》："澗，水匪。"禪宗喻指佛法根源。"臨崖看澗眼"喻
指逐浪隨流，到處馳求，却無法接近佛法根源。如《希叟紹曇和尚廣録》
卷六《澗眼》："一生逐浪與隨流，未見根源未肯休。孔竅不知深幾許，臨
崖看著使人愁。"此処"孔竅"即"澗眼"，"孔竅不知深幾許，臨崖看著
使人愁"與"臨崖看澗眼，特地一場愁"句意相同。又紹曇《澗眼》："萬
派奔流觸斷崖，渦漩一竅絶安排。淵深徹見靈源底，裏許如何著得沙。"
"渦漩一竅"是"澗眼"形象的描寫。《禪宗頌古聯珠通集》卷十一："當
日臨崖看澗眼，至今觀水憶南泉。"此句意爲如果當日處於"臨崖看澗眼"
的馳求狀態，則至今難以達到南泉禪師的境界。《普庵録》卷三："臨崖看
澗眼，澗即是你眼。眼裏有真心，真心非澗眼。特地一場愁，角聲吹畫
樓。不因勉道者，泪合一生休。"此言有追逐佛法之真心，却不能找到佛
法根源。《介庵進禪師語録》卷三："臨崖看澗眼，夫子不生魯。"孔夫子
本生於魯，但是如果處於"臨崖看澗眼"向内向外馳求的昏鈍狀態，求得
佛法之不可能性就猶如"夫子不生魯"。原文"臨崖看澗眼，特地一場
愁"，言學人不能體悟禪機，找不到佛法根源的困頓狀態。《大汕和尚集》：
"登頓亦雲渡，臨崖牽葛藟。特地一場愁，澗眼危傾圯。"

---

① 陳家春：《〈景德傳燈録〉文獻語言研究》，四川大學博士學位論文，2015 年，第 150 頁。

8.“機鋒”

【勾賊破家】

潙山云：“養子方知父慈。”仰山云：“不然。”潙山云：“子又作麼生？”仰山云：“大似勾賊破家。”（卷四《鎮州臨濟慧照禪師語録》）

字面意義是把賊引到自己家裏而敗家。禪宗喻爲在斗機鋒中露出破綻，被人趁機抓住把柄而喪失禪機。如《建中靖國續燈録》卷七《洪州黄龍山崇恩惠南禪師》：“汝等諸人莫見錐頭利，失却鑿頭方。不見古者道：‘開不能遮，勾賊破家。’”

【盲龜值木】

問：“正當恁麼時如何？”師曰：“盲龜值木雖優穩，枯木生花物外春。”（卷七《汝州南院慧顒禪師語要》）

比喻佛法難逢，禪機難遇。語出盲龜值浮木孔。《妙法蓮華經大窾》卷首：“汝等雖歡喜領荷，還須努力。精進修持，無得放逸。且諸佛難遇，如盲龜值木。”《禪宗大詞典》收録“盲龜值浮木孔”[1]，可參看。

【腦後抽簪】

問：“大施門開，請師垂示。”師云：“腦後抽簪。”（卷二十三《汝州葉縣廣教歸省禪師語録》）

本指從腦後把簪子拔下。引申爲隨機而用，當機立斷。腦後簪常常被用爲應急用具，做不備之需。禪宗喻指接禪機時，臨機而用，靈活果斷。義同“腦後拔箭”“腦後金鎚”。《圓悟佛果禪師語録》卷九：“問：‘一大藏教是拭不净紙，只如德山爲什麼擔疏鈔行脚？’師云：‘放下著。’進云：‘周金剛被婆子一問，直得亡鋒結舌又作麼生？’師云：‘腦後拔箭。’”《建中靖國續燈録》卷三：“僧曰：‘和尚豈無方便？’師云：‘腦後拔楔。’”

9.“破除常規知見”

【匡網】

問：“一問一答總落天魔外道，設使無言又犯他匡網。如何是趙州家風？”（卷十四《趙州從諗真際禪師語録之餘》）

---

① 袁賓、康健：《禪宗大詞典》，武漢：崇文書局，2010年版，第283頁。

本義爲條條框框，引申爲設定的成規、圈套。"匡"乃"框"之借音。"網"，網狀物。禪門習用"幔天網""布絲網"借指學人墜入妄念的束縛。《漢語大詞典》及《禪宗大詞典》均未收。

【腦後見腮】

> 腦後見腮村僧，大開眼了作夢。雖然趁得老鼠，一棒打破油甕。
> （卷四十《雲峰文悅禪師初住翠岩語録》）

從腦後看見肥肥的腮部。禪宗喻指那些不能破除知見，禪悟中管頭不顧尾，未徹底醒悟的僧人。《昭覺竹峰續禪師語録》卷三："昭覺門下總不恁麼，只教他肘後懸符。腦後見腮時，來喫山僧痛棒始得。還委悉麼？"問：'靈山拈花，黃龍陞座。拈花不問，如何第一義？'師云：'腦後見腮。'進云：'不要辜負學人。'師云：'脚跟點地。'""脚跟點地"，意謂完成本分大事，徹底醒悟。"腦後見腮"與"脚跟點地"意義想反，表達的是混混沌沌還未真正達到禪悟境界的狀態。

【釘樁搖櫓】

> 諸人何不攛柂張帆拋江過岸，不可釘樁搖櫓，何日到家？（卷二
> 十九《舒州龍門清遠佛眼和尚語録》）

"釘樁"即打樁。"釘樁搖櫓"喻指身心受束縛，停滯不前。《列祖提綱録》卷二十二："東林據坐云：'西天四七，唐土二三，盡向者裏釘樁搖櫓，新東林爲你諸人解纜放船。'"此例"解纜放船"與"釘樁搖櫓"對舉。《宗門拈古匯集》卷八："天寧不是釘樁搖櫓，膠柱調弦。海枯終見底，人死脚皮穿。""釘樁搖櫓"與"膠柱調弦"皆指一方面受拘，而一方面努力，徒勞無功。《續刊古尊宿語要》第六集《竹菴珪和尚語》："切忌釘樁搖櫓，更須看風使帆。"《古尊宿語録》卷三十二《舒州龍門清遠佛眼和尚普説語録》："譬如造得一只船，上面一一裝載，要千里外至乎寶所。才動手，你先自釘下樁系却船了，却用力搖櫓。你搖到彌勒下生也只在岸邊，你見船東簸西簸，將謂是轉動，又何曾離得一步來？"

【寒蟬抱枯木】

> 如何是向去底人？安云："寒蟬抱枯木，哭盡不回頭。"[卷四十
> 六《滁州琅琊山（慧）覺和尚語録》]

寒蟬，蟬的一種。又稱寒螿、寒蜩。較一般蟬爲小，青赤色。《禮記·月令》："（孟秋之月）凉風至，白露降，寒蟬鳴。"鄭玄注："寒蟬，寒蜩，謂蜺也。""寒蟬抱枯木"的字面意思爲禪緊抱著枯木不放鬆。禪宗喻指固執拘泥，不知變通的修禪人。

【把纜放船】

> 諸德，此個事大鬚子細，不可粗心。一等參禪窮教到底，宗門中千差萬別，隱顯殊途。唯大智方明，降茲已往，莫測涯際。而今多是抱不哭孩兒，打净潔球子。把纜放船，抱橋柱澡洗。（卷四十二《寶峰雲庵真净禪師住筠州聖壽語録一》）

本義謂拴系著纜繩却要放船前行。禪宗喻指固執拘泥，不知變通，膠著於思維和語言文字而不能領悟其意義所指。《禪宗頌古聯珠通集》卷三十七："把纜放船，膠柱調弦。遠水不救近火，短繩那級深泉。""把纜放船"與"膠柱調弦"義同。

10. "禪悟程度"

【七穿八穴】

> 古人道："拈起也天回地轉，放下也草偃風行。四面即不然，拈起也七穿八穴，放下也錦上鋪花。"［卷二十《舒州白雲山海會（法）演和尚初住四面山語録》］

"穴"，穿透。字面意義爲七穿八穿，表示行動自如。禪宗喻指將禪義領會得明白透徹，在實踐中運用得自在無礙。

【透網金鱗】

> 舉三聖問雪峰："透網金鱗以何爲食？"峰云："待汝出網來即向汝道。"［卷二十二《黃梅東山（法）演和尚語録》］

字面意義爲穿過漁網的金鱗。禪宗喻指衝破障礙，領悟禪法之人。

二、情景語境

情景語境指言語行爲所進行的現場環境。一切普請作務皆是修禪的場所，禪師常常利用身邊的事物，隨時隨地啓發學人。對話的非正式情景決定了其對話語言的非正式性。

【白衣拜相】

　　不見昔日洞山和尚與密師伯遊山次，忽見白兔從草中突出。密云："大似白衣拜相。"山云："老老大大作者個語話。"（卷三十一《舒州龍門清遠佛眼和尚小參語録》）

此處密禪師把"白兔"比喻成"白衣"，即"參禪者"。以拜相贊揚兔子。可見密禪師即使在遊玩的途中仍糾纏於修禪坐佛。禪宗主張禪理需要頓悟，任何修禪坐佛、執著其中都是違背禪宗旨意的，所以有下文洞山和尚的呵斥，年紀這麼大了還説這種話。

【積代簪纓】

　　山云："積代簪纓，暫時落魄。者個公案如何消遣得去？且道是何道理？"諸人若會得白衣拜相，便乃獨步丹霄，永出常流。若會得積代簪纓，便解奪饑人之食，祛耕夫之牛。還委悉麼？"（卷三十一《舒州龍門清遠佛眼和尚小參語録》）

義同世代簪纓。"簪纓"，古代達官貴人的冠飾。唐李白《少年行》："遮莫姻親連帝城，不如當身自簪纓。"禪宗喻禪悟經驗，但在呈接禪機的過程中也未免失利，喪失禪機。所以要善於搶占先機，抓住關捩子（關鍵所在）。

【燈籠露柱】

　　或云："佛法不用學，燈籠露柱欺你去。作麼生得不欺你去？"（卷十七《雲門文偃匡真禪師廣録中》）

"燈籠露柱"在此表達零意義，只是禪僧隨意拈來勸誡學人的現場事物。禪僧的目的就是强調："佛法人性具足，不須馳求，不須執著學習。"原文句意爲：你不學習佛法，難道"燈籠露柱"這種死的東西還會欺負你嗎？

【紙撚無油】

　　上堂，舉僧問洞山："如何是善知識眼？"山云："紙撚無油。"若問白雲，對道："無油不點燈。"雖然如是，也較洞山三千里。只是其間有個好處，有甚好處？諸人黑地裏撞著露柱悟去也不定。（卷二十一《舒州白雲山海會演和尚語録》）

　　"紙撚"本謂用表芯紙搓成紙卷，沾上油后用以點火，相當於今天的火柴。當僧問洞山"如何是善知識"的時候，恰逢晚上要點燈，洞山便順口用"紙撚無油"來作答。"紙撚無油"則不能點燈，漆黑一片看不到東西，喻指僧昏鈍不悟。

結　語

　　本書是在我的博士學位論文的基礎上修改而成的。畢業後，我的研究方向從禪宗文獻語言轉向了地方文獻語言，博士學位論文就此束之高閣。但是對禪宗語言難以割捨的情懷讓我重新思考。禪宗語言研究除了從傳統語言學的角度進行之外，还可從語言哲學和符號學的立場去找到新的突破口。語言是一種能指（形式）和所指（意義）相結合的符號系統。禪宗語言的特殊性造成"能指"和"所指"之間缺乏明顯的意義聯繫。這就需要跳出傳統語義學的範疇，結合具體的語境去建構語言形式和内容之間的聯繫。基於這種理念，在參考前人研究成果的基礎上，我撰寫了本書的第二章和第三章。此外，《古尊宿語録》存在大量俗字、借字、誤字。本著窮盡性原則，我徵引了豐富的文獻資料，查檢各類字書，力求對《古尊宿語録》的用字情况作一個系統的統計分析，也爲正確理解詞義掃清障礙。

　　詞彙研究方面，根據《古尊宿語録》的詞彙來源，分別對方俗詞、中西合璧詞、佛經詞、歷史漢語文獻詞、新詞新義等幾個方面進行了考釋和描寫，以系統把握《古尊宿語録》的詞彙特點。

　　禪籍是研究唐宋時期白話語言的寶庫，參透禪宗語言不是一日之功，其精深與奧妙需要結合宗教學、語言哲學等多學科的知識。對禪宗語言進行語用研究亦將是今後努力的方向。但本人之前對禪籍語料接觸較少，佛教知識、禪宗思想較爲欠缺，加之缺乏哲學理論的支撐，對禪意的把握尚不够準確豐滿，書中定有疏漏。

　　禪籍語言只是唐宋時期語言現象的一個縮影，大量世俗文獻的語言研究還有很大的空間，以後還可以從以下方面進行深入或延伸：

　　第一，廣泛搜集唐宋元明清時期的語言材料，把禪籍文獻與世俗文獻結合起來，占有豐富的材料，深入挖掘各時期的語言現象，形成完善的語言學理論。

　　第二，深入挖掘材料的同時，吸收前人的研究成果，借鑒其研究方法，並關注現代方言詞彙研究的成果，多方面進行對比提煉，把歷時研究與共時比較結合起來，探索古方言詞的演變與存留。

　　本書研究力度不够深入，尚有很多不足。期望在今後的研究中補足各方面的知識，把該項工作做得更加細緻。

參考文獻

一、专著类

（一）佛教文獻

道元輯，朱俊紅點校：《景德傳燈録》，海口：海南出版社，2011 年。

雷庵正受編，朱俊紅點校：《嘉泰普燈録》，海口：海南出版社，2011 年。

李遵勖輯，朱俊紅點校：《天聖廣燈録》，海口：海南出版社，2011 年。

吕澄：《新編漢文大藏經》，濟南：齊魯書社，1980 年。

睦庵善卿：《祖庭事苑》，《卍新纂續藏經》第 78 册。

普濟輯，蘇淵雷點校：《五燈會元》，北京：中華書局，1984 年。

釋净、筠輯，孫昌武、衣川賢次、西口芳男點校：《祖堂集》，北京：中華書局，2007 年。

惟白輯，朱俊紅點校：《建中靖國續燈録》，海口：海南出版社，2011 年。

悟明集，朱俊紅點校：《聯燈會要》，海口：海南出版社，2010 年。

祥符紀蔭：《宗統編年》，《卍續藏》第 86 册。

曉瑩：《云卧紀談》，《續藏經》，第 119 册。

圜悟克勤主編，楊曾文、黃夏年點校：《中國禪宗典籍叢刊·碧岩録》，鄭州：中州古籍出版社，2011 年。

賾藏主編纂，蕭萐父、吕有祥、蔡兆華點校：《古尊宿語録》，北京：中華書局，1994 年。

（二）世俗文獻

班固：《漢書》，北京：中華書局，2003 年。

許慎：《説文解字》，北京：中華書局，1985 年。

顧野王：《玉篇》，北京：中華書局，1987 年。

丘光庭：《兼明書及其二種》，北京：中華書局，1985 年。

唐玄度：《新加九經字樣》，廣州：粤東書局，1874 年。

王梵志著，項楚校注：《王梵志詩校注》，上海：上海古籍出版社，1991 年。

顔元孫：《干禄字書》，《叢書集成初編》本，北京：商務印書館，1936 年。

張參：《五經文字》，中華再造善本，北京：國家圖書館出版社，2009 年。

陳彭年：《覆宋本重修廣韻》，北京：中華書局，1985 年。

丁度：《集韻》，北京：中國書店，1983 年。

孟元老原著，姜漢椿譯注：《東京夢華録全譯》，貴陽：貴州人民出版社，1998 年。

歐陽修撰，李偉國點校：《唐宋史料筆記叢刊·歸田録》，北京：中華書局，1981 年。

司馬光：《類篇》，北京：中華書局，1984 年。

司馬光編，胡三省音注：《資治通鑒》，北京：中華書局，2010 年。

蘇頌編纂，尚志鈞輯校：《本草圖經》，合肥：安徽科學技術出版社，1994 年。

趙叔向：《肯綮録·俚俗字義》，濟南：齊魯書社，1995 年。

釋行均：《龍龕手鑒》，北京：中華書局，1985 年。

大司農司編，馬宗甲譯注：《農桑輯要譯注》，上海：上海古籍出版社，2008 年。

高明著，錢南揚校注：《元本琵琶記校注　南柯夢記校注》，北京：中華書局，2009 年。

忽思慧撰，劉玉書點校：《飲膳正要》，北京：中國中醫藥出版社，2009 年。

陶宗儀：《南村輟耕録》，《元明史料筆記叢刊·南村輟耕録》，北京：

中華書局，1958 年。

　　脫脫：《遼史》，北京：中華書局，2013 年。

　　脫脫：《宋史》，北京：中華書局，2011 年。

　　方以智：《通雅》，北京：中國書店，1990 年。

　　焦竑：《俗書刊誤》，四庫善本叢書館影印本。

　　焦竑編，李劍雄點校：《明清筆記叢書·焦氏筆乘》，上海：上海古籍出版社，1986 年。

　　李時珍：《本草綱目全本》，新疆：喀什維吾爾文出版社，2002 年。

　　李時珍：《本草綱目·上》，武漢：崇文書局，2012 年。

　　宋詡著，陶文臺注釋：《宋氏養生部·飲食部分》，北京：中國商業出版社，1989 年。

　　王雲五總編纂，釋智旭編：　《閱藏知津》，上海：商務印書館，1931 年。

　　謝榛：《四溟詩話》卷二，北京：人民文學出版社，1961 年。

　　張自烈：《正字通》，北京：中國工人出版社，1996 年影印本。

　　章黼撰，吳道長重訂：　《重訂直音篇》，上海：上海古籍出版社，1996 年。

　　段玉裁：《說文解字注》，鄭州：中州古籍出版社，2006 年。

　　范祖述，洪如嵩補輯：　《杭俗遺風》，上海：上海文藝出版社，1989 年。

　　方以智撰，龐樸注釋：《東西均注釋》，北京：中华书局，2001 年。

　　杭世駿編，陳抗點校：《學術筆記叢刊·訂訛類編·續編》，北京：中華書局，1997 年。

　　蓬園：《負曝閑談》，上海：上海古籍出版社，1985 年。

　　劉淇著，章錫琛校注：《助字辨略》，北京：中華書局，1954 年。

　　李璋煜原編，韋以宗校：《續增洗冤録辨證參考》，北京：中国科學技術出版社，2012 年。

　　錢大昕、陳鱣：《恒言録　恒言廣證》，北京：商務印書館，1958 年。

　　張亮采，尚秉和著：《中國風俗史》，北京：中国社會科學出版社，2012 年。

　　邵瑛：《說文解字群經正字》，上海：上海古籍出版社，1996 年。

翟灝著，陳志明編校：《通俗編》，北京：東方出版社，2013 年。

朱駿聲：《説文通訓定聲》，北京：國際文化出版公司，1983 年。

鄭珍記：《説文新附考》，北京：中華書局，1985 年。

陳楨修、李蘭增等纂：《文安縣志譯注》天津：天津人民出版社，1995 年。

本宇井伯壽：《第二禪宗史研究》，東京：岩波書店，1966 年。

太田辰夫：《中國語歷史文法》（修訂譯本），蔣紹愚、徐昌華譯，北京：北京大學出版社，2003 年。

無著道忠：《葛藤語箋》，京都：日本花園大學禪文化研究所，1992 年。

安開學：《中國名人大傳·王安石傳》，北京：北京聯合出版公司，2013 年。

北京大學中國語言文學係語言學教研室：《漢語方言詞彙》，北京：文字改革出版社，1964 年。

蔡向陽、孫棟、艾家凱：《漢語成語分類大辭典》，武漢：崇文書局，2008 年。

蔡永敏：《中藥藥名辭典》，北京：中國中醫藥出版社，1996 年。

陳桓：《陈桓来往书信集》，上海：上海古籍出版社，1990 年。

陳剛：《北京方言詞典》，北京：商務印書館，1985 年。

陳明達：《營造法式辭解》，天津：天津大學出版社，2010 年。

陳光新：《中國筵席宴會大典》，青島：青島出版社，1995 年。

陳明娥：《朱熹口語詞彙文獻研究》，廈門：廈門大學出版社，2011 年。

陳士強：《大藏經總目提要》文史藏二，上海：上海古籍出版社，2008 年。

储泽祥：《岳西方言志》，武漢：華中師範大學出版社，2009 年。

戴其曉：《古今中外人物歇後語大全》，上海：上海大学出版社，2007 年。

杜繼文、黃明信：《佛教小辭典》，上海：上海辭書出版社，2001 年。

杜懷超：《一個人的農具》，烏魯木齊：新疆美術攝影出版社，2011 年。

段開璉：《中國民間方言詞典》，海口：南海出版公司，1994 年。

丁惟汾：《俚語證古・形貌》，濟南：齊魯書社，1983 年。

丁福保：《丁福保大德文匯》，北京：華夏出版社，2012 年。

董文斌：《俗説濟南話》，濟南：濟南出版社，2013 年。

董文斌：《濟南老侃子集錦》，濟南：濟南出版社，2013 年。

董志翹：《〈入唐求法巡禮行記〉詞彙研究》，北京：中國社會科學出版社，2000 年。

董志翹、蔡鏡浩：《中古虛詞語法例釋》，長春：吉林教育出版社，1994 年。

董志翹：《中古近代漢語探微》，北京：中華書局，2007 年。

方一新：《中古近代漢語詞彙學》，北京：商務印書館，2011 年。

馮學成：《明月藏鷺千首禪詩品析》，廣州：南方日報出版社，2013 年。

佛光大藏經編修委員會：《佛光大藏經・禪藏・雜集部》，台北：臺灣佛光出版社，1994 年。

傅璇琮：《全宋詞》（第 31 册），北京：北京大學出版社，1997 年。

耿文輝：《中華諺語大詞典》，瀋陽：遼寧人民出版社，1991 年。

顧學劼、王學奇：《元曲釋詞》，北京：中國社會科學出版社，1983 年。

郭在貽：《訓詁學》（修訂本），北京：中華書局，2005 年。

郭在貽：《郭在貽敦煌學論集》，南昌：江西人民出版社，1993 年。

韓憶萍、崔墨卿：《新風舊俗話北京》，蘭州：光明日報出版社，2007 年。

漢語大詞典編纂委員會：《漢語大詞典》，上海：漢語大詞典出版社，1986—1994 年。

何學威：《中國古代諺語詞典》，長沙：湖南出版社，1991 年。

郝長留：《常用俗語詞典》，北京：北京出版社，1992 年。

郝焕斌：《大冶鎮志》，鄭州：河南人民出版社，2008 年。

洪帥：《敦煌詩歌詞彙研究》，北京：光明日報出版社，2013 年。

胡樸安：《俗語典》，上海：上海書店，1984 年。

胡月明：《吐魯番窺情》，北京：中國文聯出版公司，2006 年。

湖南省文學藝術聯合會：《湖南歌謠集成》修訂委員會編《湖南歌謠集成》，長沙：湖南文藝出版社，2009 年。

華夫、丁忠元、李德壎、李一行：《中國名物大典》，濟南：濟南出版社，1993 年。

黃征、張涌泉：《敦煌變文校注》，北京：中華書局，1997 年。

黃征：《敦煌俗字典》，上海：上海教育出版社，2005 年。

河北省昌黎縣縣志編纂委員會：《昌黎方言志》，北京：科學出版社，1960 年。

霍山縣地方志編纂委員會：《霍山縣志》，合肥：黃山書社，1993 年。

侯精一：《長治方言志》，北京：語文出版社，1985 年。

金受申：《北京話語匯》，北京：商務印書館，1965 年。

姜亮夫著，姜昆武校：《昭通方言疏證》，上海：上海古籍出版社，1988 年。

蔣禮鴻：《敦煌變文字義通釋》（第四次增訂本），上海：上海古籍出版社，1981 年。

蔣紹愚：《近代漢語研究概要》，北京：北京大學出版社，2005 年。

蔣紹愚：《古漢語詞彙綱要》，北京：商務印書館，2005 年。

蔣冀騁：《近代漢語詞彙研究》，長沙：湖南教育出版社，1991 年。

蔣冀騁：《敦煌文獻研究》，長沙：湖南師範大學出版社，2005 年。

蔣冀騁：《近代漢語綱要》，長沙：湖南教育出版社，1997 年。

蔣宗福：《四川方言詞語考釋》，成都：巴蜀書社，2002 年。

蔣宗福：《四川方言詞源》，成都：巴蜀書社，2014 年。

江藍生：《近代漢語探源》，北京：商務印書館，2000 年。

揭西縣政協文史委員會：《揭西文史》（第 6 輯），揭西縣政協文史資料委員會印製，1991 年。

雷漢卿：《禪籍方俗詞研究》，成都：巴蜀書社，2010 年。

雷文治：《近代漢語虛詞詞典》，石家莊：河北教育出版社，2002 年。

李樹儼、孫安生：《銀川方言詞典》，南京：江蘇教育出版社，1996 年。

李吉劭：《東莞方言分類詞典》，廣州：廣東人民出版社，2014 年。

李榮：《武漢方言詞典》，南京：江蘇教育出版社，1995 年。

李榮主編，熊正輝編纂：《南昌方言詞典》，南京：江蘇教育出版社，1995 年。

李正權：《中國米麵食品大典》，青島：青島出版社，1997 年。

李文澤：《宋代語言研究》，北京：綫裝書局，2001 年。

李申：《徐州方言志》，北京：語文出版社，1985 年。

李永明：《潮州方言》，北京：中華書局，1959 年。

李行健：《河北方言詞匯編》，北京：商務印書館，1995 年。

李建校：《榆社方言研究》，太原：陝西人民出版社，2007 年。

李维庆：《山東省莒南縣地方史志》，濟南：齊魯書社，1998 年。

李燦煌：《晉江民俗掌故》，廈門：廈門大學出版社，2002 年。

劉堅、江藍生：　《唐五代語言詞典》，上海：上海教育出版社，1997 年。

劉道清：《中藥別名大辭典》，鄭州：中原農民出版社，2013 年。

劉熙載著，孫原平選注：《劉熙載書法論注》，南京：江蘇美術出版社，1992 年。

劉曉明：《中國符咒文化研究》，北京：中央編譯出版社，2014 年。

劉釗：《出土文獻與古文字研究》（第 3 輯），上海：復旦大學出版社，2010 年。

林剑鸣、吴永琪：《秦漢文化史大辭典》，上海：漢語大詞典出版社，2002 年。

羅竹風：《漢語大詞典》，上海：漢語大詞典出版社，2008 年。

龍潛庵：《宋元語言詞典》，上海：上海辭書出版社，1985 年。

梁思成：《梁思成全集》（第七卷），北京：中國建築工業出版社，2001 年。

梁金荣：《臨桂兩江平話研究》，南寧：廣西民族出版社，2005 年。

盧烈紅：《〈古尊宿語要〉代詞助詞研究》，武漢：武漢大學出版社，1998 年。

盧烈紅：《訓詁與語法叢談》，武漢：湖北人民出版社，2005 年。

陸澹安：《小説詞語匯釋》，上海：上海古籍出版社，1979 年。

盧繼芳：《都昌陽峰方言研究》，天津：文化藝術出版社，2007 年。

林紹志：《臨朐方言》，濟南：齊魯書社，2013 年。

臨沭縣地方史志編纂委員會辦公室：《山東省臨沭縣地方史志》，濟南：齊魯書社，1998年。

馬思周：《俗言俗談》，北京：商務印書館，2011年。

馬國凡、馬淑駿：《俗語》，呼和浩特：內蒙古人民出版社，1997年。

馬惠玲：《言意關係的修辭學闡釋》，上海：學林出版社，2007年。

馬興榮：《中國詞學大辭典》，杭州：浙江教育出版社，1996年。

麥旺發、麥勝天、張瑞霞：《黃閣古今》，北京：中國文史出版社，2006年。

滿城縣地方志編纂委員會：《滿城縣志》，北京：中國建材工業出版社，1997年。

梅萌：《漢語成語大全》，北京：商務印書館，2007年。

毋效智：《扶風方言》，烏魯木齊：新疆大學出版社，2005年。

米成：《繁峙方言俗語匯編》，太原：山西人民出版社，2013年。

閔家驥、范曉：《簡明吳方言詞典》，上海：上海辭書出版社，1986年。

木霽弘、胡波：《普洱茶文化辭典》，北京：機械工業出版社，2006年。

南懷瑾：《南懷瑾選集》，上海：復旦大學出版社，2013年。

南京大學中國語言文學系《全清詞》編纂研究室：《全清詞·順康卷》，北京：中華書局，2002年。

歐昌俊、李海霞：《六朝唐五代石刻俗字研究》，成都：巴蜀書社，2004年。

浦城縣地方志編纂委員會：《浦城縣志》，北京：中華書局，1994年。

秦公：《碑別字新編》，北京：文物出版社，1985年。

曲彥斌：《民俗語言學》，瀋陽：遼寧教育出版社，1989年。

曲彥斌：《中國隱語行話大辭典正編》，瀋陽：遼寧教育出版社，1995年。

齊如山：《北京土話》，北京：北京燕山出版社，1991年。

錢玉林，黃麗麗：《中华传统文化辞典》，上海：上海大學出版社，2009年。

任明：《北方土語辭典》，上海：春明出版社，1952年。

任繼愈：《宗教大辭典》，上海：上海辭書出版社，1998年。

榮斌、榮新：《濟南方言》，濟南：濟南出版社，2012年。

山曼：《山東民間童謠》，濟南：明天出版社，1990年。

山東省濰坊市濰城區史志編纂委員會：《濰城區志》，濟南：齊魯書社，1993年。

盛銀花：《安陸方言語法研究》，武漢：華中師範大學出版社，2010年。

宋協周、郭榮光：《中華古典詩詞辭典》，濟南：山東文藝出版社，1991年。

孫維張：《佛源語詞詞典》，北京：語文出版社，2007年。

舒濟：《老舍文學詞典》，北京：北京十月文藝出版社，2000年。

石鋟：《〈元曲選〉狀態詞用法詞典》，北京：中國社會科學出版社，2013年。

石明遠：《莒縣方言志》，北京：語文出版社，1995年。

商務印書館辭書研究中心：《新華方言詞典》，北京：商務印書館，2011年。

譚偉：《〈祖堂集〉文獻語言研究》，成都：巴蜀書社，2005年。

田春來：《〈祖堂集〉介詞研究》，北京：中華書局，2011年。

溫广义：《唐宋詞常用詞辭典》，呼和浩特：內蒙古人民出版社，1988年。

宛華：《歷史常識全知道·下·中國卷》，北京：中國華僑出版社，2012年。

王鍈：《詩詞曲語辭例釋》，北京：中華書局，2005年。

王鍈：《宋元明市語匯釋》，貴陽：貴州人民出版社，1997年。

王文虎：《四川方言詞典》，成都：四川人民出版社，1987年。

王文虎、張一舟、周家筠：《四川方言詞典》，成都：四川人民出版社，2014年。

王保雙、白高來：《唐詩與洛陽》，沈陽：白山出版社，2009年。

王克明：《聽見古代·陝北話里的文化遺產》，北京：中華書局，2007年。

王蟄堪：《二十世紀詩詞文獻匯編·詞部》，成都：巴蜀書社，

2009 年。

王學奇：《元曲選校注》，石家莊：河北教育出版社，1994 年。

王起主編，洪柏昭、謝伯陽選注：《元明清散曲選》，北京：人民文學出版社，2013 年。

王獻忠：《中國民俗文化與現代文明》，北京：中國書店，1991 年。

王蔚成：《昌邑文化博覽》，濟南：齊魯書社，2000 年。

王文學、岳旺子：《盤山村志》，鄭州：中原農民出版社，2009 年。

王永祥：《语言·符号·对话——求索真理之旅》，蘇州：蘇州大學出版社，2013 年。

吳福祥：《敦煌變文語法研究的研究》，長沙：岳麓書社，1996 年。

吳福祥：《近代漢語綱要》，長沙：湖南教育出版社，1997 年。

吳言生：《禪宗哲學象征》，北京：中華書局，2001 年。

吳言生：《吳言生説禪 3：經典頌古》，北京：商務印書館，2013 年。

武占坤：《中國風土諺志》，北京：中國經济出版社，1997 年。

向熹：《簡明漢語史》，北京：商務印書館，2010 年。

項楚：《柱馬屋存稿》，成都：巴蜀書社，1993 年。

蕭亭：《廣東省·風俗志》，廣州：廣東人民出版社，2002 年。

蕭楓：《唐詩宋詞全集》（第一卷），北京：中國文史出版社，2001 年。

星雲大師：《佛光大辭典》，北京：書目文獻出版社，1989 年。

徐海榮：《中國茶事大典》，北京：華夏出版社，2000 年。

徐仁甫編著，冉友僑校訂：《廣釋詞》，成都：四川人民出版社，1981 年。

徐時儀：《近代漢語詞彙學》，濟南：濟南大學出版社，2013 年。

徐時儀：《〈朱子語類〉詞彙研究》，上海：上海古籍出版社，2013 年。

徐征、張月中、張聖潔、奚海：《全元曲》，石家莊：河北教育出版社，1998 年。

徐嘉瑞：《金元戲曲方言考》，北京：商務印書館，1956 年。

徐中舒：《漢語大字典》（第二版），成都：四川辭書出版社；武汉：崇文書局，2010 年。

徐志誠：《現代漢語口語詞典》，瀋陽：遼寧人民出版社，1991 年。

許寶華、宮田一郎：《漢語方言大詞典》，北京：中華書局，1999 年。

許少峰：《近代漢語大詞典》，北京：中華書局，2009 年。

徐複等：《古代漢語大詞典》，上海：上海辭書出版社，2007 年。

嚴紹璗：《日本藏漢籍珍本追踪紀實——嚴紹璗海外訪書志》，上海：上海古籍出版社，2005 年。

楊月蓉：《重慶方言俚俗語集釋》，重慶：重慶出版社，2006 年。

楊文生：《詞譜簡編》，成都：四川人民出版社，1981 年。

葉春生、陳玉芳：《嶺南衣食禮儀古俗》，廣州：廣東人民出版社，2009 年。

袁賓：《禪宗著作詞語匯釋》，南京：江蘇古籍出版社，1990 年。

袁賓：《中國禪宗語録大觀》，南昌：百花洲文藝出版社，1991 年。

袁賓：《禪語譯注》，北京：語文出版社，1999 年。

袁賓：《近代漢語概論》，上海：上海教育出版社，1992 年。

袁賓、康健：《禪宗大詞典》，武漢：崇文書局，2010 年。

袁賓：《禪宗詞典》，武漢：湖北人民出版社，1994 年。

元音老人：《心經抉隱》，北京：宗教文化出版社，2004 年。

魚離泉：《巴蜀圖語 2 鹽叢寶藏》，北京：朝华出版社，2011 年。

于谷：《禪宗語言與文獻》，南昌：江西人民出版社，1995 年。

于克仁：《平度方言志》，北京：語文出版社，1992 年。

岳國鈞：《元明清文學方言俗語辭典》，貴陽：貴州人民出版社，1998 年。

曾良：《明清通俗小説語彙研究》，南昌：江西教育出版社，2009 年。

曾良：《俗字及古籍文字通例研究》，南昌：百花洲文藝出版社，2006 年。

宗福邦：《故訓匯纂》，北京：商務印書館，2003 年。

趙振鐸：《訓詁學綱要》，成都：巴蜀書社，2003 年。

趙方任：《唐宋茶詩輯注》，北京：中國致公出版社，2001 年。

張相：《詩詞曲語辭匯釋》，北京：中華書局，1954 年。

張美蘭：《禪宗語言概論》，台北：臺灣五南圖書出版公司，1989 年。

張美蘭：《近代漢語後綴形容詞詞典》，貴陽：貴州教育出版社，

2001 年。

張美蘭：《近代漢語語言研究》，天津：天津教育出版社，2001 年。

張永言：《詞彙學簡論》，武漢：華中理工學院出版社，1982 年。

張涌泉：《敦煌俗字研究導論》，臺灣：新文豐出版公司，1994 年。

張涌泉：《漢語俗字研究》，湖南：岳麓書社，1995 年。

張天堡：《湖泊方言研究》，廣州：世界圖書出版廣東有限公司，2012 年。

張子開：《趙州和尚、趙州錄與趙州禪》，《中國禪學》（第一卷），北京：中華書局，2002 年。

張國旺：《元代榷鹽與社會》，天津：天津古籍出版社，2009 年。

張嘉星：《漳州方言童謠選釋》，北京：語文出版社，2006 年。

鎮平縣政協：《鎮平民俗》，河南鎮平縣政協，2010 年。

仲崇泽：《中华优秀传统文化丛书·春节》，長春：吉林出版集團有限責任公司，2013 年。

周文柏：《中國禮儀大辭典》，北京：中國人民大學出版社，1992 年。

周裕鍇：《禪宗語言》，杭州：浙江人民出版社，1999 年。

周裕鍇：《百僧一案——禪宗入門的玄機》，上海：上海古籍出版社，2007 年。

祝紀楠：《〈營造法原〉詮釋》，北京：中國建築工業出版社，2012 年。

朱德才：《增訂注釋全宋詞》，天津：文化藝術出版社，1997 年。

朱起風：《辭通》，上海：上海古籍出版社，1982 年。

朱正義：《關中方言古詞論稿》，上海：上海古籍出版社，2004 年。

中國文物學會專家委員會：《中國文物大辭典》，北京：中央編譯出版社，2008 年。

《中國民間故事集成·新疆卷》編輯委員會：《中國民間故事集成·新疆卷下》，北京：中國 ISBN 中心，2008 年。

《中國歌謠集成·河北卷》編輯委員會：《中國歌謠集成·河北卷》北京：中國 ISBN 中心，2004 年。

中國民間文學集成全國編輯委員會，中國歌謠集成山東卷編輯委員會：《中國歌謠集成·山東卷》，北京：中國 ISBN 中心，2008 年。

中國民間文藝研究會資料室：《中國歌謠資料》，北京：作家出版社，1959 年。

二、論文類

曹廷玉：《近代漢語同素逆序同義詞探析》，《暨南學報》，2000 年第3 期。

陳家春：《〈景德傳燈録〉文獻語言研究》，四川大學博士學位論文，2015 年。

陳士强：《禪宗語録兩大集解讀》，《五臺山研究》，1992 年第 2 期。

丁勉哉：《同素詞的結構形式和意義的關係》，《學術月刊》，1957 年2 月。

丁治民：《〈古尊宿語録〉偈頌用韻考》，《古漢語研究》，2010 年第3 期。

段觀宋：《禪籍俗語詞零劄》，《俗語言研究》，1996 年第 3 期。

段觀宋：《禪宗語録疑難詞考釋》，《東莞理工學院學報》，2001 年第1 期。

樊瑩瑩：《歷代詩話語言學問題研究》，四川大學博士學位論文，2014 年。

范春媛：《禪籍俗語語義研究》，《蘭州學刊》，2007 年第 2 期。

范春媛：《禪籍諺語之妙用》，《江西社會科學》，2009 年第 4 期。

范春媛：《智慧禪語——禪宗典籍諺語語義探析》，《佛教文化》，2006 年第 6 期。

高列過：《"韓盧逐塊"辨證》，《宗教學研究》，2006 年第 3 期。

何梅：《漢文大藏經概述》，《法音》，2005 年第 3 期。

何小宛：《禪宗語録詞語研究》，上海師範大學博士學位論文，2009 年。

黃征：《試論漢語俗語詞的幾個問題》，《文史》41 輯，1996 年。

惠紅軍：《〈古尊宿語録〉量詞句法功能的語法等級》，《貴州民族學院學報》，2012 年第 2 期。

江藍生：《變形重疊與元雜劇中的四字格狀態形容詞》，《歷史語言學研究》第一輯，北京：商務印書館，2008 年。

江藍生：《疑問語氣詞"呢"的來源》，《語文研究》，1986 年第 2 期。

江靈玲：《〈景德傳燈錄〉〈五燈會元〉語言比較研究》，四川大學碩士學位論文，2010 年。

蔣冀騁：《近代漢語詞義雜考》，《古漢語研究》，1989 年第 4 期。

蔣宗福：《〈金瓶梅詞話〉詞語探源》，《文獻》，1999 年第 1 期。

蔣宗福：《釋"隱"》，《中國語文》，1998 年第 3 期。

鞠彩萍：《禪籍語録中的同義成語》，《常州工學院學報》，2010 年第 4 期。

鞠彩萍：《禪宗語録"××漢"稱呼語的語用語義分析——兼論"漢"的歷史來源及情感傾向》，《常州工學院學報》，2012 年第 2 期。

孔慶友：《禪宗語境探析》，曲阜師範大學碩士學位論文，2011 年。

雷冬平、胡麗珍：《説禪宗語録中的"格外"》，《湘潭大學學報》，2008 年第 2 期。

雷漢卿：《禪籍詞語考釋》，《宗教學研究》，2006 年第 1 期。

雷漢卿：《禪籍詞語選釋》，《漢語史集刊》第 8 輯，2005 年。

雷漢卿：《禪籍詞語選釋》，《語言科學》，2006 年第 4 期。

雷漢卿：《禪籍俗語詞劄記》，《江西社會科學》，2004 年第 2 期。

雷漢卿：《郎當補説》，《南開語言學刊》，2012 年第 1 期。

雷漢卿：《試論禪籍方俗詞的甄別——兼論漢語方俗詞的甄別》，《古漢語研究》，2011 年第 3 期。

雷漢卿：《試論禪宗語言比較研究的價值——以詞彙研究為例》，《語言科學》，2011 年第 5 期。

雷漢卿、王長林：《禪録方俗詞解詁》，《閩江學刊》，2014 年第 4 期。

李晋霞：《"好"的語法化與主觀性》，《世界漢語教學》，2005 第 1 期。

李茂華：《〈嘉泰普燈録〉〈五燈會元〉語言比較研究》，四川大學碩士學位論文，2010 年。

李旭：《〈建中靖國續燈録〉〈五燈會元〉語言比較研究》，四川大學碩士學位論文，2010 年。

李艷琴：《禪宗語言專題研究》，四川大學博士學位論文，2012 年。

廖顯榮《〈古尊宿語要〉中介詞"以"淺探》，《語文知識》，2009 年第 2 期。

　　林莎：《〈五燈會元〉〈聯燈會要〉語言比較研究》，四川大學碩士學位論文，2010 年。

　　林新年：《唐宋時期"V＋得＋時量短語"》，《福建師範大學學報》，2005 年第 2 期。

　　劉愛玲：《禪籍諺語活用現象探析》，《佳木斯大學社會科學學報》，2005 年第 5 期。

　　劉海平：《〈古尊宿語要〉選擇問研究》，《成都理工大學學報》，2005 年第 3 期。

　　劉海平：《〈古尊宿語要〉疑問句研究》，湖南師範大學碩士學位論文 2005 年。

　　劉凱鳴：《〈五燈會元〉補校》，《文獻》，1992 年第 1 期。

　　劉孟洋：《〈古尊宿語録〉中的幾個助詞考察》，《考試週刊》，2010 年第 4 期。

　　劉紹義：《寒冬自有粥米香》，《緑化與生活》，2014 年第 2 期。

　　劉勇：　《〈古尊宿語録〉疑問句研究》，山東大學碩士學位論文，2005 年。

　　盧烈紅：《〈古尊宿語要〉的旁指代詞》，《古漢語研究》，1999 年第 3 期。

　　盧烈紅：《禪宗典籍中語氣副詞的測度問句》，《長江學術》，2011 年第 3 期。

　　盧烈紅：《禪宗語録詞義劄記》，《中國典籍與文化》，2005 年第 1 期。

　　盧烈紅：《淺談禪宗語録中語法研究的幾個問題》，《武漢大學學報》，2012 年第 4 期。

　　吕叔湘：《〈通鑒〉標點瑣議》，《中國語文》，1979 年第 1－2 期。

　　馬天祥：《"藥欄"本義探頤發覆——兼析歷代學者之詮釋誤釋》，《西北大學學報》，1994 年第 2 期。

　　茅冥家：《與柳田聖山討論〈古尊宿語録〉》，《中國文化》，第 17－18 期。

　　喬立智：《〈五燈會元〉點校疑誤舉例》，《宗教學研究》，2011 第 1 期。

任連明：《〈五燈會元〉文獻語言研究》，四川大學博士學位論文，2014 年。

任鵬波：《〈古尊宿語録〉點校辯證及詞語考釋數則》，《重慶科技學院學報》，2011 年第 22 期。

任鵬波：《〈古尊宿語録〉點校獻疑》，《重慶科技學院學報》，2012 年第 13 期。

任鵬波：《〈古尊宿語録〉副詞研究》，湖南師範大學碩士學位論文，2012 年。

入矢義高：《禪語散論——"乾屎橛""麻三斤"》，蔡毅、劉建譯，《俗語言研究》，1995 年第 2 期。

孫玉文：《〈古尊宿語代詞助詞研究〉讀後》，《武漢大學學報》，1999 年第 5 期。

唐廣厚、車競：《形容詞接動態助詞動態化初探》，《錦州師院學報》，1985 年第 2 期。

滕志賢：《〈五燈會元〉詞語考釋》，《古汉语研究》，1995 年第 4 期。

藤志賢：《試釋"看樓打樓"等》，《俗語言研究》，1994 年創刊號。

王繼如：《説"席帽"》，《俗語言研究》，1994 年創刊號。

王傑：　《〈古尊宿語録〉復音詞研究》，貴州大學碩士學位論文，2009 年。

王樹瑛：《再談疑問語氣詞"呢"的來源》，《福建教育學院學報》，2007 年第 7 期。

王勇：　《近代漢語方俗詞理據研究》，四川大學博士學位論文，2015 年。

王籽鄜：《〈古尊宿語録〉復合方位詞研究》，《文史藝術》，2014 年第 1 期。

王籽鄜：《〈古尊宿語録〉中方位詞"前、後"的語義認知分析》，《大眾文藝》，2014 年第 5 期。

温端政：《太原方言詞匯》，《方言》，1981 年第 4 期。

吳言生：《禪的修行與受用》，《法音》，2007 年第 4 期。

蕭萐父、吕有祥：《〈古尊宿語録〉校點前言》，《佛教文化》，1989 年第 6 期。

徐琳:《唐宋禪籍俗語研究》,四川大學博士學位論文,2012年。

徐鵬鵬:《宋代的後綴"子"和"兒"》,《四川教育學院學報》,2008年第8期。

姚奇:《漢語"將"字句的語法化研究——以〈古尊宿語録〉中的"將"字句爲例》,《青春歲月》,2013年第6期。

俞理明:《漢語詞彙中的非理復合詞——一種特殊的詞彙結構類型:既非單純詞又非合成詞》,《四川大學學報》(哲學社會版),2003年第4期。

袁衛華:《〈五燈會元〉中帶語氣副詞的測度問句》,《合肥師範學院學報》,2012年第2期。

曾昭聰:《近代漢語异形詞的來源》,《安徽理工大學學報》(社會科學版),2013年第2期。

詹緒左:《〈祖堂集〉詞語研究》,上海師範大學博士學位論文,2006年。

詹緒左、崔連送:《禪宗文獻中的同義介詞"擗""驀""攔"》,《古漢語研究》,2011年第3期。

詹緒左、石秀雙:《〈古尊宿語録〉校讀劄記》,《中國禪學》,北京:中華書局,2010年第五卷。

張德鑫:《談顛倒詞》,《韓語學習》,1995年第6期。

張美蘭:《禪籍點校匡補》,《語言科學》,2005年第3期。

張鵬麗:《唐宋禪籍新生疑問詞語考察》,《西華大學學報》,2012年第2期。

張鵬麗:《唐宋禪籍語録特殊選擇疑問句考察》,《南京師範大學文學院學報》,2009年第3期。

張鵬麗:《唐宋禪籍語録中"何""云何""如何"發展演變考察》,《西華師範大學學報》,2011年第3期。

張鵬麗:《唐宋禪宗語録"VP−Neg−VP"式正反疑問句研究》,《泰山學院學報》,2012年第1期。

張鵬麗:《唐宋禪宗語録特殊正反疑問句考察》,《魯東大學學報》,2014年第2期。

張勝珍:《禪宗語言研究》,南開大學博士學位論文,2005年。

張秀清：《"碗鳴"釋詁》，《齊齊哈爾大學學報》，2012 年第 1 期。

張永棉：《近代漢語中字序對換的雙音詞》，《中國語文》，1980 年第 2 期。

張永言：《關於詞的"内部形式"》，《語言研究》，1981 年創刊號。

張子開：《唐五代馬祖禪系的彌勒信仰》，《西華大學學報》，2006 年第 4 期。

趙曉濤：《"謝三郎"小釋》，《古籍研究》，2001 年第 3 期。

趙錚艷：《〈古尊宿語録〉校勘與疑難詞語考釋》，廈門大學碩士學位論文，2010 年。

周裕鍇：《禪籍俗諺管窺》，《江西社會科學》，2004 年第 2 期。

祖生利：《疑問語氣詞"呢"的來源補充》，《西北師範大學學報》，1996 年第 5 期。

三、電子文獻類

《文淵閣四庫全書》電子版，上海人民出版社、迪志文化出版有限公司，1999 年。

《中國基本古籍庫》語料檢索系統，北京愛如生數字化技術研究中心。

《漢語大詞典》（2.0 版），《漢語大字典》（光碟版）。

《大藏經全文檢索（大正新修大藏經、卍續藏、乾隆大藏經）》：http：//read. goodweb. cn/esutra/so. dsp。

《CBETA 佛經檢索系統》中華電子佛典協會，2005 年。